规划未来

大学生体验式生涯发展与规划

付宝森 ◎ 主 编

辽宁人民出版社

图书在版编目（ＣＩＰ）数据

规划未来：大学生体验式生涯发展与规划 / 付宝森
主编. — 沈阳 : 辽宁人民出版社, 2023.5
ISBN 978-7-205-10642-3

Ⅰ.①规… Ⅱ.①付… Ⅲ.①大学生－职业选择－研
究 Ⅳ.①G647.38

中国版本图书馆CIP数据核字（2022）第217961号

出版发行：辽宁人民出版社
　　　　　　地址：沈阳市和平区十一纬路25号　邮编：110003
　　　　　　电话：024-23284321（邮　购）　024-23284324（发行部）
　　　　　　传真：024-23284191（发行部）　024-23284304（办公室）
　　　　　　http://www.lnpph.com.cn
印　　刷：沈阳海世达印务有限公司
幅面尺寸：185mm×260mm
印　　张：18.75
字　　数：400千字
出版时间：2023 年 5 月第 1 版
印刷时间：2023 年 5 月第 1 次印刷
责任编辑：张天恒　王晓筱
装帧设计：众翔设计
责任校对：吴艳杰
书　　号：ISBN 978-7-205-10642-3
定　　价：78.00元

作者名单

主　编：付宝森

副主编：赵乐发　刘继秀

编　委：沙　金　李　佳

　　　　王　冠　金秋龙

前言

党的十八大以来，以习近平同志为核心的党中央审时度势、高瞻远瞩，高度重视培养社会主义建设者和接班人，坚持把立德树人作为中心环节，把思想政治工作贯穿教育教学全过程，实现全程育人、全方位育人，努力开创我国教育事业发展新局面。加强对高校学生生涯教育和指导，不仅是重大的国家战略，也是学生身心发展的客观需要。开展大学生生涯发展与规划教育，是新时期社会主义核心价值观教育的重要内容，是建立完善高校毕业生就业服务体系的重要举措，是全面加强就业创业教育和就业指导服务的必然要求。

生涯发展与规划是一项由理论、实践、感受、学习、体验等行为构成的，在教学方式和内容上应注重对学生生涯规划意识的指导和生涯规划精神的激发以及自我探索、职业探索等方面的"体验"。本书根据体验式大学生生涯发展与规划的教育模式和课程体系，借鉴国内外生涯规划教育的先进理论和经验编写而成，以期能够指导学生从起点上展望未来，有效调动学生的学习热情，激发学生主动进取、积极参与的内在动力，使学生能够在大学的生活中有的放矢，面对复杂的就业环境，能够从容应对。

本书共十章，每章设有导入活动、阅读思考、案例故事、理论知识、训练活动、实践拓展、专家视角、网上精品视频课程和课后作业等模块，由浅入深地介绍了职业生涯规划理论、自我认知探索、职业世界探索、职业生涯决策、职业生涯规划行动与调整等重要理论知识，并给出了详尽、具体的操作方法，由点及面，力求让学生对职业生涯规划有一个全面的了解和掌握，并能应用相关知识对自己的生涯发展进行科学的规划。

本书在编写过程中，借鉴、参考了部分国内外生涯发展与规划方面的文献资料，以及一些专家、学者的理论和观点，在此一并表示感谢！

由于时间和编者水平有限，书中难免有疏漏和不妥之处，真诚欢迎广大读者提出宝贵建议和意见，以便更好地修订和完善。

编者

2022年9月

目录

第一章

职业生涯规划导论

【学习目标】

1. 知识层面

   了解职业、生涯及相关概念；

   了解职业生涯规划的内涵与类型；

   掌握生涯规划的内容与方法。

2. 技能层面

   掌握职业生涯规划的步骤方法；

   掌握职业生涯理论的现实应用。

3. 态度层面

   认识职业生涯与发展规划的重要性；

   树立科学职业生涯规划的观念。

【职涯名言】

凡事预则立，不预则废。言前定则不跆，事前定则不困，行前定则不疚，道前定则不穷。

——《礼记·中庸》

如果人生没有意义，我就给人生一个意义，用自己的双手去创造一个有意义的人生。

——尼采

【导入活动】你了解自己和职业有多少

1. 你了解自己的优缺点吗？

   A.了解   B.不了解

2. 你了解自己的性格特点吗？

A.了解   B.不了解

3. 你了解自己的职业兴趣吗？

A.了解   B.不了解

4. 你了解自己最擅长从事的职业类别吗？

A.了解   B.不了解

5. 你在选择专业时有否考虑过跟未来所从事的职业的关系？

A.是   B.否

6. 你是否确定了职业目标？

A.是   B.否

7. 你认为是否有必要对自己进行职业规划？

A.是   B.否

8. 你是否打算制订细致的职业规划方案？

A.是   B.否

9. 你在职业发展上是否有指路人？

A.有   B.没有

10. 你是否需要职业生涯规划方面的指导？

A.是   B.否

11. 你知道职业如何分类吗？

A.知道   B.不知道

12. 你对社会中的某些职业是否有比较清楚的了解？

A.是   B.否

13. 你了解目前所学专业的职业发展方向吗？

A.是   B.否

14. 你是否喜欢目前所学的专业？

A.喜欢   B.不喜欢

15. 你是否打算将来应聘对口专业的岗位？

A.是   B.否

16. 你了解用人单位招聘员工的能力和素质要求吗？

A.了解   B.不了解

17. 入学时你开始思考就业问题了吗？

A.有   B.没有

18. 你认为应该从何时开始考虑职业发展问题？

A.一年级   B.二年级   C.三年级   D.四年级

19. 你认为自己未来就业的前景如何？（限单选）

A.自信可以找到满意的工作

B.通过努力可以找到工作

C.现在就业困难很大，对找到合适的工作信心不足

D.就业形势堪忧，担心找不到工作

E.没有想过，走一步看一步

20. 你需要哪些方面的就业指导：（可多选）

A.职业礼仪、形象指导

B.求职、面试技巧、说话艺术的指导

C.职场中为人处世原则

D.组织能力以及团队合作素养

E.个人的长远职业发展规划指导

21. 以下就业指导方式你比较喜欢的有：（可多选）

A.提前进行企业入职培训体系的学习和训练，与企业进行多种方式的互动沟通

B.支付费用到专业的职业咨询公司购买服务

C.从网络上获取相关职业资讯

D.初入职场的校友的经验分享

E.就业指导课程

F.就业和职业规划的面对面咨询

G.就业和职业规划的专题讲座

H.职业素质拓展

提示：1—17题，如果同学们有10题以上的选择是B的话，说明对自己和职业的了解很不充分。那么，很有必要在接下来的时间里认真学习本课程，并且在学习和生活实践中努力提升自己的就业竞争力！

【阅读思考】

白龙马与小毛驴

话说白龙马就要和唐僧去西天取经了，临行前他去和他的好友小毛驴告别。白龙马说："驴兄，我明天就要和'唐唐'去西天取经了，以后你可要照顾好自己，等我回来哟。"小毛驴说："什么？什么？你说什么？你说你要去西天取经？不是吧！我听说去西天，有十万八千里那么远，哪一天才能走到哇？我还听说，在去西天的路上有许许多多的妖魔鬼怪，好凶好凶的！可别经没取到，倒把小命给丢了。我看你呀还是听我一句劝，别去了，像我这样每天推推磨，多好哇！风吹不到、雨淋不着的，主人每天都会把草料准备好，根本不用操心温饱问题，悠然自得的多好哇！"白龙马说："不！无论怎样我都一定要去西天取经，因为那是我的理想。我走

了，保重！"小毛驴摇摇头："哎，不听老人言，吃亏在眼前。你一定会后悔的。"

就这样，白龙马和唐三藏一起上路了。历经万水千山，经历风风雨雨，十年后白龙马取得真经，修成正果。回到家乡，白龙马受到所有人的尊敬和爱戴，被奉为英雄，成为所有人崇拜和追随的对象。白龙马来到磨房，看到老友小毛驴，依然是拉着那个磨盘在原地打转转，只是脚步比十年前沉重了许多。小毛驴看到神采奕奕的老友白龙马，真是羡慕无比："马兄，你好伟大哟，我好崇拜你呀，十年前我就知道你一定会成功的！快给我讲讲你的取西经的故事。一定很辛苦吧！"白龙马说："其实也不是太辛苦的，我每天走的路和你走的路也差不多。只不过我是一直朝着西天走，而你是一直在原地打转转而已。我相信在这十年里，你也一定围着这盘磨走了十万八千里，但却始终没有走出这个磨房。"小毛驴有些沮丧，又问："一定遇上妖魔鬼怪了吧？"白龙马："是呀，不但遇上了妖魔鬼怪，我还学会了如何战胜妖魔鬼怪。这一路走下来我还见识了许多人间美景，见过沙漠的苍茫，见过大海的壮阔，见过高山的巍峨，见过江河的汹涌……"

资料来源：童话故事网，有改动

问题：

读完这个故事，不知大家有何感想？十年下来，小毛驴所走的路加起来绝不比白龙马少，所付出的辛苦也不比白龙马少，但白龙马成功了，小毛驴则没有，为什么？

第一节　职业与职业生涯规划

【案例故事】

愿你出走半生归来仍会学习——"学习"与"就业"

张某，沈阳体育学院2009级新闻专业学生，2016届毕业研究生，现为沈阳市某事业单位工作人员。

大学期间，该同学积极参加校园广播站、校报、学生会等校园学生组织，锻炼自身能力，在活动组织和表达方面有了明显的提高，从原来不敢在众人面前大声说话，到组织大小活动井井有条，在学校各项活动中得到了锻炼。大二下学期，了解到沈阳体育学院与法国里尔二大的交流合作项目，萌生了出国留学的想法，于是加入学校法语班，也在假期时间额外补习。但该同学的缺点是学习目标不明确，由于法语底子比较薄弱，又是后加入学习班，法语学习效果并不好，而且没有专心致志地学习，还同时兼职学生会、校报等多项职务，法语学习一直没有起色。在大四上学期，很多同学的成绩已经达到了出国留学的标准，而张某却迟迟未参加考试。在同学的劝说和自己的再三衡量之下，选择放弃法语学习、放弃出国的想法，在离考研还有50天时选择了考取沈阳体育学院研究生，最终考研的成绩也并不高，进入沈阳体育学院研究生部，录取为专业体育硕士，原本学文科的张某，研究生录取专业却是社会体育指导专业。

研究生三年，张某继续担任学生干部，并成为一名共产党员，但张某仍然没有对未来发展有明确的想法和规划。研一他在媒体有短暂的实习经历；研二期间他在某体育组织实习几个月，没有一个明确统一的方向；直至研三，他身边的同学都有了自己的目标。张某决定考公务员，在论文的压力下，并没有时间充分复习，几次参加公务员和事业单位的考试均无果。毕业后，在家人的帮助下，他在沈阳某事业单位做合同制职工，由于在校期间得到了各方面的锻炼，在单位从事宣传和党务方面的工作，得到了同事和领导的一致认可。

资料来源：东城教研范文网，有改动

点评：

很多沈体学子总爱问类似的问题："老师，我是考研还是就业？""老师，学生会工作对以后的就业有用吗？"从以上张同学的例子中我们也许会领悟出答案。那么究竟学习与就业是什么关系？学习与就业是一对辩证的关系，因为我们理解的学习不是课堂的学习知识，而要树立大的学习观，不挂科是基本知识学习，学生会工作锻炼是能力学习，都是为了更好地了解自己、适应社会生存，即使有了成功地工作岗位，也要树立终身学习的理念。因为在现代社会，学习本事就是就业，就业永远离不开学习。

一、职业概述

（一）职业的含义

职业是社会分工的产物，它决定了人在社会中的角色。从广义来讲，职业就是利用自己所学的知识和技能，从事一种可以为社会创造经济价值、精神价值，并从社会中获取物质及精神补偿的活动。在英文里，职业的拼写为"occupation"，它是一种不同于"job（工作）"的，有更广阔外延的概念。"职"的释义是"职务，责任"，"业"就是"行业"。从这里可以看出，职业不仅反映了个人从事的概念，也反映了个人从事职业作为一种社会性的活动对社会的价值。通过职业每个人可以发挥潜能、履行社会角色、实现生活理想、享受工作乐趣，甚至实现自我。

从狭义来讲，职业是指从业人员为获取主要生活来源而从事的社会性工作类别。他强调了职业作为一种谋生的手段来满足个人基础的需求。职业可以提供金钱收入，来满足生理需求。如果生理需求没有被满足，它就成为主宰个人的力量。

总之，职业是参与社会分工，利用专门的知识和技能，为社会创造物质财富和精神财富，获取合理报酬，作为物质生活来源，并满足精神需求的工作。职业是对特征相同或相似的一类工作的统称，其分类以国家的职业分类大典为标准，工人、农民、教师、公务员就是一些重要的社会职业。

（二）职业的基本特征

职业作为一种重要的社会现象，它是随着生产力的发展与提高，出现社会分工以后才出现的，并随着社会的进步不断发展变化。据统计，每年有成百上千种新型职业产生，同时也有许许多多传统职业被淘汰。

从职业范畴角度分析，它具有以下特征：

1. 同一性

某一类别的职业内部，其劳动条件、工作对象、生产工具、操作内容相同或相近。由于环境的同一，人们就会形成同一的行为模式，有共同的语言习惯和道德规范。基于此，才形成了诸如行业工会、行业联合体等社会组织。

2. 差异性

不同职业间存在着很大的差异，劳动条件、工作对象、工作性质等都不同。随着社会的进步，经济体制的改革，新的职业如经纪人等还会不断涌现，各种职业间的差异也会不断变化。

3. 层次性

从社会需要角度来看，职业并没有高低贵贱之分，但是，现实生活中由于对从事职业的素质要求不同以及人们对职业的看法或舆论的评价不同，职业便有了层次之分，这种职业的不同层次往往是由不同职业体力、脑力劳动的付出、收入水平、工作任务的轻重、社会声望、权力地位等因素决定的。

4. 时代性

职业具有时代性，不同时代有不同的热门职业。我国曾出现过的"当兵热""从政热""高考热"到"考研热"，又发展到"下海热""出国热""外企热"等等，都反映出特定时期人们对某种职业的热衷程度。

【二维码链接】什么是工作？

二、职业生涯的概念

（一）生涯及其特性

生涯，顾名思义，是指人生命的全部历程。庄子曰："吾生也有涯，而知也无涯。"这意味着人生的两个端点——生和死之间所有的生活内涵。

美国著名的心理学家舒伯指出，"生涯"是指生活中各种事件的演进方向和历程，它统合了个人一生中各种职业和生活角色，由此表现出个人独特的自我发展形态。换言之，生涯是一个人一生中所从事的工作、所担任的职务、角色的总和，例如学生、雇员、家庭成员、公民与退休者。

人的生涯发展既是一个自然生命的成长过程，也是一个自我设计与创造的过程。在这个过程中，由于职业在所有"事件"和"角色"中具有非同寻常的作用，很大程度上影响和决定着人生的其他角色和经历，对人有至关重要的影响，因此生涯是以职业为主轴和动力源的。

生涯具有以下特性：

1. 独特性

每个人的生涯都不一样。就像世界上没有两片相同的叶子，人与人之间也绝不会完全相同。因此，进行生涯规划，无论是谁，都有其独特性，都有其专属的生涯规划，绝对不会与他人相同。

2. 终身性

生涯是一个人从生到死一辈子的事情，包含就学、就业、退休后生活。如果今天做一个生涯规划，明天又有另外的生涯规划，就不能称为生涯规划，只能算是计划而已。

3. 发展性

生涯是人生发展的整个历程，贯穿人从生到死的过程，且在人生发展的不同阶段呈现出不同的形态和特点，因而具有发展性，且随着个人成长、经验积累、社会发展而变化。

4. 全面性

生涯包含人生整体发展各层面，所规划的一生中包罗万象，亦即对一个人生涯规划所考虑的点、线、面极为广泛，几乎无所不包。

生涯并不局限于个人的职业角色，尽管与职业相关，但比职业的内涵更加丰富，它涵盖了更长的时间，既包括就业前的活动，也包括离开工作后的生活。每个人的生涯发展都是独一无二的，是依据个人的人生理想，为了自我实现而逐渐展开的一种生命历程。

（二）职业生涯及其内涵

职业生涯是一个人一生的工作经历，特别是职业、工作待遇、职位的变动及工作理想实现的整个过程。职业生涯是人一生中最重要的历程，人们从20岁左右参加工作，到60岁左右退出职业，职业生涯约占人生的三分之二，也是人生中精力最旺盛、创造力最强的时期。

职业生涯的内涵主要是：

（1）职业生涯是个体的概念，是指个人的行为经历，而不是群体或组织的行为经历。

（2）职业生涯是职业的概念，是指一个人在一生中的职业历程。

（3）职业生涯是时间的概念，意指职业生涯周期，起始于初次工作之前的学习阶段、培训阶段，终止于完全结束或退出职业活动。实际生活中，职业生涯的时间期限在不同的个体之间有很大差别。

（4）职业生涯是发展和动态的概念，指个人的具体职业内容和职位是在不断发展和变化的，而不是固定、单一的。职业生涯更重要的内涵，是职业的变革与发展的经历和过程，包括职业的转换、职位的晋升等具体内容。

【二维码链接】内职业生涯与外职业生涯

三、职业生涯规划的内涵与类型

（一）职业生涯规划的内涵

所谓职业生涯规划，是指个人结合自身情况以及机遇和制约因素，为自己确立职业目标，选择职业发展路径，制订教育、培训和发展计划等，并为自己实现职业生涯目标而确定行动方案。规划的实质是选择追求的目标和实现目标的最佳方案。因此，职业生涯规划的实质就是，结合自身情况及各种制约因素，为实现职业目标，制订一个完备的行动方案。简而言之，就是指个人为自身的职业发展所做的策划和准备。

大学阶段正处于职业生涯中的准备期和探索期，对于大学生群体来说，职业生涯规划有着更具体、更重要的内涵：在大学阶段，应当客观、全面地认识自己的能力、兴趣、个性和价值观，了解各种职业、行业、环境的需求趋势和影响因素，确立职业生涯发展目标，选择实现这一目标的职业方向，制订出行之有效的实施方案，包括相应的学习和培训计划，并做到及时反馈和修订。

（二）职业生涯规划的类型

按照规划的时间维度，职业生涯规划可以分为短期规划、中期规划、长期规划和人生规划四种类型。

1. 短期规划。两年以内的规划，主要是近期目标，规划近期应完成的任务。

2. 中期规划。一般2~5年的职业目标和任务，是最常见的职业生涯规划。

3. 长期规划。指5~10年的规划，主要是设定较长远的目标，以及为实现此目标应采取的具体措施。

4. 人生规划。指整个职业生涯的规划，时间长达40年左右，设定整个人生的发展目标和阶梯。

个人职业生涯规划从短期到中期，再到长期，直至整个人生规划，如同台阶需要一步步地发展。在实际操作中，跨度时间太长的规划由于环境和个人自身的变化难以把握，而时间跨度太短的规划意义又不大，所以，一般把职业规划的重点放在2~5年内的中期规划，这样既便于根据实际情况设定可行目标，又便于随时根据现实的反馈进行修正或调整。

【二维码链接】施瓦辛格的职涯故事

【体验活动】鱼骨生命图

现在，在下面的鱼骨图上来绘制自己的鱼骨生命图。

填涂说明：

鱼眼，表示原点，即出生时刻及出生地；鱼头，呈现三角形，代表人出生后0～3岁的发展迅速的阶段；鱼尾，表示职业生涯结束后，生命逐渐老去的部分；鱼尾尖，表示生命的终点。

1. 请你在生命的圆点上写上出生日期和0岁。再请你根据自己的健康状况、家族的健康状况和你所生活地域的平均寿命来预测自己和世界说再见的时间，并标注在箭头的终点上。

2. 请找出今天你的位置，用一个自己喜欢的标记表示在生命线上，并写上今天的日期和年龄。

3. 请你进一步仔细回忆过去，以生命线上的时间点为初始点，标出过去影响你最大或令你最难忘的5件事，积极影响事件鱼刺朝上，消极事件鱼刺朝下；并以线段的长短表示事件对自己影响的大小。

4. 现在请你在生命线上标出今后你最想做的3件事或最想实现的3个目标，能够由自己全权决定的鱼刺朝上，需要别人参与或者全部由别人定夺的鱼刺朝下。

参考自己绘制的"鱼骨"生命图，深入思考，并完成下面的问题：

1. 过去的事情对你有怎样的影响？你对这些事情的看法是怎样的？

_____

2. 对于现在的自己，你是否感到满意？哪些人或事促成了现在的你？

_____

3. 对未来的自己，你的预期是什么？如果想要成为这样的人，你现在需要做什么？

_____

第二节　职业生涯规划方法

【案例故事】

未来的幸运，都是过往努力的积累

裴某，沈阳体育学院2012级毕业生，排球专项。2016年，裴某经过笔试、面试、试讲等环节脱颖而出，通过了东北育才小学的招聘考试，成为一名体育教师。

裴某的父亲是一名人民教师，裴某对父亲20多年如一日的辛勤耕耘心生钦佩，立志自己也能成为一名人民教师。自步入大学校园以来，裴某将大量的时间都投入学生工作当中，努力提升自身各方面的素质。在年级、学院、学校各学生组织和活动中均有裴某忙碌的身影。四年光阴，裴某多次参加和组织策划大量校园活动，如：带领团队组织策划了2015年中国音乐节"校园歌手大赛"等活动，作为2014、2015年毕业生典礼暨学位授予仪式的主要工作人员。正是不断的磨砺和锤炼，使得裴某从委员成长为独当一面的主力学生干部，曾任沈阳体育学院学生会副主席、运动训练学院团委学生会文体部部长及年级组织部委员。在完成好各项工作任务的同时，裴某也取得了优异的学习成绩和训练成绩，大学三年里班级排名第一，获得国家励志奖学金、沈阳体育学院专业一等奖学金，荣获沈阳市优秀共青团员、沈阳体育学院优秀青年志愿者、沈阳体育学院优秀大学生等称号。耀眼成绩和殊荣的取得浸满了裴某背后的汗水，参加组织学生活动需要投入大量的个人时间，无数个连轴转的日夜，无暇顾及晚饭是常有的，尤其是在大量工作的同时要兼顾好学业，更是付出了常人难以想象的辛苦。每到期末宿舍停电，她甚至在水房和大厅复习，她的努力和付出印证了"未来的幸运，都是过往努力的积攒"这句话。

正是过往能量的积攒，方能在需要之时迸发力量。裴某在东北育才小学招聘的各个环节展现了良好的素质和过硬的专业技能，得到考评官的认可，顺利通过了各个环节，步入了心仪的工作岗位。

资料来源：小红书官方网站，有改动

点评：

如今的就业形势竞争异常激烈，如何在众多应聘者当中脱颖而出，必须超过考评官设定的要求和期望；如何能赢得幸运之神的眷顾，必定离不开过往努力的积攒。大学四年是浑浑噩噩地醉着虚度，还是纵使很累却能收获满满地醒着拼搏，是摆在每一名大学生面前的选择题。相信大家都想有所成就，那么此刻就开始拼搏奋进吧，因为"未来的幸运，都是过往努力的积攒"！

一、归零思考法

最简单的职业生涯规划方法，是归零思考的方法。该方法是依次问自己以下5个问题：

1.我是谁？

2.我想做什么？

3.我能干什么？

4.环境支持或允许我做什么？

5.我的职业与生活规划是什么？

回答了这5个问题，找到它们的最高共同点，就有了自己的职业生涯规划。

现在，同学们每人取出5张白纸、一支铅笔、一块橡皮，在每张纸的最上边分别写上以上5个问题。然后，静下心来，排除干扰，按照顺序，独立地仔细思考每一个问题。

对于第一个问题"我是谁？"回答的要点是：面对自己，真实地写出想到的每个答案，写完了再想想有没有遗漏，认为确实没有了，按重要性进行排序。

我是谁?

我的性格是＿＿＿＿＿＿＿＿＿＿＿＿＿＿＿；

我的能力是＿＿＿＿＿＿＿＿＿＿＿＿＿＿＿；

我的理想是＿＿＿＿＿＿＿＿＿＿＿＿＿＿＿；

我的未来是＿＿＿＿＿＿＿＿＿＿＿＿＿＿＿；

别人认为我是＿＿＿＿＿＿＿＿＿＿＿＿＿＿＿。

对于第二个问题"我想干什么？"你可将思绪回溯到孩童时代，从人生初次萌生第一个想干什么的念头开始，然后随年龄的增长，再进行认真的排序。

我想干什么?

我小时候想干的工作是＿＿＿＿＿＿＿＿＿＿＿＿＿＿＿；

我中学时想干的工作是＿＿＿＿＿＿＿＿＿＿＿＿＿＿＿；

我现在想干的工作是＿＿＿＿＿＿＿＿＿＿＿＿＿＿＿；

我的父母希望我干的工作是＿＿＿＿＿＿＿＿＿＿＿＿＿＿＿；

我一定要干的工作是＿＿＿＿＿＿＿＿＿＿＿＿＿＿＿。

第三个问题"我能干什么"则是对自己能力与潜力的全面总结，一个人职业的定位最根本的还要归结于他的能力，而他职业发展空间的大小则取决于自己的潜力。对于一个人潜力的了解应该从几个方面着手去认识，如对事的兴趣、做事的韧性、临事的判断力以及知识结构是否全面、是否及时更新等。

我能干什么？

我小时候曾干成的事情是＿＿＿＿＿＿＿＿＿＿＿＿＿＿＿＿＿＿；

我中学时曾干成的事情是＿＿＿＿＿＿＿＿＿＿＿＿＿＿＿＿＿＿；

我大学时曾干成的事情是＿＿＿＿＿＿＿＿＿＿＿＿＿＿＿＿＿＿；

我认为我能干成的还有＿＿＿＿＿＿＿＿＿＿＿＿＿＿＿＿＿＿；

别人认为我能干成的事情是＿＿＿＿＿＿＿＿＿＿＿＿＿＿＿＿。

对第四个问题"环境支持或允许我干什么？"的回答则要稍作分析：环境，有本学校、本城市、本省，自小至大，只要同学们认为自己有可能借助的环境，都应在考虑范畴之内，在这些环境中，认真想想自己可能获得什么支持和允许，弄明白后一一写下来，再按重要性排列。

环境支持或允许我干什么？

我所在的寝室支持或允许我做的是＿＿＿＿＿＿＿＿＿＿＿＿＿＿；

我所在的班级支持或允许我做的是＿＿＿＿＿＿＿＿＿＿＿＿＿＿；

我所在的学院支持或允许我做的是＿＿＿＿＿＿＿＿＿＿＿＿＿＿；

我所在的学校支持或允许我做的是＿＿＿＿＿＿＿＿＿＿＿＿＿＿；

我所在的城市支持或允许我做的是＿＿＿＿＿＿＿＿＿＿＿＿＿＿。

把5张纸一字排开，然后认真比较第一至第四张纸上的答案，将内容相同或相近的答案用一条横线连起来，同学们会得到几条连线，其中不与其他连线相交的又处于最上面的线，可能就是同学们最应该去做的事情，同学们的职业生涯就试着以此为方向。在此方向上以3年为单位，提出近期、中期与远期的目标；再在近期的目标中提出今年的目标；将今年的目标分解为每季度目标、每月目标、每周目标、每天目标。

这样，同学们每天睡前就可以对照自己的目标进行反省，总结当日成就与失误、经验与教训，修正明天的目标与方法，第二天醒过来后稍加温习就可以投入行动了！日积月累，目标和梦想终会实现的。

【二维码链接】设计人生最重要的5个小步骤

二、系统规划法

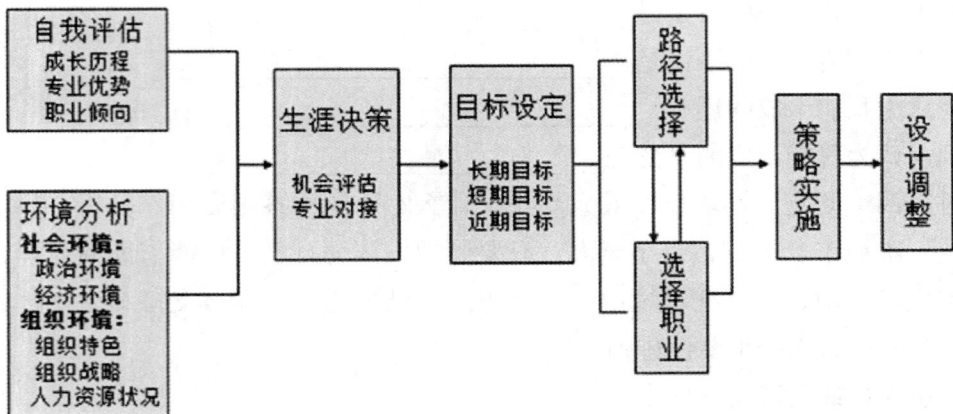

图1-1　职业生涯规划的内容与步骤

职业生涯规划的内容与步骤，具体见图1-1所示。

（一）自我评估

职业生涯规划是一个"由内而外"的过程，因此在职业生涯规划时，要先认识自己。做好自我评估，包括自己的爱好、特长、性格、学识、专业、技能、智商、情商、思维方式等。即要弄清自己想干什么、能干什么，在众多的职业面前选择最适合自己的。大学生职业生涯自我评估主要从成长历程、专业优势和职业倾向几个方面进行评估。其中，职业倾向主要包括以下4个问题：

（1）我的兴趣是什么？

（2）我的性格有哪些特点？

（3）我愿意在工作中使用哪些技能？

（4）我最渴望从工作中获得什么？

自我评估的结果可以通过自我剖析、职业测试以及角色建议等方法获得。

（二）环境分析

职业生涯规划不能只从"自我"需要出发，还得结合现实的社会需要。职业生涯规划不能脱离现实，"闭门造车""自说自话"只会让自己制订的发展目标不切实际，无法实施。

职业生涯规划需要在系统的自我评估之后，进行深入的环境探索，包括了解职业世界和职业环境分析。探索职业世界，主要包括建立职业的概念，探究专业与职业的关系，了解职业世界的宏观发展趋势，了解职业的分类和人才市场的需求，把握具体职业特别是自己适合的职业对人员的各种要求、条件和待遇等。职业环境分析，主要包括宏观层面的社会环境分析、中观的行业与地域环境分析和微观层面的组织环境分析。

（三）生涯决策

职业生涯规划在前面"知己""知彼"的基础上，就可以做出对职业生涯发展方向的初步选择与决定了。综合考虑自我职业倾向与现实的生涯发展机会的匹配状况，结合自己的专业优势，评估生涯发展方向和机会的成功成本与概率，理性地做出生涯决策。

一般而言，进行生涯决策，必须遵循以下原则：

（1）择己所爱：对生涯发展蓝图的决定和选择，必须符合自己的兴趣。

（2）择己所能：对生涯发展蓝图的决定和选择，还必须依托自己的能力。

（3）择世所需：生涯决策必须遵循社会发展规律，符合社会的需求。

（4）择己所利：生涯决策也必须遵循利益最大化原则，确保自身利益。

根据生涯决策的基本原则，同学们进行生涯决策时必须立足于系统思考，重点考虑自己想要什么、自己能够做什么、自己可以做什么等，在此基础上进行信息整合，选择可行的策略。

（四）目标设定

大学生做职业规划目标设定，主要是确立初次择业的职业方向和阶段目标。目标设定是制订职业生涯规划的关键，通常目标有短期目标、中期目标、长期目标和人生终极目标。职业生涯目标的设立要以自己的最佳才能、最优性格、最大兴趣、最有利的环境机会等条件为依据。设立初步的生涯目标后，需要对目标进行仔细分解，以利目标的澄清和评估目标实现的可行性，并根据细分目标制订实现的具体计划方案。

目标设定应注重：①依据客观现实，考虑个人与社会、单位的关系；②比较鉴别，比较职业的条件、要求、性质与自身条件的匹配情况，选择条件更合适、更符合自己特长、更加爱好、经过努力能很快胜任、有发展前途的职业；③扬长避短，看主要方面，不要追求十全十美的职业；④审时度势，及时调整，要根据情况的变化及时调整择业目标，不能一成不变。

（五）发展路径选择

条条大路通罗马，每个人都有适合其发展的路径，但每个人都彼此不同，谁也不能完全复制别人的成功之道。职业生涯发展路径是指一个人选定职业后从什么方向上实现自己的职业目标，是向专业技术方向发展，还是向行政管理方向发展。发展方向不同，要求就不同。因此，在制订职业发展行动计划之前，必须结合职业决策做出发展路径选择，以便安排今后的学习和工作，使其沿着职业生涯的路径发展。

（六）策略实施

策略实施就是要制订实现职业生涯目标的行动方案，要有具体的行为措施来保证。没有行动，职业目标就是一种梦想。要制订周细的行动方案，更要注重去落实行动方案。按照规划的短期、中期、长远发展目标执行出阶段性的行动方案，再将阶段性的方案细化到日常可操作的层面。行动贵在坚持，养成习惯，很多不适应和麻烦会主动为你让路，良好的习惯是成功的保障，大胆去施行吧，只要认定了目标坚持行动，老天也会为你感动，想不成功都难。

（七）设计调整

事物都是处在运动变化中的，由于自身及外部环境条件的变化，职业生涯规划也要随着时间的推移而变化。影响职业生涯的内外因素很多，有些变化是难以预测的。在制订职业生涯规划时，由于对自身及外界环境了解不够，最初确定的职业生涯目标往往都是比较模糊或抽象的，有时甚至是错误的。经过一段时间的实践体验以后，应有意识地回顾自己的行为得失，检验自己的职业定位与职业方向是否合适。在实施职业生涯规划的过程中自觉地总结经验和教训，评估职业生涯规划，修正对自我的认识，通过反馈与修正，纠正最终职业目标与分阶段职业目标的偏差，保证职业生涯规划的行之有效。

【二维码链接】大学生职业生涯规划的误区

【体验活动】澄清学业方向与目标

请拿出笔，准备写下你未来学业的整体设计，或者你的学业理想与目标。

注意，不必考虑这些理想目标该用什么方式去实现，先尽量写，不要做任何限制，可以关于你未来的工作、家庭、交友、情绪、健康、生活等，涵盖的范围越广越好。

下面是大学目标规划九宫图，供参考。

学习	专业	人际交往
情感	身心健康	休闲
自我成长	社会工作	兼职工作

_____

_____

_____

_____

现在，审视你写下的上述目标或心愿，来思考预期达成的时限。6个月？1年？2年？5年？10年？如果你的目标有达成的时限，对你将会大有帮助，可能有些目标你希望一蹴而就，而有些却遥遥无期。如果你的目标多为近程的，那你就把眼光放得远些，找出一些潜在有可能的目标；如果你的目标多为远程的，那你也得建立一些阶段性的目标。

选出在这一年里对你最重要的4个目标，从你所列的目标中选出你最愿意投入、最能令你满足的4件事，并把它们记录下来。

_____

_____

_____

_____

然后明确、扼要、肯定地写下你实现它们的真正理由，告诉你自己能实现这些目标的把握和它们对你的重要性。人生中，我们常想要一些东西，但实际上只是对它们有兴趣而已，却从没有下定决心要得到它们，结果我们依然两手空空，这就是有兴趣与有决心的区别。如果你做事时知道如何找出充分的理由，那你就无所不能了，因为追求目标的动机远比目标更能激励我们。

_____

_____

_____

_____

核对你所列的4个目标，你对这些目标是否有肯定的期望？对预期结果有什么感觉？如果你达成这些目标，带来的结果是否对你及社会有利？

_____

_____

_____

_____

现在请写下，如果你要实现这些目标，应该具备什么样的条件或资源，包括人脉、财物、专业背景、知识能力等。指出你已经具备或拥有哪些资源条件。

_____

_____

_____

_____

针对你的4个重要目标，问问自己，我第一步应该如何做？要实现该目标，需要哪些必要的步骤？目前有什么因素妨碍我前进？我该如何改变自己？包括你每一天应该做什么。

_____

_____

_____

_____

祝你能尽早确定人生的方向和目标，规划好自己的大学生活与学业！

第三节　职业生涯规划的目的意义

【案例故事】

做自己命运的抉择者和主宰者

吴增宝博士约我在医学部中心楼背后的长廊里进行采访。他身形瘦高、面容坚毅，走路虎虎生风，如果不是看到他拿在手里的英文药典以及戴在鼻梁上的眼镜，如果不是和他有深切的交流，我差点误以为他是一个肃整刚强的军人，而不是一个广博敦厚的学者。

"我属于最特殊的一届医学部学生——"北医"并入"北大"后第一届统招生，从本科到博士，我在这个园子里一待就是9年。"他这样介绍着自己，仿佛在强调9年的校园生活在他身上的深深印痕。果然，在采访中吴博士多次提到"北大"对他的影响——尤其是在择业这一重大选择上的关键作用。

对于他而言，"北京大学"四个字的含义非常深厚。"我和一些人不同，我从不把'北大'当作晋升的阶梯或者敲门砖，我把这里当作自己的家。"在家一样的校园中生活，他每一天都在进步，不仅仅是学业上的不断成就，还有人格的日渐完善。"9年的'北大'生活，在潜移默化中我学会了理解与尊重，并且形成了自己的信念，就是一个人最重要的是按照自己的方式去生活。"正是这种听起来颇为玄妙的信念，在他选择岗位时起到了决定性的作用。"我选择到石河子工作，是经过了慎重考虑的。""有不少人觉得我去支边太过于'理想'，'不现实'。他们这样认为，一方面可能因为对西部缺乏了解，另一方面可能是因为他们并没有考虑到理想对于一个人的作用。我觉得，当一个人有坚定的信仰的时候，他就能对自己的所有行为负责任。现在，中国人被广受指责的一点正是信仰和理想的缺失。"

"感谢'北大'给我的9年，让我能独立地思考，不去考虑那些看似要紧却并不真正关乎个人命运的东西。"这是他的结论。

资料来源：北京大学新闻网，有改动

点评：

许多在校大学生因为自己的家庭环境及经济条件，把当时来到学校时的理想和抱负丢在了一边，没有懂得只有通过自己的努力才能去改变自己的命运。每个人的命运都掌握在自己的手里，不要在年轻的时候虚度光阴，为了自己的梦，放手去拼搏吧！

一、职业生涯规划的重要作用

（一）正确认识自我，坚定职业目标

无论做什么事，首先要确立目标，才会有清晰的前进方向和充足的动力及热情。怎样设定人生目标并通过努力达到目标，需要对自己的职业生涯做出合理规划，这是迈向成功的第一步。

有许多同学对自己不大了解，没有清晰地认识到自身的优势和劣势，在职业选择过程中，具有较大的盲目性，不切实际。这极易导致奋斗目标模糊、易变。通过有效的职业生涯规划，可以使学生认识到自身的个性特质、现有和潜在的资源优势，并进行对比分析，着力培养职业所需的特质，树立适合自身情况的职业发展目

标和职业理想，从而规划自己的学习，指导自己的实践，制订合理的行动计划，并为获得理想的职业而去做各种准备。

（二）充分了解社会，提升个人竞争力

物竞天择，适者生存。当今社会处在变革的时代，到处充满着激烈的竞争。要想在这场激烈的竞争中脱颖而出，立于不败之地，职业生涯规划是最强大的武器和法宝。生活在象牙塔内的大学生们，常常因缺乏对社会和外部职业世界的了解而不能适时、合理地调整职业目标和行动计划，因此在职业竞争中处于劣势。

在职业生涯规划的过程中，同学们需要不断地获取外部信息，包括职业、组织、社会等多方面的信息。获得的外部信息越多，心理上的准备也就越充分，在规划自己未来发展的时候，就能够根据社会的需要并结合眼前利益和长远发展，有的放矢。

（三）实现自我价值，成就美好人生

马斯洛的需求理论指出，人的需要是由低级向高级层次推进的，即：生理需求→安全需求→友爱和归属的需求→受尊敬的需求→自我实现的需求。所有这些需求必须通过职业活动来实现。也就是说，同学们可以通过一份适合的职业来获得生理、安全、友爱、归属、尊敬的需求，但同学们更需要的是通过从事一份职业来发挥自己的潜力，实现自我价值。不过仅仅有一份工作，并不能保证同学们能实现所有的需求。由于社会的快速变迁、竞争的不断加剧，令许多即将踏入社会的同学们手忙脚乱，不知何去何从。有效的解决方法只有一个，那就是进行职业生涯规划。正确的职业生涯规划，能为实现自我价值创造机会，并扬长补短，最终迈向成功。

【二维码链接】职业规划有那么重要吗？

二、生涯规划的根本目的

生涯规划是一个过程，规划的功能在于为生涯设定目标，并找出达成目标所需的步骤。目标可以为人生带来希望和意义，奥地利心理学家维克多·弗兰克凭借生命的意义成为奥斯维辛集中营中少有的幸存者之一，并开创了心理治疗中的"意义疗法"。他说："你不要去问生命，你应该要回答生命对你的质询。"在生涯规划中，目标的制订是一个探索的过程，这个过程能够帮助大学生逐渐去理清生命的价值和意义，并用行动去实现它。就像为飘忽不定的人生加了一个锚，无论风雨来自何方，人生之船都自有它的方向。

米歇尔罗兹指出：生涯规划有突破障碍、开发潜能和自我实现三个积极目的。一个人最大的幸福，是能以自己选择的方式生活。选择所爱，爱其选择的结果，会使一个人以己为荣，并呈现出圆融、丰足、喜悦、智慧和充满创造力的气质。

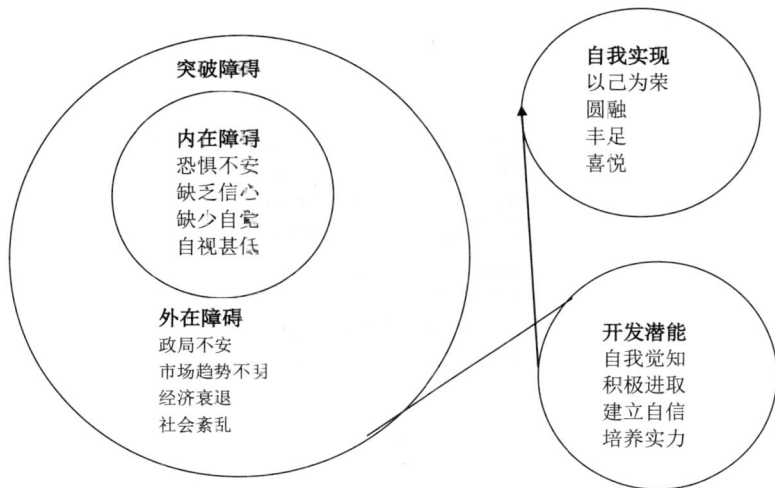

图1-2 生涯规划的三个积极目的

在生涯发展过程中，很多大学生对追求理想的工作或人生目标充满疑惑；还有的大学生甚至不敢去想象或者设立理想目标，因为觉得那是不可实现的。阻碍他们插上理想的翅膀、迈出勇敢脚步的原因通常来自如图2-2所示的两种原因：内在障碍和外在障碍。内在障碍通常是由一个人对自己的不了解、低评价或者无安全感造成的。例如，有的同学很难看到自己的长处，总用自己的短处和别人的优势相比，内心从未觉得自己有可用或特别之处。所以，在找工作时，缺乏信心，总感觉自己这也不好，那也学得不够，还没做好踏入社会的准备，从而影响自己找好工作的信心，影响自己在面试环节中的表现。这是典型的不能够真正了解和接纳自己，从而导致的自我低评价，对找工作产生负面影响的情况。

外在障碍则来自一个人所处的环境，通常与政局变动、市场难以预测、经济衰退和社会秩序混乱等相关。一个没有生涯目标的人，很容易受外界因素的影响。例如：两个大学生，有着同样普通的家庭背景，毕业时找到的工作也都不理想。客观上大学扩招之后就业竞争的加剧的确多少影响了他们找工作，但对于那个有生涯目标的同学而言，因为奋斗目标明确、步骤具体可行、对自己认识清晰准确、对未来充满希望，所以更容易积极面对并不理想的工作，努力从工作中获得和培养自己实现目标所需的能力和资源，把这当作迈向理想目标的第一步。而另一个没有任何生涯目标的同学，可能更容易抱怨社会，哀叹自己生不逢时、没赶上"大学毕业生是天之骄子"的年代……因为看不到希望，便很难从内在积极应对困境，而是将找不到好工作归因于外因，从而更觉得自己没有能力。所以，两位大学生在毕业时人生的起跑线是相同的，却可能因为有无生涯目标导致人生希望的不同：一个充满力量，能克服困难、积极进取；另一个感觉被环境左右，怨天尤人、随波逐流。尼采说："懂得为何而活的人，几乎任何痛苦都可以忍受。"生涯规划可以帮助同学们设立目标、带来希望，从而突破发展中的内在障碍，最终实现幸福人生。

【二维码链接】马咏梅：一个洲际小姐是怎样产生的

【体验活动】撕纸游戏

生命不是掌握在别人手里，它只有一个主人，那就是你自己。

生命最宝贵之处，并不在它的长度，而在它的广度和深度。

生命是一段旅程，最值得回味的，不仅是目的地，更是路上的风景。

现在的你，是3年前的你所决定的。3年后的你，是现在的你所决定的。

现在：

1. 按下图所示，请准备一个1厘米宽的纸条，这个纸条的全部长度代表你的一生。

2. 先撕去自己作为大学生已经度过的岁月，大约1/5。

3. 然后再撕去退休后的时间，大约1/5。

4. 继续撕去代表从步入工作到退休期间的时间，大约1/3。

5. 然而，还要撕去1/3的睡眠时间，撕去吃饭、清理个人卫生的时间，撕去交朋友、体育锻炼的时间，撕去看电视、玩的时间……现在，看看你的纸条还剩多少？

现在，让我们来计算：大学4年全部的1380天，其中有4个寒假+3个暑假+4个10天长假（5.1+10.1）=355天（-26%），还有176个双休日=352天（-25%），还有一半黑夜，余336天(-24%)。在这336天中再去掉你发呆、郁闷、抱怨、茫然、网游、恋爱、毫无目的地学习……还余多少天呢?

6. 现在剩下的纸条就是能够做职业准备的时间，拿着手中的小纸条，你都想到些什么?

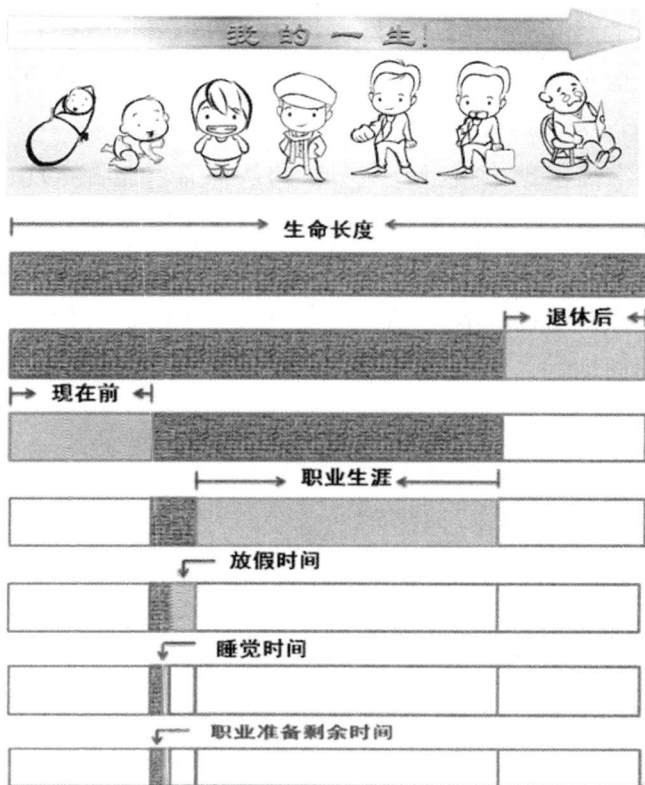

由此，你明白了什么，你有哪些感悟呢?

【实践拓展】观赏《当幸福来敲门》

观赏电影《当幸福来敲门》，然后写一篇心得感悟。

要求：写出你当前所担当的生涯角色和未来10年后你计划担当的生涯角色。在每个生涯角色上，写出准备实现那些目标。

【专家视角】

一、学业规划是大学生第一堂必修课

学业规划是做好职业生涯设计的前提和基础，同时也是它的组成部分，制订并实行良好的学业规划可以更好地迎接社会的挑战。

（一）有助于发掘自我，促成自我发展

一份有效的学业规划设计，包括自身条件和现实问题两个方面，因此它能够引导大学生认识自身的个性特征、现有的和某些潜在的资源优势，帮助同学们重新认识自身的价值并使其持续增值，引导同学们对自身的长处和短处以及综合素质进行对比分析，引导同学们弄清个人目标与现状之间的距离，引导同学们学会应用科学有效的方法、采取切实可行的步骤，不断增强自己的专业竞争力，从而实现自己最初的梦想。

马斯洛的五层次需求理论指出：高层次的认识需求能否实现很大程度上依赖于自己职业生涯的进展状况，而一个科学可行的职业生涯又是以一个良好的学业规划为前提和基础的。现代著名文学家刘英曾说过这样一句话："人生最可怕的不是疾病、贫穷、死亡，而是自己拥有很多的剩余时间却不能过有价值的生活。"很难想象，一个抱着"和尚撞钟"的心态浑浑噩噩度日的人能实现自己高层次需求，能感受到人生成功的快乐。

因此，大学生都应该是自己人生、学习、事业的规划者和耕耘者，设计自己的发展蓝图，为实现自身价值准备、创造、抓住机会，从而使自己成功的可能性更大，效果更好。

（二）有助于促使大学生集中精力、提高热情，增强主动性

如果大学生没有自己的学业规划，自身的时间、精力就会处于荒废和散乱之中，很容易进入与学业无关的琐事中，虚度美好光阴；相反，拥有自己学业规划的学生能够合理调节自己的日常学习，自己做的每一点都是实现未来目标的一部分。学业规划使得大学生心中的理想具体化，更容易实现，对学业的顺利完成做到心中有数、热情高涨。也能促使大学生学习意识的转变，从"要我学"变为"我要学"，变被动为主动，增强学习的主动性。

（三）有助于当代大学生的自我定位，尽早地明确自我的人生目标

学业规划的前提是认识自我，只有认识自我、了解自我，才能有针对性地明确学业方向，而不盲目化。认识自我是对自我深层次的解剖，了解自己能力的大小，明确自己的优势和劣势，根据过去的经验、经历，选择未来可能的工作方向，从而解决"我想干什么"和"我能干什么"的问题。自我定位是学业规划乃至人生规划和行动得以成功的基本依据，正所谓"知己知彼，百战不殆"。

二、成功人生的7个设计

多年前给学生们写过一本书《从现在出发》，内容是如何规划大学生活，其实这也是对于人生规划的设计，人需要在年轻的时候，好好规划自己，认真去做出努力，一个人在年轻的时候努力的程度如何，就决定未来他自己的高度如何；一个人在年轻的时候有多自律，就决定未来他有多自由。

（一）设计梦想

到了成人的阶段，很多人觉得梦想已经与自己没有什么关联了，很多人关心的是现实生活的所有，大家在一起聊天的时候，说得最多的是财富、工作和生活，还有人不断地谈论现实的残酷、长大的烦恼、生活的无奈、自己的孤独，这些都是必要的话题，很少人会聊离现实生活稍微远一点儿的一些话题。人们之所以陷在现实的困惑中，是因为我们失去了想象的能力，失去了梦想的牵引，也就失去了梦想带给我们的所有的美好和期许。如果没有期许、没有理想、没有愿望，相信生活也就没有了色彩、没有了方向和追求。

理想愈高远，人的进步愈大，这是一个不断被证明的话题。人之所以成为伟人，首先是因为他有着崇高的理想，有着伟大的目标。人们喜欢姚明和刘翔的原因不仅仅是因为他们所取得的成就，还因为他们用理想激励自己的过程，为了实现这个理想，他们训练自己拥有更多的知识和技能，还要超越个人的得失，做出某些重大的牺牲。正如姚明和刘翔一样，在理想的指引下，你逐渐变得有超乎常人的能力，胸怀宽广，大公无私，以你独有的方式为公众、为国家、为民族，甚至为人类服务，而当你的这种服务取得成效后，自然能够得到社会和公众的认可与尊重。而公众和社会对你的认可和尊重，就使得你成为伟大的人。

（二）设计努力

《说文解字》中"智"这个字，把它拆开是"日""知"，可以据此理解为每天知道多一点儿，就叫"智"；再看"慧"字，把它拆开，它是3个字的组合，上面两个"丰"，中间一个"雪"，下面一个"心"，也就是说：当心像雪一样洁白平静的时候，就会有双倍的丰收，能双倍地接纳别人的人，就是充满"慧"的人。所以智慧就是每天知道多一点儿，让你的心平静下来，不断地吸收，双倍地吸收，你就可以成为充满智慧的人了，的确如此。

大家记住，有知识不等于有智慧，知识与智慧的唯一区别：知识有一个节点，智慧没有。智慧是每一天逐步增加的。你可以说这本书我现在看完了，但是智慧没有结束，它是一个不断累积的过程。有智慧跟有知识的区别，就是你是不是能够每天多一点儿进步，你是不是能够平静地接受所有的东西。

成功与失败没有什么差别。成功与失败之间唯一的差别就是成功比失败多那么一点儿努力的东西。成功真的不是太难的东西，真的是需要稍微探索多一点儿。你都这样做了，那你一定就是会成功的，你要成功一定要比别人多付出一点儿。

要创造性地思考。如果你真的想探索多一点儿的东西，你一定要创造性地思考。那也就是说你看山一定不是山，看水一定不是水，这个时候你才是创造性地思考。现代人的基本素质只有3个词，叫作团队、速度、韧性。也就是说如果你不会跟人家合作你一定不是一个现代人。如果你的速度没别人快，也无法当一个现代人。还有更重要的一点就是你要有韧性。因为今天的诱惑太多，坚韧的韧，韧性！这是现代人的三个基本要素。

（三）设计心态

设计心态非常重要，良好的心态是成功的要素之一。

第一是归零心态。这个心态是在大学里边培养出来的，到你出来工作的时候，你就没有时间培养你的心态，为什么？因为那时候压力太多，比如说你要成就事业，你要成家立业，你要有所作为，你要出人头地……你的欲望太多了。在大学里毕竟还是非常的单纯，所以这个时候是你练心态最好的一个时期。我们很多人没有注意到这一点。

一个正确的心态应该怎样来树立？第一个就是要学会归零。智慧的慧就是心要像雪一样平静，就是这个道理，就是你要学会归零。一个能够归零的人，他的心态一定是成功的心态。当你错了的时候你就要承认错误，而且要真心实意地承认，承认完了那就把它扔掉。当你对的时候，你也要真心诚意地来想我是对的，但是欣赏完了就拉倒。一定要有回归为零的这个心态。

第二是快乐心态。学习是一件非常快乐的事情。每取得一点点的进步、每掌握一个公式、每知道一个定理，都会发现学习是非常的快乐。说实话我们要为自己未来的人生是否快乐负责，因为未来要终生学习。

第三是积极心态。快乐与积极其实是一样的，就是快乐的事情我们都认真做。可能你会发牢骚，但一定要仅限于偶尔而已。你所要做的所有事都要快乐地去面对，你要去解决所有的困惑。你的积极的心态、欢乐的心态、归零的心态，它的重要性在于让你一生受益，这个你一定要在今天把它培养出来，然后你才有机会用这个心态去面对未来的生活。

（四）设计时间

设计时间，就是对时间的管理。很多人在回首大学时光的时候，最感可惜的就是浪费时间。

怎样设计时间呢？

第一，二八定律。在你整个大学生活里，你有20%的事情是最重要的，你要给它80%的时间，那这个应该就是学习。然后你还有80%的事情并不重要，但是你一定要做的事情，比如说你要吃饭、睡觉、洗澡、交友、花费时间做自己喜欢的事情，等等，这些事情你是一定要做的，你用20%的时间去把它做完。

第二，设计时间的技巧。先要学会划分时间的4个象限，任何的事情在时间单位上都可以分为4种：很重要—很急迫、很重要—不急迫、不重要—很急迫、不急迫—很重要。那么一般人就先去处理"很重要—很急迫、不重要—很紧迫"的事情。但是对你来讲，如果你想真正发挥价值，你必须抽出时间来做那个"很重要—不紧迫"的事情，所以这个我们需要大家一定要学会去做。

（五）设计沟通

沟通是一门学问，沟通是可以设计的，学会与人沟通对你的帮助会非常巨大。一个真正学会沟通的人，一定会得到知识和帮助。

沟通一定要"由心开始"。沟通由心开始最重要的就是想别人所想，而不是想你所想的。要去帮助别人达成目的，而不是达成自己的目的。当你可以帮助别人达成目的的时候，你的目的自然会达成。

沟通就是做听众。喜欢说话的人在人群里面大约占80%，喜欢听人说的人在人群里面大约只占15%。所以如果你真的想沟通，大家记住最有效的沟通就是做听众，那你就可以面对80%的人。所以你一定要学会做听众，这就是我们讲的第一个模式。但是现在的同学就是不愿意当听众。

沟通就是不断地为别人提供方便。那么沟通的第二个模式，一定要学会怎样不断地为别人提供方便，这个沟通就会有效。所以，好的沟通是你一定要为别人提供方便，然后才能把沟通做得好。还有一点，就是沟通不要形成定式，就是不能老用一个方法进行沟通。

（六）设计生活

我想，如果我们要把大学生活设计得好，那么一个非常关键的点就是你要设法激励自己。激励自己是非常重要的，因为我们有时候会泄气，有时候会想不通，有时候会觉得好像要放弃，所以一定要学会不断地激励自己。那么要激励自己的第一个概念就是要了解自己。今天的大学生不太了解自己，像这两种同学很多：一种就是自我感觉良好；还有一部分正好是反的，就是完全对自己没有信心的，那种自卑型。这两个方向都是因为大家没有认真地了解自己，而你又是一定要了解自己的。那到底怎么才算是真正的了解？

第一，自己对自己的评价；第二，别人对你的评价；第三，你认为别人对你的评价。如果这三样东西是一致的，你就了解自己；如果这三样东西是不一致的，你就不了解你自己了。

弥补三大欠缺。对今天的学生有三样东西是大家所缺少的。第一个就是缺少责任感；第二个欠缺真正的自信；第三个欠缺的是对自己定位的理解，就是你作为学生的定位到底是什么。对这个定位的理解没有非常清楚的情况下，我们就没有办法激励自己。

（七）设计行动

做好成功的计划。大家一定要做成功的计划，把每一天、每一个学期、每一个课程、每一项活动，一定要按着成功的标准去做，不要得过且过，不要不求品质。

资料来源：http://www.360doc.com/content/15/0320/07/21626180_456597402.shtml，有改动

【网上精品视频课程】职业生涯规划导论

用手机"扫一扫"下面的二维码，用浏览器打开相应网址，进入视频课程学习。

【课后作业】寻找自己的个人成长顾问

第一个顾问是学习成长顾问。这个顾问可以是老师或高年级同学，需要时可以和他们讨论在学习上遇到的问题。

第二个顾问是心理健康顾问。这个顾问可以由学校心理咨询中心或所在院系的辅导员、班导师等相关人员担任，在生活、学习、情感或任何一个方面遇到困惑时，可以及时找到他，寻求及时的有效帮助。

第三个顾问是生涯发展顾问。这个顾问可以请学校就业指导中心的老师来或请所在院系的辅导员、班导师等相关人员担任，也可以请自己熟悉的企业人士来担任，他们能够在自己迷茫需要帮助时助自己一臂之力。

第四个顾问是个人形象顾问。这个顾问可以请学校的老师或用自己的方法找到

校外合适的人来担任。不过在这里需要注意"形象"的含义：一方面是外在形象，如服饰、发型、言谈举止等；另一方面是自己的气质、素质、个人品牌等。

　　以上四个顾问的寻找可以用自己的方式做到，比如一个电话邀请或者是拜访面谈。有这四个顾问的贴身服务，同学们将成长得更快。

　　顾问情况记录如下：

生涯成长顾问

顾问姓名	联系方式	沟通建议频率	咨询提示	备注
学习成长顾问		每学期1次	学业有困难时	
心理保健顾问		每年1次	心中压抑时	
职业发展顾问		每年1次	职业选择实习面试时	
个人形象顾问		根据个人需要	参加重要活动时	

第二章

职业生涯规划理论

【学习目标】

1. 知识层面

   了解职业选择理论的相关知识;

   了解职业生涯发展理论相关知识;

   了解职业锚的概念与类型。

2. 技能层面

   掌握应用职业选择理论进行职业定向;

   掌握职业生涯发展理论进行生涯设计。

3. 态度层面

   认识职业选择与职业定位是需要匹配优势的;

   树立终身发展与生涯角色平衡的理念。

【职涯名言】

每个人都有他隐藏的精华,和任何别人的精华不同,它使人具有自己的气味。

——罗曼·罗兰

【导入活动】拟定墓志铭

请按以下模板来编写自己的"墓志铭":

姓名:_____　　性别____　　生年_____　　卒年_____　　享年_____

1. 一生最大理想与目标:_____

2. 在不同年纪时的成就:

_____

_____

3. 对社会、家庭或其他人的贡献:_____

4. 我是一个怎样的人。

起点一句话定位：＿＿＿＿＿＿＿＿＿＿＿＿＿＿＿＿＿＿＿＿＿

30岁一句话定位：＿＿＿＿＿＿＿＿＿＿＿＿＿＿＿＿＿＿＿＿

40岁一句话定位：＿＿＿＿＿＿＿＿＿＿＿＿＿＿＿＿＿＿＿＿

50岁一句话定位：＿＿＿＿＿＿＿＿＿＿＿＿＿＿＿＿＿＿＿＿

60岁一句话定位：＿＿＿＿＿＿＿＿＿＿＿＿＿＿＿＿＿＿＿＿

70岁一句话定位：＿＿＿＿＿＿＿＿＿＿＿＿＿＿＿＿＿＿＿＿

将上述拟好的"墓志铭"与其他同学互为分享并讨论：

1. 你感到哪些人的人生目标吸引你并值得尊重？

＿＿＿＿＿＿＿＿＿＿＿＿＿＿＿＿＿＿＿＿＿＿＿＿＿＿＿＿＿＿＿

2. 哪些人的成就是"真正"的成就？为什么？

＿＿＿＿＿＿＿＿＿＿＿＿＿＿＿＿＿＿＿＿＿＿＿＿＿＿＿＿＿＿＿

3. 你认为对社会或他人最有贡献者是谁？

＿＿＿＿＿＿＿＿＿＿＿＿＿＿＿＿＿＿＿＿＿＿＿＿＿＿＿＿＿＿＿

4. 假如你要替自己重写"墓志铭"，你会怎样写呢？

＿＿＿＿＿＿＿＿＿＿＿＿＿＿＿＿＿＿＿＿＿＿＿＿＿＿＿＿＿＿＿

＿＿＿＿＿＿＿＿＿＿＿＿＿＿＿＿＿＿＿＿＿＿＿＿＿＿＿＿＿＿＿

＿＿＿＿＿＿＿＿＿＿＿＿＿＿＿＿＿＿＿＿＿＿＿＿＿＿＿＿＿＿＿

【阅读思考】

毕业的尴尬

某高校大学生小夏，大学学习成绩以及各方面表现平平，对所学专业的兴趣也不浓厚。临近毕业，同学们或开始四处寻找实习和工作的机会，或投入升学备考。小夏也为之心动，她虽然初步确定了自己的目标——找工作。但看着周围许多同学都在准备升学考试，她也决定报考。家人认为她学习一般，并不适合继续读书，毕业后马上工作是较好的选择。而她认为家人对她缺乏了解，仍然坚持自己的选择，最后考试失败。再找工作，却发现能找到的全是不满意的工作，她既着急又迷茫。

资料来源：中国聚焦网，有改动

问题：

想一想，小夏的问题出在哪儿？如果你是小夏的老师，你会给小夏哪些建议？

＿＿＿＿＿＿＿＿＿＿＿＿＿＿＿＿＿＿＿＿＿＿＿＿＿＿＿＿＿＿＿

＿＿＿＿＿＿＿＿＿＿＿＿＿＿＿＿＿＿＿＿＿＿＿＿＿＿＿＿＿＿＿

第一节　职业选择理论

【案例故事】

你是哪只毛毛虫

第一只毛毛虫

话说第一只毛毛虫，有一天爬呀爬呀过山河，终于来到这棵苹果树下。

它并不知道这是一棵苹果树，也不知树上长满了红红的苹果。

当它看到同伴们往上爬时，不知所以地就跟着往上爬。

没有目的，不知终点，更不知生为何求、死为何所。

它的最后结局呢？也许找到了一个大苹果，幸福地过了一生；也可能在树叶中迷了路，颠沛流离糊涂一生。

不过可以确定的是，大部分的毛毛虫都是这样活着的，也不去烦恼什么是生命意义，倒也轻松许多。

第二只毛毛虫

有一天，第二只毛毛虫也爬到了苹果树下。

它知道这是一棵苹果树，也确定它的"虫生目标"就是找到一个大苹果。

问题是……它并不知道大苹果会长在什么地方，但它猜想：大苹果应该长在大枝叶上吧！

于是它就慢慢地往上爬，遇到分支的时候，就选择较粗的树枝继续爬。

当然在这个毛毛虫社会中，也存在考试制度，如果有许多毛毛虫同时选择同一个分支，可是要举行考试来决定谁才有资格通过大树枝。

幸运的，这只毛毛虫一路过关斩将，每次都能选上最好的树枝，最后它从一枝名为"大学"的树枝上，找到了一个大苹果。

不过它发现这个大苹果并不是树上最大的，顶多只能称是局部最大。

因为在它的上面还有一个更大的苹果，号称"老板"，是由另一只毛毛虫爬过一根名为"创业"的树枝才找到的。

令它泄气的是，这个创业分支是他当年不屑于爬的一棵细小的树枝。

第三只毛毛虫

接着，第三只毛毛虫也来到了树下。这只毛毛虫相当难得，小小年纪，却自己研制了一副望远镜。

在还未开始爬时，就先利用望远镜搜寻一番，找到了一个超大苹果。

同时，它发觉当从下往上找路时，会遇到很多分支，有各种不同的爬法；但若从上往下找路时，却只有一种爬法。

它很细心地从苹果的位置，由上往下反推至目前所处的位置，记下这条确定的路径。

于是，它开始往上爬，当遇到分支时，它一点儿也不慌张，因为它知道该往哪条路走，不必跟着一大堆虫去挤破头。

譬如说，如果它的目标是一个名叫"教授"的苹果，那应该爬"升学"这条路；如果目标是"老板"，那应该爬"创业"这分支；若目标是"政客"，也许早就该选"厚黑之道"这条路了。

最后，这只毛毛虫"应该"会有一个很好的结局，因为它具备了先觉的条件了。但也许会有一些意外的结局出现，因为毛毛虫的爬行相当缓慢，从预定苹果到抵达时，需要一段时间。

当它抵达时，也许苹果已被别的毛毛虫捷足先登，也许苹果已熟透而烂掉了……

第四只毛毛虫

第四只毛毛虫可不是一只普通的毛毛虫，同时具有先知先觉的能力。它不仅先觉知道自己要何种苹果，更先知——知道未来的苹果将如何成长。因此当它带着那"先觉"的望远镜时，它的目标并不是一个大苹果，而是一芽含苞待放的苹果花。

它计算着自己的时程，并估计当它抵达时，这朵花正好长成一个成熟的大苹果，而且它将是第一个钻入这个苹果大快朵颐的毛毛虫。

果不其然，它获得了所应得的，从此过着幸福快乐的日子。

第五只毛毛虫

毛毛虫的故事本应到此结束了，因为所有故事的结局都应该是正面的且富有教育意义。

但仍有不少人好奇：第五只毛毛虫到底怎么了？

其实它什么也没做，就在树下躺着纳凉，而一个个大苹果从天而降落在它的身边。

因为树上某一大片树枝早就被它的家族占领了。

它的爷爷、爸爸、哥哥们盘踞在某一树干上，禁止其他的毛毛虫进入。

然后苹果成熟时，就一个个地丢给底下的子孙们捡食。

奉劝诸位，如果你不是含着金汤匙出生的，请不要妄想捡到这些大苹果，因为反而会被砸死的。

资料来源：简书网，有改动

问题:

如果你是一只毛毛虫,你希望自己成为哪只毛毛虫呢?为什么?

一、帕森斯的特质因素论

1909年,帕森斯根据多年的工作经验,在其《选择职业》一书中提出了特质因素理论(又称帕森斯的"人职匹配"理论)。特质因素论是最早的职业辅导理论。帕森斯认为,个人都有自己独特的人格模式,每种人格模式的个人都有其相适应的职业类型。

"特质"是指个人的人格特征,包括能力倾向、兴趣、价值观和人格等,这些都可以通过心理测验工具来加以评量。

"因素"是指在工作上要取得成功所必须具备的条件或资格,这可以通过对工作的分析而了解。

帕森斯主张选择职业的三大要素和步骤如下。

(一)评价求职者的生理和心理特点(特性)

通过心理测验及其他测评手段,获得有关求职者的身体状况、能力倾向、兴趣爱好、气质与性格等方面的个人资料,并通过会谈、调查等方法获得有关求职者的家庭背景、学业成绩、工作经历等情况,并对这些资料进行评价。

(二)分析各种职业对人的要求(因素),并向求职者提供有关的职业信息

这些职业信息包括:① 职业的性质、工资待遇、工作条件以及晋升的可能性;② 求职的最低条件,诸如学历要求、所需的专业训练、身体要求、年龄、各种能力以及其他心理特点的要求;③ 为准备就业而设置的教育课程计划,以及提供这种训练的教育机构、学习年限、入学资格和费用等;④ 就业机会。

(三)人职匹配

在了解求职者的特性和职业的各项指标的基础上,进行比较分析,以便选择一种适合其个人特点又有可能得到并能在职业上取得成功的职业。人职匹配分为两种类型:① 因素匹配(职业找人)。例如,需要有专门技术和专业知识的职业与掌握该种技能和专业知识的择业者相匹配;脏、累、苦等职业,需要有吃苦耐劳、体格健壮的劳动者与之匹配。② 特性匹配(人找职业)。例如,具有敏感、易动感情、不守常规、个性强、理想主义等人格特性的人,宜于从事审美性、自我情感表达的艺术创作类型的职业。

特性因素论强调个人所具有的特性与职业所需要的素质与技能之间的协调和匹配。为了对个体的特性进行深入详细的了解与掌握，特性因素论十分重视人才测评的作用，可以说，特生因素论进行职业指导是以对人的特性的测评为基本前提，它首先提出了在职业决策中进行人职匹配的思想，奠定了人才测评的理论基础，推动了人才测评在职业选拔与指导中的运用和发展。

【二维码链接】人职匹配的意义与局限

二、霍兰德的职业人格类型理论

20世纪60年代，美国职业指导专家霍兰德在帕森斯观点的基础上，结合当时人格心理学概念，认为职业选择是人格的一种表现，工作兴趣类型即人格类型。大多数人的人格特质可以归纳为6种类型：实用型、研究型、艺术型、社会型、企业型、事务型。工作环境也可以分为与人格类型的分类一致的6种类型。由于同一职业吸引有相似人格特质的人，他们对情境和问题会有类似的反应，因此，工作环境也可以分为与人格类型的分类一致的6种类型，如表2-1所示。

表2-1　霍兰德的6种人格类型

类型	喜欢的活动	喜欢的职业
R型	和事物打交道（工具、机械、设备）、用手、工具、机器制造或修理东西。愿意从事实物性的工作，喜欢户外活动或操作机器，而不喜欢在办公室工作	制造业、渔业、野外生活管理业、技术贸易业、机械业、农业、技术林业、特种工程师和军事工作
I型	处理信息（观点、理论）。喜欢探索和理解事物，研究那些需要分析、思考的抽象问题。喜欢独立工作	实验室工作人员、生物学家、化学家、社会学家、工程设计师、物理学家和程序设计员

类型	喜欢的活动	喜欢的职业
A型	创造，喜欢自我表达，喜欢写作、音乐、艺术和戏剧	作家、艺术家、音乐家、诗人、漫画家、演员、戏剧导演、作曲家、乐队指挥和室内装潢
S型	帮助别人，喜欢与人合作，热情关心他人的幸福，愿意帮助别人解决困难	教师、社会工作者、牧师、心理咨询员、服务性行业人员
E型	喜欢领导和支配别人，或为了达到个人或组织的目的而善于去说服别人。希望成就一番事业	商业管理、律师、政治运动领袖、营销人员、市场或销售经理、公关人员、采购员、投资商、电视制片人和保险代理
C型	组织和处理数据，喜欢固定的、有秩序的工作或活动，希望确切地知道工作的要求和标准。愿意在一个大的机构中处于从属地位	会计师、银行出纳、簿记、行政助理、秘书、档案文书、税务专家和计算机操作员

（一）霍兰德生涯理论的基础假设

1. 大多数人的人格特质都可以归纳为6种类型，即现实型、研究型、艺术型、社会型、管理型和常规型。

2. 工作环境也有6种类型，其名称、性质与人格类型的分类一致。

3. 人们都尽量寻找那些能突出自己特长、体现自己价值和能令自己愉快的职业。例如，一个现实型的人会尽力去寻找现实型的职业，其他几种人格类型和职业类型的匹配亦然。

4. 一个人的行为表现是职业环境类型和人格类型相互作用的结果。如果知道自己的人格类型和职业类型，我们就可以预测自己的职业选择、工作变换、职业成就、教育及社会行为。

（二）霍兰德6种类型之间的关系

霍兰德以一个六边形形象地阐述了6个类型之间的关系，如图2-1所示。6种类型占据了六边形的6个角，各角间相邻类型彼此间具有较高的一致性，即相邻两种类型间有一定的共同特点，而相隔一角的类型之间一致性其次，相对角之间的类型一致性最弱，用虚线表示。如以社会型与现实型为例，社会型的人喜欢帮助别人，在团

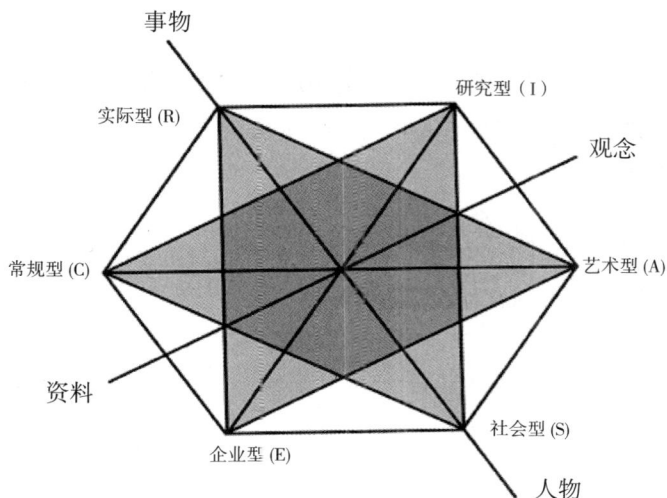

图 2-1 霍兰德六边形

体中工作，看重人际间的互动。现实型的人则偏好用机器来工作，不喜欢以人群为工作的对象。

从图 2-1 所示霍兰德六角形模型对人格特质和职业环境之间相似关系的描述可以看出，每一种类型与其他类型之间存在不同程度的关系，大体可描述为 3 类。

1. 相邻关系，如 RI、IR、IA、AI、AS、SA、SE、ES、EC、CE、RC 及 CR。属于这种关系的两种类型的个体之间共同点较多，现实型 R、研究型 I 的人就都不太偏好人际交往，这两种职业环境中也都较少机会与人接触。

2. 相隔关系，如 RA、RE、IC、IS、AR、AE、SI、SC、EA、ER、CI 及 CS，属于这种关系的两种类型个体之间共同点较相邻关系少。

3. 相对关系，在六边形上处于对角位置的类型之间即为相对关系，如 RS、IE、AC、SR、EI 及 CA，相对关系的人格类型之间共同点少。因此，一个人同时对处于相对关系的两种职业环境兴趣很浓的情况较为少见。

霍兰德的类型论提出之后，对职业指导过程的分析、解释和诊断产生了重大影响，其理论被广泛用于心理测验工具的编制和应用，并激发了众多对其理论的研究工作与报告的产生。

【二维码链接】霍兰德职业索引

【体验活动】专业探索

对同学们而言，专业是每一位同学与大学的直接交叉点，不管这个专业是不是自己所选择的，也不管这个专业学习难度有多大，对于同学们来说，都应该珍惜专业学习的机会，选择你所爱的专业，爱你所选择的专业。

专业知识是同学们毕业后走上工作岗位时必需的基本技能，大学时代的专业知识和技能是就业之后知识与技能的基础。因此，同学们必须正视专业知识的学习，学好专业，打下扎实的专业基础。

你对自己所学专业了解多少？现在，试着完成表2-1中的内容吧。

表2-1　专业探索记录

专业名称	
培养目标	
专业价值	
核心课程	
教学方法	
知识和技能	
相关专业	
近年就业状况	
近年升学状况	
对口行业状况	
可能适合职业	
学习资源渠道	
专业相关名校名师学习达人	

如果你对自己填写得还不满意，或对自己所学专业了解还不够深入，请马上去找自己的辅导员或班主任，去找师兄、师姐，或找你熟悉的专业课老师去聊聊吧！他们会帮你进一步认识本专业的价值，有助于你思考和明确自己未来的专业出路。

第二节　职业生涯发展理论

【案例故事】

命运掌握在自己手里

河北师范大学汇华学院食堂东门的LED大屏幕，每天滚动播放着校园歌手大赛宣传曲，画面中一个身穿黑衣，双目微合，唇角高高扬起，指尖随着韵律不自觉地打着节拍，满含深情的男生便是邹禹。

2015年河北师范大学汇华学院校园歌手大赛中，邹禹成了全校唯一的一位大四选手，并最终获得了前十名的优秀成绩。

现在邹禹已毕业到北京武警总部人民武警出版社工作，因此，对他的采访就多了地域的限制，我选择了电话采访。在采访之前，我还在担心他是否会接受采访，电话接通后，发现这种担心是多余的。邹禹爽快地说："咱们约个具体时间吧，到时候我直接给你打过去，我是异地的号码，你打过来话费挺贵的。"在沟通中，他的态度不仅真诚恳切，同时还多了为对方考虑的缜密心思。

大学时期他曾担任班级团支书、传媒学部学生会主席，曾在学生会与邹禹一同共事的同学说："邹禹严苛的办事方法也确实提高了我们的办事效率，对学生会的工作而言确实起到了积极作用。"

现在邹禹回忆起来，那时候也会反思自己是不是太严格，大家跟他在一起工作会不会有压力，但是他依然会秉着比较"自私"的心态，以完成任务为最重要的标准去处理事情。因为传媒学部的人数较少，很多活动都面临着任务重人员少的现状，邹禹怕完不成任务耽误了大局，所以宗旨才是"严格出效率"。

这种严谨的做事态度也伴随着他进入了工作岗位，他说："在单位中会经常见到一些人喜欢偷懒，躲着事情、躲着领导，但我会大胆地去面对这些东西，工作中、生活中一定要以诚相待，无论是在学生会、班集体还是以后工作当中，一定要实实在在干活，别自作聪明，踏实勤奋肯付出的人总会得到回报。"

"天天在题海中，很崩溃，但还是告诉自己要坚持到底，不心乱，不被杂念干扰。"

在同学眼中邹禹与多数人不太一样的就是他对政治特别感兴趣。毕业时，他终于内心的抉择，面临毕业后考研与就业的两股主流军中，他坚定地选择考公务员，"能考的我都要考，都要试试，"邹禹说。

他当时参加了五六个考试，国考、选调生、天津公务员、中国人民银行，等等。刚刚上大三时，他便开始准备各种考试，就算在最难熬的时期他也从未想过放弃，"如果放弃了就真的不知道接下来的路该怎么走，"他说得很沉重。

最初面对国考，他是信心满满的，在备考阶段，班里很多同学都找他讲题，甚至有的同学直接在微信上把题下载下来，他就在微信上解出详细步骤传授解题技巧。虽然对那场考试胸有成竹，结果却不尽如人意，仅以四分之差与国考失之交臂。得知成绩的那一晚，难过、失落和迷惘充斥着他的整个大脑。或许应了那句话"希望越大，失望越大"，他因此消沉了近一个月。

最终让他重拾信心、看到希望的是因为一条短信。"您在军队全国统招军队文职人员考试中被人民武警出版社成功录取。"这样圆满的结局才让他感觉到之前的付出是值得的，邹禹说："没有什么过不去的坎儿，尽量靠自己的实力去争取一些东西，有很多人会说付出和回报不成正比的，但是我觉得他就是成正比的。如果没有回报的话那只能说明努力的力度还不够。"

"真真切切地体验了一把当军人的感觉。"

在被人民武警出版社武警总部政治部录取后，他便开始从事编辑出版工作。为了更好地了解工作性质，2015年8月赴武警沈阳指挥学院进行岗前培训，9月赴南京政治学院上海校区进行任职培训。回忆到两个月的"军旅生活"，他笑着说，"累！是真累！这种训练和军训还完全不一样，但在学院里经常会看见海军、陆军、空军穿着各式的军装在训练，不得不说心里是非常羡慕向往的"。

他们每天早上5点必须起床，而集合时间只有5分钟，早上教官一吹哨，他们立刻紧张起来。为了节省时间，"豆腐块"被子都不舍得拆开，每天晚上盖着床单睡觉。虽然是一次岗前培训，但是在训练强度上没有一丝马虎。为了让其真切感受到真实军旅生活，教官对他们的要求极其严格，艳阳天在外面训练，下雨天就在楼道里训练，每天走40公里拉练，但是让他们感到欣慰的是大家实在累到走不动的时候，会来几辆军乐队的车放军歌鼓励他们继续走。

除了实践要学，政治、国防、强军理论上的东西要学，日常的射击、军拳、队列、操课也要学，"真真切切地体验了一把当军人的感觉，"他骄傲地说道。他认为这种集中真实的军队培训也把地方大学生的一些慵懒、松散的坏毛病都改了过来，是一种很好的军事素养的训练，让身上更多具备一些军人特有的气质。结识的天南地北的战友们对以后开展工作也是相当有利的。

邹禹10月回北京上班，顺利结业参加工作。一个月后，便将"实习"的帽子摘去，正式升级为"编辑"。在他担任《中国武警》编辑部任编辑之后，共参与制作三期《中国武警》杂志。至今共担任《大美中国的忠诚卫士系列丛书》中的《忠诚镌刻万里河山》《铁血雄师》两本书的责任编辑，《胡杨林·橄榄魂》《万岁军传人的新征程》《血性与忠诚》以及《2016年武警院校招生统考复习丛书》的封面设计。

邹禹说他喜欢把自己填满，不喜欢闲着。"上大学时候就特别喜欢老师给自己布置任务，感觉自己被需要是幸福的！虽然很累，但也是一个体现自己价值的机会。"

邹禹不断给自己创造挑战，并且接受挑战。他对记者说道："下一步突破在于把学历继续提高上去，拿到中国人民大学新闻学研究生的学位，继续往上走。如果以现有的学历去应聘更高的职位，好运和机会不一定还会再降临，对于眼前来说是要把杂志出好，边工作边继续考北京的公务员，借着单位给的一些便利条件会继续往高处走。"他真诚地说道。

在这个随波逐流的时代里，邹禹全权掌握着自己的人生道路。他忠于自我意志，以强大的个人力量一次又一次地践行着自己的自由选择，为庞大的大学生群体示范了一个成熟的人该怎样对自己的人生负起责任。

资料来源：招生信息网，有改动

点评：

很多大学生来到学校以后会感觉无所事事，把当时来到学校时的理想和抱负放在了一边，没有想到通过自己的努力去改变自己的命运。但命运从来都是应该掌握在自己的手里，少年强则国强，不要轻易地放弃身边的每一次机会，不要虚度大学里的每一天光阴，就业固然需要看清社会形势，仰望星空，但往往成功的毕业生都是脚踏实地的实干家，抓住机遇，主动出击，敢于担当，梦想是一定要有的，万一实现了呢！

一、金斯伯格的职业生涯发展阶段理论

美国著名的职业生涯发展理论先驱、职业心理学家金斯伯格（Ginsberg），通过对人的童年到青少年阶段职业心理发展过程的研究，将个体职业心理的发展划分为幻想期、尝试期和现实期3个阶段。

（一）幻想期（4岁~11岁）

这一时期的儿童已逐渐地获得了社会角色的直接印象，他们对自己经常看到或接触到的各类职业都感兴趣，并充满了新奇、好玩之感，幻想着长大要当什么。特别是他们在早期的游戏中，常常充分地运用各自的职业想象力，扮演他们各自所喜爱的角色。随着年龄的增长，游戏中所喜爱的角色，得到初步强化，他们开始在日常服饰搭配、语言行动上对这些角色进行模仿。如果这种模仿得到了成人和伙伴的赞许、肯定，那么他们的这种开始萌芽的职业意识会得到强化。

这一时期儿童职业心理发展总的特点如下：

1. 属于单纯的兴趣爱好与模仿。

2. 不考虑自身的条件和能力水平。

3. 不能形成与社会需要相适应的职业动机，完全处于幻想之中。

（二）尝试期（11岁~17岁）

与早期单纯的模仿不同，11岁~17岁是儿童向青少年过渡时期。随着他们生理的迅速成长和变化，心理也在快速发展，以其独立意识和价值观念的形成作为显著

041

标志，他们开始憧憬自己美好的未来。伴随着知识和能力的增长与增强，特别是获得一些社会生产、生活经验后，他们开始对职业问题进行积极探索，如能够比较客观地审视自己的条件、能力，注意社会职业声望、需要等。

金斯伯格还进一步把尝试期划分为以下4个阶段。

1. 兴趣阶段（11岁～12岁），处在这个阶段的青少年开始觉察社会不同职业之间的一些重要差异，并对自己较为关注的职业产生兴趣。

2. 能力阶段（12岁～14岁），处在这个阶段的青少年开始注意社会不同职业对人的能力要求，注意衡量自己的能力与某些自己感兴趣的职业的差异，并自觉进行训练。

3. 价值观阶段（14岁～16岁），处在这个阶段的青少年开始注意了解各种职业的社会价值和个人价值，并运用这些价值审视自己的职业兴趣和能力，以便进行职业选择。

4. 综合阶段（16岁～17岁），处在这个阶段的青少年开始综合有关职业信息，并综合判断个体职业发展方向，缩小职业兴趣范围，把自己在前几个阶段中形成的职业价值判断和早期职业行动，转移到自己初步确定的职业方向上来。

（三）现实期（17岁以后）

与尝试期青少年的职业心理不同，17岁以后是青年向成人过渡和迈进的年龄阶段，客观性、现实性是这一时期青年的最明显的特点。

在这一时期，个体开始步入社会劳动并实现就业，能够客观地把自己的职业愿望同自己的主观条件、能力以及社会现实的职业需要密切联系和协调起来，寻找适合自己的职业角色。他们对职业的认识已不再模糊不清，而是形成了明确、具体、现实的职业生涯目标。

金斯伯格按职业心理的发展顺序将现实期也分为3个阶段。

1. 试探阶段，对尝试期初步确定的职业方向进行各种职业的试探活动，如调查、访谈、参观、考察、查询、咨询等，了解职业发展方向及就业机会，为选择职业生涯做准备。

2. 具体化阶段，对职业试探活动中的某些结果，结合自己的情况进行比较分析，再一次缩小职业选择范围，使自己的职业选择方向更加具体化、明确化。

3. 专业化阶段，对个体职业发展的专业方向进行确认，并以实际行动投入到目标变为现实的行为过程中去，包括选择专业院校学习和直接对工作单位进行选择。

【二维码链接】职业生涯理论

二、格林豪斯的职业生涯发展阶段理论

格林豪斯研究人生不同年龄阶段职业发展的主要任务，并将职业生涯发展分为5个阶段。

（一）职业准备

典型年龄段为0岁～18岁。主要任务是：发展职业想象力，对职业进行评估和选择，接受必需的职业教育。一个人在此阶段所作的职业选择，是最初的选择而不是最后的选择，主要目的是建立起个人职业的最初方向。

（二）进入组织

18岁～25岁为进入组织阶段。主要任务是：在一个理想的组织中获得一份工作；在获取足量信息的基础上，尽量选择一种合适的、较为满意的职业。在这个阶段，个人所获得信息的数量和质量将影响个人的职业选择。

（三）职业生涯初期

处于此阶段的典型年龄段是25岁～40岁。主要任务是：学习职业技术，提供工作能力；了解和学习组织纪律和规范，逐步适应职业工作，适应和融入组织；为未来职业成功做好准备。

（四）职业生涯中期

40岁～55岁是职业生涯中期阶段。主要任务是：对早期职业生涯重新评估，强化或转变自己的职业理想；选定职业，努力工作，有所成就。

（五）职业生涯后期

从55岁直至退休为职业生涯后期。继续保持已有的职业成就，维持自尊，准备引退，是这一阶段的主要任务。

职业发展性理论强调职业发展的成熟度。职业成熟是指完成各个发展阶段对应的发展任务，比如在探索阶段应该完成缩小职业选择范围的任务，建立阶段应该通过有效的尝试而明确职业类型等。职业成熟度高的人比职业成熟度低的人更容易成功。

职业自我概念在发展性理论中占据着非常重要的地位。职业自我概念是通过对工作的观察、对工作中的成人认同以及个人的尝试实践而发展出来的。职业自我概念是整体自我概念的一部分，但它却是个人一生中建立生涯形态的驱动力。个人通过选择独特的职业类型来表达和展现自己，实践自我概念。

职业发展性理论区别于职业选择理论的最大特色在于，它强调职业类型的选择和生涯形态的建立是一个发展的、动态变化的过程，是终生发展的任务。在个体成长的每一个阶段都有着职业发展的内容和任务，职业选择并非仅仅是大学毕业时才面临的挑战。

【二维码链接】西方的生涯理论

三、舒伯的生涯发展理论

美国学者舒伯根据自己"生涯发展形态研究"的结果，将生涯发展阶段划分为成长、试探、决定、保持与衰退5个阶段。

（一）成长阶段

从出生至14岁，该阶段孩童在发展自我概念，开始以各种不同的方式来表达自己的需要，且经过对现实世界不断地尝试、修饰自己的角色。

这个阶段发展的任务是：发展自我形象，发展对工作的正确态度，并了解工作的意义。这个阶段共包括3个时期。

1. 幻想期（4岁~10岁），以"需要"为主要考虑因素，在这个时期幻想中的角色扮演很重要。

2. 兴趣期（11岁~12岁），以"喜好"为主要考虑因素，喜好是个体抱负与活动的主要决定因素。

3. 能力期（13岁~14岁），以"能力"为主要考虑因素，能力逐渐具有重要作用。

（二）探索阶段

从15岁到24岁，该阶段为青少年，通过学校的活动、社团休闲活动、打零工等机会，对自我能力及角色、职业作了一番探索，因此选择职业时有较大弹性。

这个阶段发展的任务是：使职业偏好逐渐具体化、特定化并实现职业偏好。这阶段共包括3个时期。

1. 试探期（15岁~17岁），考虑需要、兴趣、能力及机会，作暂时的决定，并在幻想、讨论、课业及工作中加以尝试。

2. 过渡期（18岁~21岁），进入就业市场或专业训练，更重视现实，并力图实现自我观念，将一般性的选择转为特定的选择。

3. 试验并稍作承诺期（22岁~24岁），生涯初步确定并试验其成为长期职业生涯的可能性，若不适合则可能再经历上述各时期以确定方向。

（三）建立阶段

从25岁到44岁，由于经过上一阶段的尝试，合适者会谋求变迁或做其他探索，因此该阶段较能确定在整个事业生涯中属于自己的"位子"，并在31岁~40岁，开始考虑如何保住这个"位子"并固定下来。

这个阶段发展的任务是稳固并求上进。这个阶段又可包括两个时期。

1. 试验——承诺稳定期（25岁~30岁），个体寻求安定，也可能因生活或工作上若干变动而尚未感到满意。

2. 建立期（31岁~44岁），个体致力于工作上的稳固，大部分人处于最具创意时期，由于资深往往业绩优良。

（四）维持阶段

从45岁到64岁，个体仍希望继续维持属于他的工作"位子"，同时会面对新的人员的挑战。这一阶段发展的任务是维持既有成就与地位。

（五）衰退阶段

65岁以上，由于生理及心理机能日渐衰退，个体不得不面对现实从积极参与到隐退。这一阶段往往注重发展新的角色，寻求不同方式以替代和满足需求。

舒伯生涯阶段的循环发展如表2-2所示。

表2-2　舒伯的循环式发展任务

生涯阶段	青年期 （14岁～15岁）	成年初期 （25岁～45岁）	成年中期 （45岁～65岁）	成年晚期 （65岁以上）
成长期	发展合适的 自我概念	学习与他人建立关系	接受自身的限制	发展非职业性的 角色
探索期	从许多机会中学习	寻找心仪的工作机会	确认有待处理的 新问题	选个良好的 养老地点
建立期	在选定的职业领域 中起步	工作，并寻求确定投 入某一职位上的升迁	发展新应对技能	完成未完成的梦想
维持期	验证目前的 职业选择	致力于维持职位的 稳固	巩固自我以 对抗竞争	维持生活的兴趣
衰退期	从事休闲活动的 时间减少	减少体能活动的时间	集中精力于主要的 活动	减少工作时间

在上述舒伯的生涯发展阶段中，每一阶段都有一些特定的发展任务需要完成，每一阶段需达到一定的发展水准或成就水准，而且前一阶段发展任务的达成与否关系到后一阶段的发展。比如一个大学一年级的新生，必须适应新的角色与学习环境，经过"成长"和"探索"。一旦建立了较固定的适应模式，同时维持了大学学习生活之后，就要开始面对另一个阶段——准备求职。原有的已经适应了的习惯会逐渐衰退，继而对新阶段的任务又要进行成长、探索、建立、维持与衰退，如此周而复始。

20世纪80年代初，为了综合阐述生涯发展阶段与角色彼此间的相互影响，舒伯创造性地描绘出一个多重角色生涯发展的综合图形——"生涯彩虹图"，如图2-2所示，形象地展现了生涯发展的时空关系，更好地诠释了生涯的定义。

1.横贯一生的彩虹——生活广度

在一生生涯的彩虹图中，横向层面代表的是横跨一生的生活广度。彩虹的外层显示人生主要的发展阶段和大致估算的年龄：成长期（约相当于儿童期）、探索期（约相当于青春期）、建立期（约相当于成人前期）、维持期（约相当于中年期）以及衰退期（约相当于老年期）。在这5个主要的人生发展阶段内，各个阶段还有小

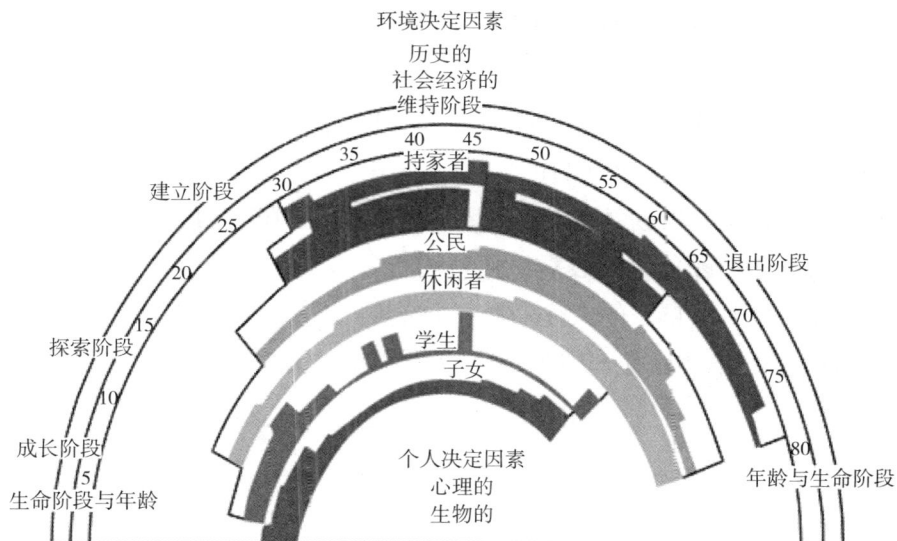

图2-2 生涯彩虹图

的阶段，舒伯特别强调各个时期年龄划分有相当大的弹性，应依据个体不同的情况而定。

2. 纵贯上下的彩虹——生活空间

在一生生涯的彩虹图中，纵向层面代表的是纵贯上下的生活空间，是由一组职位和角色所组成。舒伯认为人在一生当中必须扮演9种主要角色，依序是儿童、学生、休闲者、公民、工作者、夫妻、家长、父母和退休者。

舒伯的职业生涯发展阶段理论较为全面完整，阐释了将个人特征与职业匹配的动态过程，并将制约个人职业选择和发展的心理因素、社会因素有机地结合在一起，对职业生涯发展的研究具有较高的理论价值和实践价值。

【二维码链接】孔子的人生阶段划分

【体验活动】绘制人生彩虹图

现在，我们来绘制自己的人生彩虹图！

请思考自己过去、现在以及未来可能承担的生活角色，在下面的图上标注年龄阶段和你扮演的角色名称，然后在你某个年龄所扮演或希望扮演的角色区域，利用彩笔和文字区分出你对这些角色的理解。

注意要点：

（1）角色扮演的成功视个人的生理、心理因素及当时的社会环境等外在情境因素而定，该角色越成熟，所绘制的色带应越饱满。

（2）生命中各阶段所扮演的角色，延续的时期可用色带的长度来表示。

（3）可用不同的颜色来代表对该角色的喜好。

绘制完成后，面对自己的人生彩虹，你有哪些感想呢？对于人生的不同阶段，对所扮演的不同角色有哪些新的认识？如果要重绘这幅图，你会改变什么吗？

_____

_____

_____

与同学讨论，通过绘制人生彩虹图，你发现有哪些规律？请列出：

_____

_____

第三节 职业锚理论

【案例故事】

不忘初心，方得始终

有这么一个人，以自律为处事态度，无论何时都能严格要求自己，严守"慎独"；以谦逊为处事原则，待人接物谦虚上进，总是让人心生好感；以奉献为人生目标，力所能及地为他人服务，知足感恩。她就是国奖获得者——陈许。

自律为束 亦为自由

白岩松曾说："越自律越自由。"陈许深知这一点。在疫情防控期间，陈许在家从未懈怠，与在校作息相同，上课时认真听讲，下课细心整理笔记。"学习从来不是一蹴而就的，是慢慢积累而来的，"陈许如是说。作为一名汉语言文学专业的学生，她知道文化素养需要在潜移默化中提高，每天不管多忙，陈许都会抽出时间读一点儿散文，每周定期去一次图书馆，习惯养成后，她明显感觉到自己在写文章时文思泉涌，并在校"助学·筑梦·铸人"征文比赛中获得优秀奖。"自律"这一品质在规范了陈许日常行为的同时，也让她的思维变得更加自由、活跃，正如她自己说的那样，"自律就是自由，付出总会有回报。"

目标明确　精益求精

大学的生活总是丰富多彩的，有很多锻炼能力、提升综合素质的机会与平台，除了学习生活，陈许的课余生活也十分充实。刚上大学，她就根据自己的需要与兴趣加入了校KAB创业俱乐部，并在俱乐部中与团队共同打造了一个"互联网+"项目。在项目中，她主要负责财务分析，但这对专业不对口的陈许来说，困难重重。"我是那种只要想去做一件事，就不管遇到什么艰难险阻，都要尽全力做好的人。"于是她上网搜寻了许多资料，熬到凌晨学习分析。陈许说，她从不会抱怨自己有多累，相反她还会觉得自己很幸运，因为通过这些实践，她的阅历增加了，视野也得到了开拓，同时与团队的沟通交流也使她的语言能力得到了提升，说着她还向笔者展示了她的作品，语气认真而又谦逊。

一心向党　无畏前行

一本党章，代代相传。陈许小时便被书本中革命先烈的故事深深感染，立志要加入中国共产党。于是，她大一时就积极写了入党申请书，并成为第一批入党积极分子。为了更加了解国家、了解党，陈许每周都会准时观看思想政论节目《这就是中国》，夯实思想理论基础，坚定理想信念。

除此之外，陈许还将自己对党的热忱投入到了实际行动之中。在疫情防控期间，她深知自己作为社会主义接班人所背负的职责，当听说村里需要志愿者时，她义无反顾地加入了志愿者行列，发宣传单、排查车辆、登记相关信息。"我刚开始做志愿者的时候，每天都工作到腰酸背痛，但是我却没有想过退缩，我在做的是一件对于国家、对于社会、对于自己都有意义的事情，有什么理由不去坚持呢？"陈许有着自己的理解与考虑。上善若水，水善利万物而不争，处众人之所恶，故几於道。陈许非常喜欢这蕴含古老智慧的哲理，她本身便是一个待人真诚、热爱奉献的人，还时刻将全心全意为人民服务的宗旨铭记于心，并转化在日常行动中，内化于心，外化于行，这也是她成为校优秀共青团员的原因。

繁星点点，汇成星辰大海，眼里有光，照亮逐梦道路。只有启程，才会到达理想的目的地；只有拼搏，才会获得辉煌的成功；只有播种，才会有丰硕的收获；只有追求，才会品味堂堂正正的人生。希望每个人都能如陈许一般，用自己百分之百的付出与奉献，书写自己不一样的人生。

资料来源：安徽科技学院网，有改动

点评：

"不忘初心，方得始终。"明确了自己的职业规划后就要在这条路上坚持，并为之付出自己的辛劳，成功的道路总是艰难崎岖的，只要坚信自己的信念，并为之付出比常人更多的努力，就一定会得到自己想要的结果。

一、职业锚的内涵

职业锚（又称职业定位）的概念是由美国著名职业心理学家施恩教授提出的，他认为，职业生涯发展实际是一个持续不断的探索过程，随着一个人对自己越来越了解，这个人就会越来越明显地形成一个占主导地位的职业锚。

施恩教授认为，所谓"职业锚"是指当一个人不得不做出选择的时候，无论如何都不会放弃的职业中的那种至关重要的东西或价值观，即人们选择和发展自己职业时所围绕的中心。

在职业心理学中，职业锚实际上就是人们选择和发展职业时围绕自己确定的中心。一个人对自己的天资和能力、动机和需要以及态度和价值观有清楚的了解后，就会意识到自己的职业锚，从而做出某种重大选择。一个人过去所有的工作经历、兴趣、资质、潜能等等集合成一个富有意义的职业锚，它会告诉这个人，对于他来说，什么东西才是最重要的。

职业锚理论主要包括以下三方面内容：

（1）自省的动机和需要：以实际情况中的实际工作经验来自我检测和自我诊断以及他人的反馈为基础，以认知自我。

（2）自省的才干和能力：以在组织的各种作业环境中的实验工作经验和成功为基础，来认知自我的能力。

（3）自省的态度和价值观：以自我与雇佣组织和工作环境的准则和价值观之间的实际碰撞为基础，逐步重视自己所擅长的东西，并在这些方面改善自己的能力。

理解职业锚的概念，要注意以下几个方面：

（1）职业锚以个人习得的工作经验为基础。职业锚发生于早期职业阶段，个体在习得工作经验后，方能够选定自己稳定的长期贡献区。个人在面临各种各样的实际工作生活情境之前，不可能真切地了解自己的能力、动机和价值观以及在多大程度上适应可行的职业选择。因此，个人的工作经验产生、演变和发展了职业锚。换句话说，职业锚在某种程度上由个人实际工作所决定，而不只是取决于潜在的才干和动机。

（2）职业锚不是测试出来的能力、才干或者作业动机、价值观，而是在工作实践中，依据自省和已被证明的才干、动机、需要和价值观，现实地选择和准确地进行职业定位。

（3）职业锚是个人自我发展过程中的动机、需要、价值观、能力相互作用和逐步整合的结果。

（4）个体及其职业不是固定不变的。职业锚，是个人稳定的职业贡献区和成

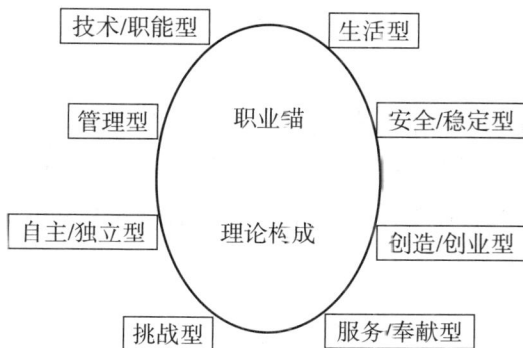

图2-3 职业锚的类型

长区。但是，这并不是意味着个人将停止变化和发展。个人以职业锚为其稳定源，可以获得该职业工作的进一步发展，以及个人生物社会生命周期和家庭生命周期的成长、变化。此外，职业锚本身也可能变化，个人在职业生涯的中、后期可能会根据变化了的情况，重新选定自己的职业锚。

个人在进行职业规划和定位时，可以运用职业锚思考自己的具有的能力，确定自己的发展方向，审视自己的价值观是否与当前的工作相匹配。只有个人的定位和要从事的职业相匹配，才能在工作中发挥自己的长处，实现自己的价值。尝试各种具有挑战性的工作，在不同的专业和领域中进行工作轮换，对自己的资质、能力、偏好进行客观的评价，是使个人的职业锚具体化的有效途径。

【二维码链接】职业规划：职业锚理论

二、职业锚的类型

经过几十年的发展，职业锚已经成为职业发展、职业设计的必选工具。许多大公司均将职业锚作为员工职业发展、职业生涯规划的主要参考点。施恩教授根据自己对麻省理工学院毕业生的研究，确定了8种基本的职业锚类型（如图2-3）：

（一）技术/职能型（TF）

技术/职能型的人追求在技术职能领域的成长和技能的不断提高，以及应用这种技术职能的机会。他们对自己的认可来自他们的专业水平，他们喜欢面对专业领域的挑战。他们通常不喜欢从事一般的管理工作，因为这意味着他们不得不放弃在技术/职能领域的成就。

（二）管理型（GM）

管理型的人追求并致力于工作晋升，倾心于全面管理，独立负责一个部分，可以跨部门整合其他人的努力成果。他们想去承担整体的责任，并将公司的成功与否看成自己的工作。具体的技术职能工作仅仅被看作是通向更高、更全面管理层的必经之路。

（三）自主/独立型（AU）

自主/独立型的人希望随心所欲安排自己的工作方式、工作习惯和生活方式。追求能施展个人能力的工作环境，最大限度地摆脱组织的限制和制约。他们宁愿放弃提升或工作发展机会，也不愿意放弃自由与独立。

（四）挑战型（CH）

挑战型的人喜欢解决看上去无法解决的问题，战胜实力强硬的对手，克服无法克服的困难障碍，等等。他们参加工作的原因是工作允许他们去战胜各种不可能。他们需要新奇、变化和困难，如果事情非常容易，工作马上会变得令他们厌烦。

（五）生活型（LS）

生活型的人希望将生活的各个主要方面整合为一个整体，喜欢平衡个人的、家庭的和职业的需要。因此，生活型的人需要一个能够提供"足够弹性"的工作环境来实现这一目标。生活型的人甚至可以牺牲职业的一些方面，例如，放弃职位的提升，来换取三者的平衡。他们将成功定义得比职业成功更广泛。相对于具体的工作环境、工作内容，生活型的人更关注自己如何生活、在哪里居住、如何处理家庭事情及怎样自我提升等。

（六）安全/稳定型（SE）

安全/稳定型的人追求工作中的安全感与稳定感，他们因为能够预测到稳定的将来而感到放松。他们关心财务安全，例如，退休金和退休计划。稳定感包括诚信、忠诚以及完成老板交代的工作。尽管有时他们可以达到一个高的职位，但他们并不关心具体的职位和具体的工作内容。

（七）创造/创业型（EC）

创造/创业型的人希望用自己的能力去创建属于自己的公司或创建完全属于自己的产品（或服务），而且愿意去冒风险，并克服面临的障碍。他们想向世界证明公司是他们靠自己的努力创建的。他们可能正在别人的公司工作，但同时他们在学习并评估将来的机会。一旦感觉时机到了，他们便会自己走出去创建自己的事业。

（八）服务/奉献型（SV）

服务/奉献型的人一直追求他们认可的核心价值，例如，帮助他人、改善人们的安全、通过新产品消除疾病等。他们一直追寻这种机会，这意味着即使变换公司，他们也不会接受不允许他们实现这种价值的变动或工作提升。

三、职业锚的个人开发

职业锚是个人早期职业发展过程中逐步确立的职业定位。在职业锚的选定或开发中，雇员个人起着决定性作用。

（一）提高职业适应性

一般而言，新雇员经过认识、塑造、充实规划自我等诸多职前准备，经过一定的科学的职业选择，进入企业组织，这本身即代表了该雇员个人对所选择职业有一定的适合性。但是这种适合性，仅是初步的，是主观的认识、分析、判断和体验，尚未经过职业工作实践的验证。

职业适应性是职业活动实践中验证和发展了的适合性。每个人从事职业活动，总是处于一定的物质环境和心理环境之中，个人从事职业的态度，受到诸多主客观因素的影响，例如个人对工作的兴趣、价值观、技能、能力、客观的工作条件、福利情况，他人和组织对自己工作的认可及奖励情况，人际关系情况，以及家庭成员对本人职业工作的态度，等等。个人的职业适应性就是能尽快习惯、调适、认可这些因素，也就是雇员在组织的具体职业活动中，适应职业的工作性质、类型和工作条件，与个人需要和价值目标融合，使自身在职业工作生活中获得最大的满足。职业适应的结果能保证雇员个人在较长一段时间内从事某种职业活动，而且能保证雇员在职业活动中有较高的效率，有利于雇员个性的全面协调发展。因之，雇员由初入组织的主观职业适合，通过职业活动实践，转变为职业适应的过程，即雇员搜寻职业锚或开发职业锚的过程。职业适应性是职业锚的准备或前提基础。

（二）借助组织的职业计划表，选定职业目标，发展职业角色形象

职业计划表是一张工作类别结构表，是将组织所设计的各项工作分门别类进行排列，形成一个较系统反映企业人力资源配给情况的图表。雇员应当借助职业计划表所列职工工作类别、职务升迁与变化途径，结合个人的需要与价值观，实事求是

地选定自己的职业目标。一旦瞄准目标，就要根据目标工作职能及其对人员素质的要求有目的地进行自我培养和训练，使自己具备从事该项职业的充分条件，从而在组织内树立良好的职业角色形象。

职业角色形象，是雇员个人向组织及其工作群体的自我职业素质的全面展现，是组织或工作群体对个人关于职业素质的一种根本认识。职业角色形象构成主要有两大要素：一是职业道德思想素质，通过敬业精神、对本职工作热爱与否、事业心、责任心、工作态度、职业纪律、道德等来体现；二是职业工作能力素质，主要看雇员所具有的智力、知识、技能是否胜任本职工作。雇员个人应当从上述两个主要的基本构成要素入手，很好地塑造自己的职业角色性腺，为自己确定职业锚位创造条件，打好基础。

（三）培养和提高自我职业决策能力和决策技术

自我职业决策能力，是一种重要的职业能力。决策能力大小、决策正确与否，往往影响整个职业生涯发展乃至一生。在个人的职业发展过程中，特别是职业发展转折关头，例如首次择业、选定职业锚、重新择职等，具有强制职业决策能力和决策技术十分重要。所以，个人在选择、开发职业锚之时，必须着力培养和提高职业决策能力。

所谓自我职业决策能力，意指个人习得的用以顺利完成职业选择活动所需要的知识、技能及个性心理品质。具体到，要培养和提高个人如下几方面的职业决策能力：（1）善于收集相关的职业资料和个人资料，并对这些资料进行正确的分析与评价；（2）制订职业决策计划与目标，独立承担和完成个人职业决策任务；（3）在实际决策过程中，不是犹豫不决、不知所措、优柔寡断，而是有主见性，能适时地、果断地做出正确决策；（4）能有效地实施职业决策，能够克服计划实施过程中的种种困难。

职业决策能力运用于实际的职业决策之时，需要讲求决策技术，掌握住决策过程。首先，收集、分析与评价各项相关职业资料及个人资料，这一工作即是几种职业选择途径的后果与可能性的分析和预测。其次，对个人预期职业目标及价值观进行探讨。个人究竟是怎样的职业价值倾向，由此决定的职业目标是什么，类似的问题并非每个人都十分清楚。现实当中，经常会发现价值观念不清、不确定的情况。所以，澄清、明确和肯定个人主观价值倾向与偏好当为首要，否则无法做出职业决策。最后，在上述两项工作的基础上，将主观愿望、需要、动机和条件，与客观职业需要进行匹配和综合平衡，经过权衡利弊得失，确定最适合、最有利、最佳的职业岗位。这一决策选择过程，是归并个人的自我意向，找到自己爱好和擅长的东西，发展一种将带来满足和报偿的职业角色的过程。

【二维码链接】寿司之神：小野二郎

【体验活动】理想之旅，不忘初心

经过高考，同学们来到了大学。高中学习的目标似乎就是"考上大学"，这个目标曾经激励着同学们为之刻苦努力。而今，这个目标已经成为过去，面对未来，同学们需要有新的目标来指引自己的行动。现在，请认真思考：你为什么要上大学？通过大学，你要实现的目标有：

1. _____

2. _____

3. _____

以下问题，可以帮助同学们重新探索自己的人生理想与目标：

很小很小的时候，我的理想是：_____

天真烂漫的小学里，我的理想是：_____

初中的花季雨季里，我的理想是：_____

高中的激情岁月里，我的理想是：_____

现在，来到大学里，我的理想是：_____

以上这些理想的共通之处是：_____

认真分析上大学的初心目标和理想的自我探索有交集吗，请牢牢地把交集点记在心里，这是为之努力的初心所在。

通过以上思考与分析，我发现：_____
_____
_____

基于现实，我想到实现自己理想的具体计划有：_____
_____

在理想实现的过程中，我渴望获得的支持是：_____
_____

【实践拓展】参访就业指导中心

参观学校就业指导中心，参观辽宁省大学生创业实践孵化基地。

【专家视角】

一、大学生职业生涯发展的十个阶段及其任务

（一）第一阶段：大学生入学第一学期前半学期

这时的大学生虽然在角色上已经是大学生，但是在其心理上属于高中后、大学前阶段，他们刚刚接受高考的洗礼，正在享受高考的胜利，很多学生踌躇满志，对大学生活充满了憧憬与幻想，几乎每个人都为自己确立了远大的目标，制订了实现目标的宏伟计划。但是，这时的大学生对大学生活还不够完全了解，对大学的认知只是停留在道听途说上，学生本人对于自我和环境的探索不够。

该阶段生涯目标的特点是：生涯目标的确立多来自成长经历及外界的影响，目标高远，但显得空洞。

该阶段的大学生的生涯规划任务是：

1. 适应大学生活。

2. 积极进行自我探索，分析高中时建立起来的职业生涯目标，发现问题并修正目标。

3. 了解社会职业、职位设置。

4. 制订切实可行的大学阶段成长计划。

5. 参加校园文化活动和社会实践活动。

6. 进行专业的心理咨询和职业咨询。

（二）第二阶段：大学生入学后第一学期后半学期

这时的大学生在校园已经有了两个月的生活和学习经验，对大学生活有了一定的了解和理解，并且对自我有了一定的认识，制订了大学生涯规划。随着对所学专业的进一步了解及大学生活的深入，每一位学生的具体目标逐渐突显出来。

该阶段生涯目标的特点是：目标逐渐与所学专业结合。

该阶段大学生的生涯规划任务是：

1. 进一步进行自我探索，发现自身的优势、劣势、兴趣、爱好、性格、能力，发现自己希望提高的地方。

2. 了解社会职位素质要求。

3. 根据发现确定阶段性具体目标。

4. 制订实现目标的计划并积极行动。

5. 进行相应的素质测评。

6. 参加校园文化活动和社会实践活动。

7. 参加能力提升训练。

（三）第三阶段：大学一年级下学期

这一阶段的大学生已基本适应大学生活，经过大学生活的亲身体验和专业课程的学习，各方面能力有了一定的提高，对自我的探索逐渐深入，并开始探索职业发展方向。

该阶段生涯目标的特点是：目标开始与自我性格、爱好、能力等相结合。

该阶段大学生的生涯规划任务是：

1. 继续进行自我和环境的探索，了解自己的职业发展方向，了解社会相关的职业资讯。

2. 对大学生涯进行合理规划。

3. 制订大学期间阶段性目标。

4. 积极行动实现阶段目标。

5. 参加校园文化活动和社会实践活动。

6. 参加成长训练。

（四）第四阶段：大学二年级上学期

这一阶段的大学生经过一年的大学生活，已经完全适应大学生活，掌握了大学生活规律，建立了一定的人际关系，新环境的适应压力逐渐消退；这时的大学生开始真正从现实角度关注自己的成长，积极参加各种活动，主动进行能力提升训练；与此同时，大学生对于自己的性格、能力、优势、劣势、职业兴趣以及将来的职业方向、社会对各种人才的需求、社会经济、政治的发展、社会各职业发展的趋势等状况的探索更加积极和有实效。他们已经意识到探索的重要性，并积极行动，希望自己快速成长。但是，受经历、经验、阅历的影响，这一阶段的大学生需要有效的帮助，借助外力的支持，会大大地加快大学生成长的速度。

该阶段生涯目标的特点是：目标的确立开始考虑社会需要与个人需要的结合。

该阶段大学生的生涯规划任务是：

1. 进一步进行自我探索。

2. 了解将来的就业环境及职业方向。

3. 了解社会政治、经济、文化发展状况及职业、职位状况。

4. 制订自己的职业生涯规划。

5. 参加校园文化活动和社会实践活动。

（五）第五阶段：第二学年第二学期前半学期（含暑假）

这一阶段的大学生对于自我的认知和社会的认知达到了一定的水平，职业生涯发展方向进一步明确，这时的生涯规划计划避免了刚进入大学时的盲目性，更加切合实际，更具有可操作性。

该阶段生涯目标的特点是：在长远规划的基础上更加具体和现实。但由于个体的差异，有些学生仍会因为寻找生涯发展目标和个人价值而处于迷茫状态。

该阶段大学生的生涯规划任务是：

1. 学习并掌握生涯规划中生涯目标建立方法和生涯抉择方法。
2. 建立合理的价值体系和认知结构。
3. 围绕职业生涯规划制订相应的成长计划。
4. 参加校园文化活动和社会实践活动。
5. 参加专项行为训练，提升实现目标的行动力。

（六）第六阶段：第二学年第二学期后半学期

这一阶段的大学生通过对自我及环境的探索，逐渐找到了自我价值与社会价值的结合，积极探求实现自我价值的有效途径；通过学习生涯规划目标的确立及生涯抉择方法，大大提高了自我掌控及自我设计的能力；通过参加各种实践及成长训练，综合能力快速提升，为即将到来的职业实践奠定了良好的基础。这时的大学生职业生涯发展道路开始出现不同，有的学生希望大学本科毕业后找到一份称心的工作，开始自己的职业生涯；有的学生则希望继续在某一领域进行深造。个人的选择来自两年的探索。

该阶段生涯目标的特点是：目标的确立直接反映了大学生的个人价值观，并与社会现实相结合。

该阶段大学生的生涯规划任务是：

1. 了解自己的职业兴趣，确定职业发展方向。
2. 掌握与就业相关的信息。
3. 掌握与就业相关的法律、政策、就业程序。
4. 树立正确的职业道德观念。
5. 完善并落实成长计划。
6. 参加校园文化活动和社会实践活动。
7. 参加专项行为训练，提升实现目标的行动力。

（七）第七阶段：大学三年级第一学期

这一阶段的大学生由于志向的不同出现了生涯发展方向的不同，这种不同带来了大学生活以后阶段的发展道路不同。希望继续深造的学生开始为备战应考研究生，将志向确定为找工作的大学生则更加积极地参加各种活动，有些学生则会到相关的单位进行职位实习。

该阶段生涯目标的特点是：

中长期目标逐渐明确和坚定，近期目标更加具体，开始聚焦大学生涯目标。

该阶段大学生的生涯规划任务是：

1. 进一步明确自己的职业方向。

2. 发现自身职业竞争力的不足之处，制定职业竞争力提升计划。

3. 参加职业（实习）实践。

4. 参加校园文化活动和社会实践活动。

5. 参加专项行为训练，提升实现目标的行动力。

（八）第八阶段：大学三年级第二学期

这一阶段的大学生通过相应的职位实习，发现了自己的能力与职位要求之间的差距；通过职位实习也发现了自己原来的职业生涯与社会现实之间的差距；通过职位实习发现了自己理想的职业与社会可以提供的职位之间的差距。这时的大学生开始对自己进行全面的反思，重新建立更加切合社会现实的工作理念及自我认知。学生参加各种活动更具目的性。

该阶段生涯目标的特点是：

由于与社会密切接触，职业生涯目标得到有效修正，修正后的目标进一步反映了个人理想与社会现实的结合。

该阶段大学生的生涯规划任务是：

1. 对自己的职业生涯进行合理规划。

2. 确定职业发展方向和各阶段发展目标。

3. 寻求适合自己职业生涯发展的有效路径。

4. 掌握生涯评估方法和生涯目标修正方法。

5. 对生涯规划相关问题进行评估，发现问题。

6. 参加相应的能力提升训练，包括为考研、出国或创业做必要的准备。

（九）第九阶段：大学四年级第一学期

这一阶段的大学生通过前三年的专业理论学习和相关训练，掌握了一定的专业理论和专业技能，人际交往能力、思维能力、创新意识、团队精神都得到了相应提高；经过自我全方位的探索及对所处环境的探索，特别是经过一年的职位实习，逐渐发现了适合自己的工作。这时的大学生会有意识地结合自己的理想职业规划自己剩余的大学生活。

该阶段生涯目标的特点是：目标更具有现实性和可操作性。

该阶段大学生的生涯规划任务是：

1. 结合自己的职业实践和职业发展理想，寻找现实自我和理想职业人之间的差距。

2. 参加快速提升训练（包括参加出国外语、考研课程、考公务员、职业资格等可获得相应资质、能力的冲关考试培训）。

3. 进一步了解社会及职位的发展变化。

4. 了解本届大学生就业相关政策及相关程序。

（十）第十阶段：大学四年级第二学期

这一阶段的大学生面临大学毕业，即将走入社会，真正开始进入自己的职业生涯，从职业生涯规划的层面上而言，能否真正适应将来的工作及工作环境，尽快走向成功，成为每一位即将走入社会的大学生关心的问题。大学生希望通过最后的大学生活使自己更加完善。

该阶段生涯目标的特点是：

目标更加具体，体现为职业素质的培养和训练。

该阶段大学生的生涯规划任务是：

1. 了解相关就业及创业信息。

2. 继续参加相应快速提升训练。

3. 与相关单位及个人建立稳定的关系。

二、最成功、最幸福的状态，是眼里只有对自己有意义的东西

常识告诉我们，要想提升幸福感、减少冲突和压力，就不能对工作投入过多。然而，现实似乎恰恰相反：想要对这个世界产生影响，并取得世俗意义上的成功，就必须让工作高于生活中的其他一切。

这是一种零和思维。从过去30年的研究和实践经验看，各领域的成功人士很少会这样看问题。在我们中间，有这样一群真正的成功者：他们取得的成就不是以牺牲家庭、社区和自我为代价；相反，恰恰是对个人生活的充分投入，帮助他们取得了事业上的成功。他们善于减少工作与生活的冲突，并赋之以和谐感。这不仅能减

轻压力带来的紧张和焦虑，更是让他们取得令人钦佩的成就的力量源泉。

在《过你想过的生活》（*Leading the Life You Want*）一书中讲述了一些人的故事，他们堪称上述理念的现实典范。他们驾驭生活的各个部分蕴含的热情与能量，将它们聚合在一起，在工作、家庭、社区和自我这四个方面都取得成就，实现"四通赢"。这也许不能一步到位，而是要用一生去完成。这些人慎重地选择对他们来说最重要的人和事情。他们在工作中和工作之外的行为，都是自己价值观的体现。他们尽己所能，让生活中最重要的、依赖他们和他们依赖的人过得更幸福。如此清晰的视野，能帮助你化解冲突和压力，并不断变得更加自由。

并非只有天赋异禀且特别幸运的人能达到这种完美状态，只要愿意在生活中努力忠于自己、服务他人，并不断修炼，任何人都能做得到。要想按你希望的那样，过上有意义和从容的生活，关键在于全面思考，以及高度专注于对你重要的事物。当你眼里只有对自己有意义的东西，压力和紧张便不再那么困扰你。

（引自：http://www.hbrchina.org/2016-10-27/4656.html，有删改）

【网上精品视频课程】规划学业生涯

用手机"扫一扫"下面的二维码，用浏览器打开相应网址，进入视频课程学习。

【课后作业】完成学业规划评估与反馈表

表2-3 规划评估与反馈表

	专业知识和技能发展规划			个人特长及素质发展规划						兴趣爱好发展规划		综合素质拓展规划		
	课程成绩计划	专业素质拓展计划	其他方面发展计划	文娱特长发展计划	体育特长发展计划	计算机特长发展计划	思想政治素质发展计划	心理健康发展计划	其他方面发展计划	读书计划	其他计划	技能认证考试计划	组织能力发展计划	社会活动计划
第1学期	必修课、限选课、任选课等的成绩；英语、计算机等的等级考试	综合测评奖学金以及其他各类奖学金计划，专业技能发展	如发表专业论文、参加专业竞赛等	音乐、舞蹈曲艺、美术设计等方面	体育运动、比赛等方面	计算机软硬件的学习、利用、活动等	积极争取参加各级党校培训等	健康积极的心理素质等	如演讲、辩论等	阅读课外书籍，提高知识面和个人修养	其他	考取与所学专业相关或跨专业的技能认证证书	担任学生干部，参与班级管理，组织大型活动等	青年志愿者服务、社会实践、爱心奉献、专业实习等
规划内容														
完成情况														
总结分析														
后续规划修正														

第三章

职业兴趣与职业发展

【学习目标】

1. 知识层面

了解兴趣与职业兴趣的基本概念；

了解职业兴趣的影响因素。

2. 技能层面

掌握自我职业兴趣探索的方法；

通过正式和非正式评估进行自我探索，初步明确自我职业兴趣。

3. 态度层面

认识职业兴趣对于职业生涯规划的重要性；

重视职业兴趣的培养和挖掘。

【职涯名言】

成功的秘诀在于兴趣。

——杨振宁

【导入活动】我的过往经历

1. 从小到大你担任过哪些职务？你喜欢的是哪些职务？不喜欢的是哪些？请说明为什么。

_____

_____

2. 你最敬佩或崇拜的人是谁？他对你产生了什么影响？

_____

_____

3. 你最喜欢看哪种杂志？这些杂志中的哪些部分吸引你，或者，你到书店去，你通常会停留在哪类书架前？

_____

_____

4. 你最喜欢什么科目？为什么喜欢？

_____

_____

5. 通常你喜欢哪个频道的电视节目，为什么？

_____

_____

6. 你的答案中有什么共同点？是否可以归纳什么主题或关键词？

_____

_____

【阅读思考】

"三无"工科男走进"哥大"

王乾，就读于某高校，近日被哥伦比亚大学研究生院机械工程专业录取。没有显赫的家庭背景，他的父亲只是山东某地一家机床厂的维修技师，家庭收入有限。没有骄人的英语成绩，托福和GRE的考试只能说是"中规中矩"。没有名校光环的工科男究竟是凭借着什么让哥伦比亚大学如此"反常"地向他抛出橄榄枝的呢？

王妈妈如是说："王乾从小就喜欢摆弄一些机械的小玩具，对智能玩具或模型如机器人之类的更感兴趣。"一次王乾跟爸爸一起制作了一个小玩具之后，就一直捧在手里，自豪地展示给妈妈看。王乾在上高三后，经常就报考大学专业问题与家人交流，当时他依然对机械工程专业有着浓厚的兴趣，希望以后能够成为一名工程师。

大学的几年，是王乾把职业理想从个人兴趣转变为专业基础的关键时期。他的想法很明确，就是把基础打牢。首先是掌握手工绘图能力，这还要得益于初高中阶段参加的素描、绘画兴趣班，绘图、制图的基本功底就是在那时打下的。大学期间，王乾不仅学好必修课，掌握系统、全面的专业知识，还根据机械制造领域的发展趋势，选修了"绿色化"和"智能化"方面的相关课程，同时通过了相应的计算机等级考试。大二时，学校组织了一场课程设计大赛，王乾和两个志同道合的同学的热情立刻被点燃，他们从查找资料、设计方案到购买零件进行组装，前前后后忙了个把月，终于获得了校优秀设计奖。在大三暑期，王乾终于获得了参加第一汽车制造厂和青岛市高校软控股份公司联合项目的实习机会。他负责一个具体项目，包括设计减速齿轮，从装配、调试到安全测试。这次实习，使王乾的职业规划的方向、目标、步骤更加明确了。由此可见，王乾选择机械工程专业，并不是一时头脑发热；而"哥大"研究生院对王乾的"垂青"，也并非偶然。或许正是王乾对机械工程专业的兴趣、见解和执着的努力，才是打动严谨、公正，甚至苛刻的"哥大"研究生院的原因。

（资料来源：2014年5月《留学》杂志，有改动）

问题：

看过这个案例后，你有哪些感触呢？细想一下，你有哪些兴趣可以成为自己的优势呢？如果还没有，你打算如何做？

_____

_____

第一节　兴趣与职业兴趣

【案例故事】

人生最大的幸运——职业定向和你的兴趣一致

王某，沈阳体育学院2014届本科毕业生，2017届新闻专业研究生。《阿甘正传》中有一句经典的台词："生活就像一盒巧克力，你永远不知道下一颗的味道。"他的大学生活的第一颗巧克力是在大一的上学期开学不久品尝的。当时学校的歌手大赛缺一名男主持人，校团委书记李老师准备在三个大一的新生中选一个人，很幸运，他被留下了。当时他很难以置信。就这样，他迎来了第一次走上舞台的机会！他永远忘不了初次登台面对聚光灯的紧张，像读课文一样完成了初次登台！

为了能够在舞台上收放自如地与大家互动，在不耽误学业与学生干部工作的情况下，他去太原街、中街的商场前，看人家路演！慢慢地，学校大大小小的活动都找他。元旦晚会、短剧大赛、模特大赛、歌手大赛、中华人民共和国第12届全运会男子篮球MC、辽宁男篮主场MC直到建校60周年校庆的晚会，就这样一次又一次地赢得了30余场校内外大型活动的上台机会。从那一刻，他有了自己的梦想，想在将来，用话筒传递他的声音，让更多的人听到。

2013年夏天，他代表沈阳体育学院参加了全国校园金话筒辽宁赛区的比赛。那次比赛云集了全省13所高校500余人前来参加。最后，只有15名选手站到了最后的决赛，而在这15名选手中，只有一个人不是播音主持专业的，那个人就是来自沈阳体育学院的他！他记得当时评委问他：你身上有一种不一样的冲劲儿，你是学什么专业的，来自哪所学校？他特别自豪地向他说了6个字，沈阳体育学院！他获得了那次比赛的银话筒奖，并有幸代表辽宁地区参加了全国的总决赛。他永远不会忘记赵忠祥老师与在场的所有选手说过的一句话，"失败的次数越多，成功的时候价值就越高"。结束了北京的比赛，他回到了沈阳，第二天，他接到了一个通知，辽宁广播电台FM98.6给了他一次实习的机会。

最开始他每天的任务就是接电话，有时候每天要接打100多个电话。有的时候剪音频剪到半夜，他就只能住在台里的员工宿舍，每天晚上硕大的一层楼里不超过5个人！但是他很快乐。经过自己的努力，他得到了播报晚间时段的天气预报的机会。每天只有十几秒的时间是属于他的，当他第一次将他的声音通过305米的辽宁彩电塔传向辽沈大地的那一刻，他觉得所有的努力都是值得的。

2015年10月，他参加发现新主播主持人大赛，从2000多人中脱颖而出，闯进了最终的决赛，并在决赛中被FM92.1都市广播的总监选中，成了他儿时电波中的偶像——大兵的同事！主播、记者、新媒体编辑，就这样，他开始了他的FM92.1之旅。

（资料来源：搜狐网，有改动）

点评：

成功的背后是一路走过的荆棘之路，寻找王乾动力的源泉，可以看到，对工业设计的热爱是支持着他战胜种种艰辛、勇往直前的中流砥柱。他因为兴趣而投入，因为投入而优秀，对兴趣的努力追求使得他成功敲开了世界名校的大门。

一、兴趣的基本概念

兴趣是个体力求认识某种事物或从事某项活动的心理倾向，它表现为个体对某种事物或从事某种活动的选择性态度和积极的情绪反应。

兴趣具有以下三个特点：

（一）是高度卷入的积极情绪体验

"兴趣"的英文是interest，拆开来看是inter-est，是指人进入某项活动之后，产生了高峰经验。美国生涯心理学家萨维克斯进一步解释，兴趣就是人与其所接触的事物融为一体的经验。美国芝加哥大学心理学教授米哈利花30多年的时间对数百名攀岩爱好者、国际象棋选手、运动员和艺术家进行了访谈，他们在谈到对自己的职业时，都会不约而同地提到一种"高度卷入"的状态，这种对工作忘我的投入让他们觉得是最愉悦和最满足的。

（二）在实践中产生、变化和发展

兴趣是基于对事物、活动的认识和体验，而不是出自凭空的想象。这种了解可以是基于直接经验，也可来自间接经验。直接经验即自己亲身去感受、实践，间接经验来自观察学习或听人介绍。

（三）兴趣的实现往往需要理性的付出

一旦兴趣与职业结合，形成职业兴趣，需要个人站在生产者的角度看待职业，愿意付出努力，享受工作中的乐趣，同时接受过程中不那么有趣的部分。常常有人用诺贝尔物理学奖得主科学家丁肇中说的"兴趣比天才更重要"来强调兴趣对于职业发展的重要性，但可能忽略了丁肇中还说过："任何科学研究，最重要的是要看对自己所从事的工作有没有兴趣，换句话说，也就是有没有事业心，这不能有任何强迫……比如搞物理实验，因为我有兴趣，我可以两天两夜，甚至三天三夜在实验室里，守在仪器旁，我急切地希望发现我索要探索的东西。"表层的兴趣源于偏好，这让人愿意去尝试、能够去行动，容易被满足，也容易消逝；而深层的兴趣源于世界观、人生观、价值观，让人们愿意为之牺牲，不计名利报酬、忘我地工作，这就是责任感和使命感，是它们让人坚持到最后。

【二维码链接】你应该选择什么工作

二、职业兴趣及其影响因素

职业兴趣是指人们对某种职业活动的关注程度以及乐于从事某职业活动的稳定、积极而持久的心理倾向。它是一个人探究某种职业或从事某种职业活动所表现出来的特殊性格倾向，使个人对某种职业给予优先的注意，并具有向往的情感。职业兴趣是人们职业生涯取得成功的重要推动力，浓厚的职业兴趣能够最大限度调动人的潜能，使他长期专注于某一方向，做出艰苦的努力，并最终取得职业生涯的成功。

职业兴趣是以一定的素质为前提，在生涯实践过程中逐渐发生和发展起来的。它的形成与个人的个性、自身能力、实践活动、客观环境和所处的历史条件有着密切的关系，因此，职业规划对兴趣的探讨不能孤立进行，应当结合个人的、家庭的以及社会的因素来考虑。

影响职业兴趣的因素包括以下几个方面：

（一）个人需要和个性

兴趣是在一定需要基础上，在社会实践中形成的，实际上是你需要的延伸。关于需要的理论，心理学家也有许多论述，其中较为著名的是美国心理学家马斯洛的需要层次论，他把人的需要分成生理需要、安全需要、社会需要、尊重需要和自我实现需要5个层次，并广泛地流传开来。不管人的兴趣是什么，都是以需要为前提和基础的，人们需要什么也就会对什么产生兴趣。人的生理需要或物质需要一般来说是暂时的，容易满足。而人的社会需要或精神需要却是持久的、稳定的、不断增长的。例如人际交往、对文学和艺术的兴趣、对社会生活的参与是长期的、终生的，并且是不断追求的。兴趣是在需要的基础上产生的，也是在需要的基础上发展的。兴趣和爱好品位的高低会受一个人的个性特征优劣的影响。例如，一个人个性品质高雅，会对公益活动感兴趣，乐于助人，对高雅的音乐、美术有兴趣；反之，一个人个性品质低级，则会对占小便宜感兴趣，对低级、庸俗的文艺作品有兴趣。

（二）个人认识和情感

兴趣不足是和个人的认识和情感密切联系的。如果一个人对某项事物没有认识，也就不会产生情感，因而也就不会对它发生兴趣。同样，如果一个人缺乏某种职业知识，或者根本不了解这种职业，那么他就不可能对这种职业感兴趣，在职业规划时想不到。相反，认识越深刻，情感越丰富，兴趣也就越深厚。例如，有的人对集邮很入迷，认为集邮既有收藏价值，又有观赏价值，它既能丰富知识，又能陶冶情操，而且收藏得越多、越丰富就越投入，情感越专注、越有兴趣，于是就会发展成为一种爱好，并有可能成为他的职业选择。

（三）家庭环境

家庭作为最基本的社会单元，对每个人的心理发展都产生重要的影响，因此个人职业心理发展具有很强的社会化特征，家庭环境的熏陶对其职业兴趣的形成具有十分明显的导向作用。大多数人从幼年起就在家庭的环境中感受其父母的职业活动，随着年龄的增长，逐步形成自己对职业价值的认识，使得个人在选择职业时，不可避免地带有家庭教育的印迹。家庭因素对职业取向的影响，主要体现在择业趋同性与协商性等方面。一般情况下，个人对于家庭成员特别是长辈的职业比较熟悉，在职业规划和职业选择上产生一定的趋同性影响，同时受家庭群体职业活动的影响，个人的生涯决策或多或少产生于家庭成员协商的基础上。兴趣有时也受遗传的影响，父母的兴趣也会对孩子有直接的影响。

（四）受教育程度

个人自身接受教育的程度是影响其职业兴趣的重要因素。任何一种社会职业从客观上对从业人员都有知识与技能等方面的要求，而个人的知识与技能水平的高低在很大程度上取决于其受教育的程度。一般意义上，个人学历层次越高，接受职业培训范围越广，其职业取向领域就越宽。

（五）社会因素

一方面，社会舆论对个人职业兴趣的影响主要体现在政府政策导向、传统文化、社会时尚等方面。政府就业政策的宣传是主导的影响因素，传统的就业观念和就业模式也往往制约个人的职业选择，而社会时尚职业则始终是个人特别是青年人追求的目标。如当前计算机技术和旅游事业都得到较大发展，对这两个职业有兴趣的人也增加得很快。另一方面，兴趣和爱好是受社会性制约的，不同的环境、不同的职业、不同的文化层次的人，兴趣和爱好都不一样。

（六）职业需求

职业需求是一定时期内用人单位可提供的不同职业岗位对从业人员的总需求量，它是影响个人职业兴趣的客观因素。职业需求越多、类别越广，个人选择职业的余地就越大。职业需求对个人的职业兴趣具有一定的导向性，在一定条件下，它可强化个人的职业选择，或抑制个人不切实际的职业取向，也可引导个人产生新的职业取向。

最后，年龄的变化和时代的变化也会对人的兴趣产生直接影响。就年龄方面来说，少儿时期往往对图画、歌舞感兴趣，青年时期对文学、艺术感兴趣，成年时期往往对某种职业、某种工作感兴趣。它反映了一个人的兴趣中心随着年龄的增长、知识的积累在转移。就时代来讲，不同的时代、不同的物质和文化条件，也会对人兴趣的变化产生很大的影响。

【二维码链接】职业兴趣大观园

【体验活动】快快乐乐做"岛主"

在苍茫的大海上，我们是一群游客，由于轮船搁浅，我们必须上岛，对于未来是否有求救的船只过来，我们知道这种可能性几乎是零，而这些岛屿很有可能就是我们今后一辈子待的地方。如果只能待在这个岛上，那么你会如何选择？

A岛：美丽浪漫的岛屿，岛上有美术馆、音乐馆。弥漫着浓厚的艺术文化气息。同时，当地的原住居民还保留了传统的舞蹈、音乐与绘画，许多文艺界的朋友都喜欢来这里找寻灵感。

I岛：深思冥想的岛屿，岛上人迹较少，建筑物多僻处一隅，平畴绿野，适合夜观星象。岛上有多处天文馆、科博馆，以及科学图书馆等。岛上居民喜欢沉思、追求真知，喜欢和来自各地的哲学家、科学家、心理学家等交换心得。

C岛：现代井然的岛屿，岛上建筑十分现代化，是进步的都市形态，以完善的户政管理、地政管理、金融管理见长。岛民个性冷静保守，处事有条不紊，善于组织规划。

R岛：自然原始的岛屿，岛上保留有热带的原始植物林相、自然生态保育很好，也有相当规模的动物园、植物园、水族馆。岛上居民以手工见长，自己种植花果蔬菜、修缮房屋、打造器物、制作工具。

S岛：温暖友善的岛屿，岛上居民个性温和、十分友善，乐于助人，社区均自成一个密切互动的服务网络，人们多互助合作，重视教育，弦歌不辍，充满人文气息。

E岛：显赫富庶的岛屿，岛上的居民热情豪爽，善于企业经营和贸易。岛上的经济高度发展，处处是高级饭店、俱乐部、高尔夫球场。来往者多是企业家、经理人、政治家、律师等，衣香鬓影，夜夜笙歌。

你只有15秒钟时间回答以下问题：

（1）如果你必须在6个岛之中的一个岛上生活一辈子，成为这里岛民的一员，你第一会选择哪一个岛？

（2）你第二会选择哪一个岛？

（3）你第三会选择哪一个岛？

（4）你打死都不愿意选择哪一个岛？

依次记下答案，并与结果进行比对：6个岛屿代表6种典型的职业生涯兴趣类型，第一个是主要兴趣，第二、第三个是辅助兴趣。

选择说明

（一）现实型（R）

人的特点：这类人喜欢操作机械、修理仪器等需要技术的活动；喜欢用实际行动代替言语表达，重视现在胜于重视未来；喜欢具体明确、需要动手操作的工作环境；喜欢从事机械、电子、建筑、农事等方面的工作。他们通常情绪稳定、忍耐力强，给人以诚实、谦和、踏实的印象。

职业环境特点：这类工作环境常有个人可操作的工具、机器等。需要人们按一定程序要求，明确地、具体地从事技术性、技能性工作。在这类工作环境中，处理与物接触的问题比处理人际关系问题更重要。

典型职业：质检员、电力工程师、软件技术人员、建筑设计师、汽车工程师等工程技术人员、运动员。

举例：有的同学喜欢修理各种家用电器、设备等；喜欢上实验课、劳技课等，因为可以操作实验设备、仪器；喜欢玩各种组装、拼装类玩具；喜欢打理花草、制作家具、缝制衣物、烹饪；喜欢户外运动、体育活动，等等。

（二）研究型（I）

人的特点：这类人喜欢研究且解决抽象的问题，喜欢运用心智能力去观察、分析、推理，喜欢与符号、概念、文字、抽象思考有关的活动；喜欢从事理化、生物等需要动脑的研究性工作；在工作中表现出优异的科学能力。他们通常个性独立、温和、谨慎、理性、有逻辑。

职业环境特点：这类工作环境通常需要运用复杂抽象的思考能力。需要人们通过观察、科学分析等进行系统的、创造性的研究工作和理论性工作。在这类环境中不太需要处理复杂的人际关系，大多数时候需要使用智慧，独立解决工作上的问题。

典型职业：心理学家、物理学家、计算机分析师、营养师、统计员、记者等。

举例：有的同学脑袋里常常有各种各样的"为什么"；与各类娱乐杂志相比，更喜欢翻阅科学、哲学等知识类书籍、材料；喜欢参加在脑力上更有挑战的活动和游戏，如下棋、推理游戏；平时可能话不多，但不人云亦云。

（三）艺术型（A）

人的特点：这类人喜欢借助文字、声音、动作或色彩来表达内心想法和对美的感受；喜欢自由自在的、富有创意的工作环境，对美的事物具有敏锐的直觉。他们个性热情、冲动，有丰富的想象力和创造力，乐于独立思考和创作。

职业环境特点：这类工作环境通常开放自由，鼓励个人表现和创意。这类环境通常需要通过非系统化的、自由的活动进行艺术表现和创新工作，不太需要程序化的事务性工作。这类环境提供了开发、创造、自由的空间，鼓励感性与情绪的充分表达，不要求逻辑形式，使用工具也是为了传达内心的情绪或创意。

典型职业：演员、艺术家、园艺设计师、室内设计师、图解设计师、服装设计师等。

举例：有的同学喜欢欣赏各种形式的艺术作品；乐于参加文艺演出；没事写写自娱自乐的小文章、拍拍各类照片、听听音乐会（并非单纯的追星）、看看画展等。

（四）社会型（S）

人的特点：这类人喜欢从事与人接触的活动。对人慷慨、仁慈，喜欢倾听和关心别人，能敏锐觉察别人的感受。在团队中，乐于与人合作，喜欢和大家一起完成工作。他们关心人胜于关心物，关心他人的福祉；喜欢助人类工作。他们个性温暖、友善、乐于助人，容易与人相处。

职业环境特点：这类工作环境鼓励人们彼此了解、互相帮助、和睦相处。这类工作环境通常需要人际交往技能，需要更多时间与人打交道。这类工作环境强调人类的核心价值观，如理想、友善等，充满了经验指导与交流、心理的沟通等。

典型职业：大学教师、社会工作者、警察、顾问、运动教练、护士等。

举例：有的同学小时候喜欢扮演老师，常常教育、指导其他的小朋友；喜欢参加公益服务类活动，在帮助他人的过程中感到很快乐；喜欢和谐友善的工作和生活环境，同学中有争执或冲突，往往充当"和事佬"。

（五）经营型（E）

人的特点：这类人喜欢以言语说服或影响他人，领导他人；喜欢销售、管理、法律、政治方面的工作；做事有组织、有计划，喜欢立刻采取行动，领导人们达成工作目标。他们通常精力充沛、生活紧凑、善于表达，希望拥有权力。

职业环境特点：这类工作环境中充满了权力、金融或经济议题。这类工作需要组织与影响他人共同完成目标，需要胆略、冒险以及承担责任，不太需要精确细琐的事务和集中心智的工作。这类工作氛围重视升迁、绩效、权力、说服力和推销能力，强调自信、社交手腕与当机立断。

典型职业：公关代表、销售、经理人、政治家、律师等。

举例：有的同学从小担任各种学生干部，在各项活动中表现出色；喜欢看各类金融类电视和书籍，对商业活动很感兴趣；大学后对创业感兴趣，与小伙伴们组建团队开展创业实践；热衷参加演讲比赛、辩论赛等活动；喜欢做销售类的兼职。

（六）事务型（C）

人的特点：这类人喜欢以有系统、具体、例行的程序处理文书或数字资料；喜欢从事会计、秘书等数字计算、文书数据处理方面的工作，较不喜欢从事创造类活动；喜欢在别人领导下工作，乐于配合和服从。他们通常表现为有秩序，做事仔细，有效率，值得信赖。

职业环境特点：这类工作环境注重组织与规划。这类工作环境需要注意细节、精确度、有系统、有条理，严格按照固定的规则、方法进行工作，不太需要笨重的体力劳动和创意、创新为主的工作。这类工作需要运用到数字与人事行政的能力。

典型职业：书记员、计算机操作员、行政助理、银行出纳员、秘书等。

举例：有的同学习惯制订工作和生活计划，凡事做好规划；喜欢有规律的生活，喜欢把个人物品收拾得干干净净、井井有条；不喜欢抛头露面，在工作中乐于做助手；乐于做文字录入、表格处理、数据统计等事务性工作。

第二节　职业兴趣与职业生涯规划

【案例故事】

不要放弃每一次机会——成功也许就在不经意的那一次

李正勇，浙江工业大学建工学院土木工程专业应届毕业生。

这几天，李正勇除了学习就是拼命地睡，他想把找工作几个月来所失去的睡眠时间给补回来。下个月，他就要去杭州三江房产公司报到了。

从去年10月开始，李正勇就投身于茫茫的求职大军，四处应聘、面试。相比身边的同学，他并不具备突出优势——好几门功课曾经补考，英语四级到现在也没过。然而，他至少有了4个就业机会。

"我面试过11次，也算是一个小小的'面霸'了。"李正勇扳着指头给我们算了一下，不过许多次仅一面就被刷掉了。

在身边很多同学还没有意识到求职时，李正勇已经早早行动了。去年国庆节刚过，他就一次次赶到浙江大学参加用人单位举办的专场招聘会。让他失望的是，不少公司只招研究生和极少量的本科生，与他竞争的本科生不乏学生会主席、学习尖子生，他根本没有胜算。

去年年底，李正勇又得到了杭州一家大型集团公司的面试机会。正在面试间等待时，一个比他大不了几岁的年轻人走了进来，很轻松地询问他想去公司哪个部门、对未来有什么打算等。

"当时我以为这不是正式的面试。"李正勇说，"以前一般会有正式的笔试，面试时有好几个考官，我没想到会这样。"李正勇漫不经心地和对方闲聊，甚至还开起了玩笑，当他意识到这是决定自己命运的面试时，一切都晚了。

虽然再次失败了，但李正勇不甘心。前不久他在网上看到这家公司的招聘信息，又跑去投简历。招聘会现场，对方在众目睽睽之下把他的简历退了回来，安慰似的说："上次我们只招两个人，我感觉你好像排在第4。"

李正勇没有再说什么，当他转身离开时，心中无比难过。

在求职的天平上，李正勇慢慢找到了自己的位置，他开始关注那些具有成长空间的中小企业，并得到了不少面试的机会。

一天，他同时接到了两个面试通知，犹豫之下还是不想放弃任何一个。当天下午时，在杭州面试完之后，他打了一辆车直奔桐乡一家投资公司。一路上，他不停催司机加快速度。赶到桐乡，公司已下班10多分钟了，公司负责人在电话中委婉地拒绝了他。

"回来后我特别后悔，他说过我只要5时之前赶到就行，但是我没有遵守诺言。"李正勇开始明白，天平要保持平衡，就要懂得舍弃。只有舍弃一些东西，才会得到更多。

他开始认真地面对每一次机会，他先后得到了4个就业机会，最终选择了三江房产，他看中了它的发展后劲。

李正勇的班上同学中，25个男生中16个有了就业意向，不过像李正勇一样确定下来的不是很多。

李正勇说，找工作时，眼光不要太高，要摆正自己的位置，寻找适合自己的单位与岗位，面对每一次机会都要十分认真，不要因为你的随意而丢掉一份不错的工作。

（资料来源：应届毕业生网，有改动）

点评：

很多同学为自己的就业设置了很多门槛很高的目标，有的可以实现，有的需要根据形势进行调整。李正勇的就业机会，给他带来了翻天覆地的变化，这就意味着人生，尤其年轻人，不能错过每一次机会，也许一个不经意的选择，就会改变自己的命运。

一、职业兴趣对职业生涯的影响

由于兴趣爱好不同，人的职业兴趣也有很大的差异。有人喜欢具体工作，例如，室内装饰、园林、美容、机械维修等；有人喜欢抽象和创造性的工作，例如，经济分析、新产品开发、社会调查和科学研究等。职业兴趣对职业生涯规划及职业选择的影响主要表现在以下四个方面：

（一）兴趣是职业选择的重要依据

爱因斯坦说过："兴趣是最好的老师。"兴趣是一种强大的精神力量，兴趣可以使人集中精力去获得喜欢的职业知识，启迪智慧并创造性地开展工作。当一个人对某种职业发生兴趣时，他就能发挥整个身心的积极性，就能积极地感知和关注该职业知识、动态，并且积极思考、大胆探索；就能情绪高涨、想象丰富；就能增强记忆效果，增强克服困难的意志。反之，"牛不喝水强按头"，是不会取得良好效果的，当然也就很难在该职业上发挥个人的优势、做出巨大贡献了。正像大学生们日常生活中喜欢从事自己感兴趣的活动一样，具有一定兴趣类型的大学生更倾向于寻找与此有关的职业，特别是在外界环境限制较小时，他们更倾向于选择自己感兴趣的职业。

（二）兴趣可以提高工作效率，充分发挥个人才能

一个人对某一方面的工作有兴趣时，枯燥的工作会变得丰富多彩、趣味无穷。兴趣使工作不再是一种负担，而是一种享受。因为兴趣可以调动人的全部精力，以敏锐的观察力、高度的注意力、深刻的思维和丰富的想象力投入工作，促进你能力的发挥，兴趣和能力的合理结合会大大提高工作效率。曾有人进行过研究：如果从事自己感兴趣的职业，则能发挥你的全部才能的80%～90%，而且长时间保持高效率而不感到疲劳；而对所从事工作没有兴趣，只能发挥全部才能的20%～30%。

（三）兴趣是保证职业稳定、职场成功的重要因素

对某一职业有浓厚的兴趣，是智力开发的"孵化器"。兴趣是工作动力的主要源泉之一。对大学生来说，对工作感兴趣，就愿意钻研，就会出成就——这正是兴趣的作用所在。一般来说，兴趣是大学生职业生涯适应的一个基本方面，可以为职业生涯选择提供有效的信息。兴趣主要用于预测你的工作满意感和工作稳定性，工作满意是职业生涯适应的一大标志。在其他条件相似的情况下，从事自己感兴趣的职业不但让自己感到满意，而且能够令工作单位感到满意，并由此导致工作的长期

性和稳定性。

（四）兴趣可增强个人的职业适应性

多方面的兴趣可以使人善于应付多变的环境。如需变换工作，只要自己感兴趣，就能够很快地学会这门工作，求职成功，并能够在新的岗位很快地熟悉和适应新的工作。因此，兴趣是职场成功的一个重要因素，它能将同学们的潜能最大限度地调动起来，从而使同学们长期专注于某一方向，做出艰苦的努力，取得令人瞩目的成绩。

职业兴趣是个体追求某种职业或从事某种职业的过程中表现出来的个性倾向。大学生在选择长期、稳定的职业生涯时，不仅需要知道自己有能力从事什么样的工作，更重要的是需要知道自己对哪类工作感兴趣。职业兴趣可以使个体在选择职业的过程中优先选择某些职业，它能够在职业定位和职业选择中产生巨大的影响，有助于发掘智慧、潜力和工作效率。

【二维码链接】职业生涯规划，兴趣起多大作用

二、发掘自己的职业兴趣

虽然职业兴趣一旦形成，便在生涯中具有一定的稳定性，但根据实际需要，大学生们还是可以通过多种途径，加上自己的努力去规划、改变、发展和培养的，在培养职业兴趣时，可从以下几个方面努力：

（一）培养广泛的兴趣

具有广泛兴趣的人，不仅对自己职业领域的东西有浓厚的兴趣，而且对其他方面也有一定的兴趣。这种人眼界比较开阔，解决问题时也可以从多方面得到启发，在职业生涯规划的选择上有较大的余地。兴趣范围狭窄、涉足面小的人，对新事物的适应性就要差一些，在职业规划上所受的限制也多一些。

（二）重视培养间接兴趣

直接兴趣是由于对事物本身感到需要而引起的兴趣，间接兴趣则不是对事物本身的兴趣，而是对于这种事物未来的结果感到需要而产生的兴趣。同学们在最初接触某种职业时，往往对职业本身缺乏强烈的兴趣，必须从间接兴趣着手培养直接兴趣。可以通过了解职业兴趣在社会活动中的意义、对人类活动的贡献等以引起兴趣，也可以通过了解某项职业的发展机会引起兴趣，还可以通过实践逐步提高间接兴趣。

（三）要有中心兴趣

大学生的兴趣应广泛，但不能浮泛，还要有一定的集中爱好。既广泛又有重点，才能学有所长，获得更多的知识。如果只具广泛性而无中心职业兴趣，往往会知识肤浅，没有确定的职业规划方向，心猿意马，这样难以有所成就。所以，还应着意培养自己在某一方面的职业兴趣，促进自己的发展和成才。

（四）积极参加职业实践

同学们只有通过职业实践，才能对职业本身有深刻的认识和了解，才能激发自己的职业兴趣。职业实践活动内容十分丰富，包括生产实习、社会调查、参观访问以及组织兴趣小组等。每一个人都可以通过参加各种职业实践活动调节和培养兴趣，根据社会和自我需要，有意识地去培养和发展兴趣，为事业的成功创造条件。

（五）客观评价自己的能力来确定职业兴趣

对某项职业有浓厚的兴趣是成功的前提，但事业要取得成功也必须具备该职业所要求的能力。因此大学生在培养职业兴趣的同时也要客观评价自己的能力，看自己是否适合某种职业，在此基础上形成的职业兴趣才是长久的、可规划利用的。

【二维码链接】深度剖析职业兴趣与能力倾向

【体验活动】我的蝴蝶大梦

不用考虑现实的可能性，同学们需要放下现在所有的角色，让自己的思绪离开现在的座位，飞出教室，思维无限发散，可以从历史到现实再到未来，古今中外，小说文学，电视历史人物或现代商业名人，请写下5~10种吸引你的截然不同的职业或人生。

完成后在每个职业或人生后面写上吸引你的原因。

可否分类？

具有哪些共同点？找出关键词、共性。

说明什么？

在现实世界中寻找具有这些特征的职业。

职业或人生　　　　　　吸引你的原因

例：教师　　　　稳定，社会地位，收入，受人关注

例：马云　　　　财富，独立，智慧，影响力

（1）＿＿＿＿＿＿＿＿＿＿＿＿＿＿＿＿＿＿＿＿＿＿＿＿＿＿＿＿＿＿

（2）＿＿＿＿＿＿＿＿＿＿＿＿＿＿＿＿＿＿＿＿＿＿＿＿＿＿＿＿＿＿

（3）＿＿＿＿＿＿＿＿＿＿＿＿＿＿＿＿＿＿＿＿＿＿＿＿＿＿＿＿＿＿

（4）＿＿＿＿＿＿＿＿＿＿＿＿＿＿＿＿＿＿＿＿＿＿＿＿＿＿＿＿＿＿

（5）＿＿＿＿＿＿＿＿＿＿＿＿＿＿＿＿＿＿＿＿＿＿＿＿＿＿＿＿＿＿

（6）＿＿＿＿＿＿＿＿＿＿＿＿＿＿＿＿＿＿＿＿＿＿＿＿＿＿＿＿＿＿

（7）＿＿＿＿＿＿＿＿＿＿＿＿＿＿＿＿＿＿＿＿＿＿＿＿＿＿＿＿＿＿

（8）＿＿＿＿＿＿＿＿＿＿＿＿＿＿＿＿＿＿＿＿＿＿＿＿＿＿＿＿＿＿

（9）＿＿＿＿＿＿＿＿＿＿＿＿＿＿＿＿＿＿＿＿＿＿＿＿＿＿＿＿＿＿

（10）＿＿＿＿＿＿＿＿＿＿＿＿＿＿＿＿＿＿＿＿＿＿＿＿＿＿＿＿＿

感悟：通常我感兴趣的职业特质是：

＿＿＿＿＿＿＿＿＿＿＿＿＿＿＿＿＿＿＿＿＿＿＿＿＿＿＿＿＿＿＿＿＿＿＿

＿＿＿＿＿＿＿＿＿＿＿＿＿＿＿＿＿＿＿＿＿＿＿＿＿＿＿＿＿＿＿＿＿＿＿

＿＿＿＿＿＿＿＿＿＿＿＿＿＿＿＿＿＿＿＿＿＿＿＿＿＿＿＿＿＿＿＿＿＿＿

第三节　RCCP通用人职匹配测试

【案例故事】

兴趣是职业选择的重要考量因素

　　小安是某校会计专业毕业的学生，"当初是父母给我选择的这个专业，毕业后他们可以帮我安排一份稳定的、福利待遇不错的工作"。可是，小安的兴趣并不在此，"一直以来，我想从事媒体采编方面的工作，从大一下学期开始，我就去旁听新闻专业的相关课程。大二，我成为了一名校园记者，跟着师兄师姐们采编学校的新闻事件，通过这些实践活动更加坚定了自己从事媒体采编工作的决心。大三暑假时正巧报社招实习记者，跟着主管记者跑了两个月，虽然辛苦，但是我依然对这份职业充满了热情"。现在面临毕业了，经过和父母的沟通，小安最终还是选择应聘媒体采编方面的工作。某财经网站正在招聘网站编辑，小安最终凭着自己的专业背景，带着自己在校园里发表的新闻稿件、采编的实践经验、报社的实习经历，顺利通过了笔试、面试，得到了这份工作。

　　从小安的例子，我们可以看出兴趣是人们选择职业的重要考量因素，它具有行动和能量导向的作用，要将兴趣最终转化为自己的职业，需要在实践中不断地探索、积累，不断地提升自己的能力。

（资料来源：张淑华，郑久华《大学生职业生涯规划实务》，有改动）

　　"RCCP通用人职匹配测试量表"可以帮助大学生根据测试结果获知自己的人格特征更适合从事哪方面工作，同学们根据自己对每一题目的第一印象作答，不必仔细推敲，答案没有对错之分。题目的答案根据与实际情况符合程度来判断，与自身实际情况相符合的用"√"表示，得2分；不符合的用"×"表示，得0分；难以回答的用"？"表示，得1分。对于有些自己没有机会从事的工作，可以在"假设"从事过这些工作的情况下做出判断。希望在认真做完从现实型（R）→常规型（C）共108道题后，再分类统计各自总分填入后面成绩登入表并依次完成类型确定过程。

一、现实型（R）问题（1—18）

1. 你曾经将钢笔全部拆散加以清洗并能独立地将它装起来吗？

2. 你会用积木搭出许多造型吗？或小时候常拼七巧板吗？

3. 你在中学里喜欢做实验吗？

4. 你对一些动手较多的技术工（如电工、修钟表、印照片、织毛衣、绣花、剪纸等）很感兴趣吗？

5. 当你家里有些东西需要小修小补时（诸如窗子关不严、凳子坏了、衣服不合身等），常常是由你来做吗？

6. 你常常偷偷地去摸弄不让你摸弄的机器或机械（诸如打字机、摩托车、电梯、机床等）吗？

7. 你是否深深体会到身边有一把镊子钳或老虎钳等工具，会给你提供许多便利吗？

8. 看到老师傅在做活，你能很快地、准确地模仿吗？

9. 你喜欢把一件事情做完再做另一件事吗？

10. 在做事情前，你经常害怕出错，而对工作安排反复检查吗？

11. 你喜欢亲自动手制作一些东西，从中得到乐趣吗？

12. 你喜欢使用锤子、斧头一类的东西吗？

13. 如果掌握一门手艺，并能以此为生，你会感到非常满意吗？

14. 你曾渴望当一名汽车司机吗？

15. 小时候，你经常把玩具拆开，把里面看个究竟吗？

16. 你喜欢修理自行车、电器一类的工作吗？

17. 你喜欢跟各类机械打交道吗？

18. 你亲手制作或修理的东西经常令你的朋友满意吗？

二、研究型（Ⅰ）问题（19—36）

19. 你对电视或单位里的智力竞赛很有兴趣吗？

20. 你经常到新华书店或图书馆翻阅图书（文艺小说除外）吗？

21. 学生时代你常常会主动地去做一些有趣的习题吗？

22. 你对一件新产品或新事物的构造或工作原理感兴趣吗？

23. 当有人向你请教某事情如何做时，你总喜欢讲清内部原理，而不仅仅是操作步骤吗？

24. 你常常会对一件想知道但又无法详细知道的事物想象出它是什么或将怎样变化吗？

25. 看到别人在为一个有趣的难题争论不休时，你会加入进去或者独自一人思考，直到解决为止吗？

26. 看推理小说或电影时，你常常分析谁是罪犯，并且这种分析时常与最后结果相吻合吗？

27. 你喜欢做一些需要运用智力的游戏吗？

28. 相比而言，你更喜欢独自一人思考问题吗？

29. 你的理想是当一名科学家吗？

30. 你经常不停地思考某一问题，直到想出正确答案吗？

31. 你喜欢抽象思维的工作吗？

32. 你喜欢解答较难的问题吗？

33. 你喜欢阅读自然科学方面的书籍和杂志吗？

34. 你能够做那种需要持续集中注意力的工作吗？

35. 你喜欢数学吗？

36. 如果独自在实验室里做长时间的实验，你能坚持吗？

三、艺术型（A）问题（37—54）

37. 你对戏剧、电影、文艺小说、音乐、美术等其中的一两个方面较感兴趣吗？

38. 你常常喜欢对文艺界的明星品头论足吗？

39. 你参加过文艺演出、绘画训练或经常写写诗歌、短文吗？

40. 你的朋友经常赞扬你把自己的房间布置得比较优雅并有品位吗？

41. 你对别人的服装、外貌以及家具摆设等能做出比较准确的评价吗？

42. 你认为一个人的仪表美主要是为了表现一个人对美的追求，而不是为了得到别人的赞扬或羡慕吗？

43. 你觉得工作之余坐下来听听音乐、看看画册或欣赏戏剧等，是你最大的乐趣吗？

44. 遇到有美术展览会、歌星演唱会等活动，你常常去观赏吗？

45. 音乐能使你陶醉吗？

46. 你喜欢成为人们注意的焦点吗？

47. 你喜欢不时地夸耀一下自己取得的成就吗？

48. 你喜欢做戏剧、音乐、歌舞、摄影等方面的工作吗？

49. 你能较为准确地分析美术作品吗？

50. 你爱幻想吗？

51. 看情感影片或小说时，你常禁不住眼圈红润吗？

52. 当接受一项新任务后，你喜欢以自己独特的方法去完成它吗？

53. 你有文艺方面的天赋吗？

54. 与推理小说相比，你更喜欢言情小说吗？

四、社会型（S）问题（55—72）

55. 你常常主动给朋友写信或打电话吗？

56. 你能列出5个你自认为够朋友的人吗？

57. 你很愿意参加学校、单位或社会团体组织的各种活动吗？

58. 你看到不相识的人遇到困难时，能主动去帮助他，或向他表示你同情与安慰的心情吗？

59. 你喜欢去新场所活动并结交新朋友吗？

60. 对一些令人讨厌的人，你常常会由于某种理由原谅他、同情他甚至帮助他吗？

61. 有些活动虽然没有报酬，但你觉得这些活动对社会有好处，就积极参加吗？

62. 你很注意你的仪容风度，这主要是为了让人产生良好的印象吗？

63. 大家公认你是一名勤劳踏实、愿为大家服务的人吗？

64. 旅途中你喜欢与人交谈吗？

65. 你喜欢参加各种各样的聚会吗？

66. 你很容易结识同性朋友吗？

67. 你乐于解除别人的痛苦吗？

68. 对于社会问题，你很少持中庸的态度吗？

69. 听别人谈"家中被盗"一类的事，很容易引起你的同情吗？

70. 你通常不喜欢一个人独处吗？

71. 在工作中，你喜欢听取别人的意见吗？

72. 和一群人在一起的时候，你经常能找到恰当的话题吗？

五、管理型（E）问题（73—90）

73. 当你有了钱后，你愿意用于投资吗？

74. 你常常能发现别人组织的活动的某些不足，并提出建议让他们改进吗？

75. 你相信如果让你去做一个个体户，一定会成为万元户吗？

76. 你在上学时曾经担任过某些职务（诸如班干部、课代表等）并且自认为干得不错吗？

77. 你有信心去说服别人接受你的观点吗？

78. 你对一大堆的数字感到头疼吗？

79. 做一件事情时，你常常事先仔细考虑它的利弊得失吗？

80. 在别人跟你算账或讲一套理由时，你常常能换一个角度考虑，而发现其中的漏洞吗？

81. 你曾经渴望有机会参加探险吗？

82. 你认为在管理活动中以个人的意志影响别人的行为是很必要的吗？

83. 如果待遇相同，你宁愿当一名商品推销员，而不愿当一名机关办事员吗？

84. 当你开始做一件事后，即使碰到再多的困难，你也会执着地干下去吗？

85. 你总是主动地向别人提出自己的建议吗？

86. 你更喜欢自己下了赌注的比赛或游戏吗？

87. 和不熟悉的人交谈对你来说毫不困难吗？

88. 和别人谈判时，你不愿放弃自己的观点，是吗？

89. 在集体讨论中，你不愿保持沉默，是吗？

90. 你不愿从事虽然工资少，但是比较稳定的职业，是吗？

六、常规型（C）问题（91—108）

91. 你能够用一两个小时坐下来抄写一份你不感兴趣的材料吗？

92. 你能按领导或老师的要求尽自己的能力做好每一件事吗？

93. 无论填报什么表格，你都非常认真吗？

94. 在讨论会上，如果不少人已经讲的观点与你的不同，你就不发表自己的观点了吗？

95. 你常常觉得在你周围有不少人比你更有才能吗？

96. 你喜欢重复别人已经做过的事情而不喜欢做那些要自己动脑筋摸索着干的事吗？

97. 你喜欢做那些已经很习惯的工作，同时最好这种工作责任小一些，工作时还能聊聊天、听听歌曲吗？

98. 你经常将非常琐碎的事情整理好吗？

99. 你总留有充裕的时间去赴约会吗？

100. 对别人借给你的和你借给别人的东西，你都能记得很清楚吗？

101. 你喜欢经常请示上级吗？

102. 你喜欢按部就班地完成要做的工作吗？

103. 对于急躁、爱发脾气的人，你仍能以礼相待吗？

104. 你是一个沉静而不易动感情的人吗？

105. 你喜欢把一切安排得整整齐齐、井井有条吗？

106. 你经常收拾房间，保持房间整洁吗？

107. 你办事常常思前想后吗？

108. 每次写信你都要好好考虑，写完后至少重复看一遍吗？

表3-1　职业兴趣自我测评成绩登记表

类型	得分
现实型	
研究型	
艺术型	
社会型	
管理型	
常规型	

请同学们将上述6个部分答题结果的得分分别填入上表（见表3-1）：

如果有的同学们在某一部分得分明显高出其他部分，说明此同学属于该种典型类型的人。一般说来，综合性的兴趣特征者在生活中居多数。那么，怎么确定自己的综合特征呢？

第一步，列出得分较高的两个兴趣类型的代号（　　）（　　）

第二步，将得分最高的兴趣类型代号的字母填入第一空格。例如，某同学是现实型，则（R）（　　）。

第三步，再将得分较高的兴趣类型代号，从高至低依次填入空格。如果第二个特征是I，则（R）（I）。

第四步，据此可知这位填表者的兴趣特征是现实研究型。然后，就可以依据这个类型代号在表3-2后面所列的职业兴趣类型中进行查阅，便可知道自己的主要职业兴趣。

依据霍兰德理论，我国学者陈社育于1997年研制了基于中国国情的职业兴趣。该研究区分了六种典型的职业兴趣类型及其特征：现实型（R）、研究型（I）、艺术型（A）、社会型（S）、管理型（E）、常规型（C）（见表3-2），一般说来，完全隶属于表3-2中某一种典型兴趣类型的人并不多。大多数同学除了可以主要地划分为某一种兴趣类型外，还可能同时具有另外一种兴趣类型的特点。这样两两交叉又形成了36种职业兴趣类型（见表3-3）。

表3-2　典型职业兴趣类型特征

职业兴趣类型	特征
现实型	属于技术与运动取向的人，他们身体强壮，具有良好的机械协调能力，喜欢有规则的具体劳动和技术性强的工作；他们往往不善辞令，不愿担任监督或领导角色，也避免从事需抽象思考的工作，对新观念持保守态度；办事较稳健，注重实效
研究型	这类人是抽象问题的解决者，他们喜欢寻根问底，热衷于思考问题、目标明确、价值观与态度不保守；有勤于思考、擅长分析、独立性强、追求精确的特点
艺术型	不顺从传统价值观、富有想象力，理想性高，创造力、表现力与直觉力较强；不喜欢具体事物性的机械工作，常以艺术创造的态度、主观印象或幻想来处理事物
社会型	善于与人交往，乐于与他人共事，富有责任感，擅长言辞，热心社会工作；对事机敏，为人爽直，语言能力优于数理能力
管理型	喜欢影响、管理和领导他人，乐于从事群体性的社会工作，较注重权力和地位，不喜欢精确细琐的事务和需集中心智的工作，常以冒险、狂热、积极进取的态度处理日常事务，外向、自信、好表现
常规型	较看重得到社会的赞许与认可，往往以刻板化、正确但无创意的方法解决问题，较循规蹈矩，遵守规章，乐于执行细琐指令，以计算性工作为乐，不能忍受模糊、欠条理的事物；数理能力较强，从众性高，讲究秩序和自制

表3-3　36种职业兴趣类型表

	现实型（R）	研究型（I）	艺术型（A）	社会型（S）	管理型（E）	常规型（C）
现实型（R）	RR	IR	AR	SR	ER	CR
研究型（I）	RI	II	AI	SI	EI	CI
艺术型（A）	RA	IA	AA	SA	EA	CA
社会型（S）	RS	IS	AS	SS	ES	CS
管理型（E）	RE	IE	AE	SE	EE	CE
常规型（C）	RC	IC	AC	SC	EC	CC

表中RR、II、AA、SS、EE、CC为典型类型，其余都是综合类型。各种类型及其相匹配的职业类型如下：

典型现实型（RR）：需要进行明确的、具体的、按一定程序要求的技术性、技能性工作，如机械操作员、电工技师、技术工人。

研究现实型（IR）：具有一定科技含量的技术、技能性工作，如计算机编程人员、工程技术人员、质量检验人员。

艺术现实型（AR）：需要一定艺术表现的技术或技能性工作，如雕刻、手工刺绣、家具、服装制作。

社会现实型（SR）：与人打交道较多的技术或技能性工作，如出租汽车驾驶员、家电维修员。

管理现实型（ER）：需要一定管理能力的技术或技能性工作，如领航员、动物管理员。

常规现实型（CR）：常规性的技术或技能性工作，如计算机操作人员、机械维护人员。

典型研究型（II）：需要通过观察、科学分析而进行的系统的创造性活动的科学研究和理论性工作，如数学、物理等学科的研究人员，学术评论者。

现实研究型（RI）：侧重于技术或技能性科学研究工作，如机械、电子、化工行业的工程师、化学技师、研究室的实验人员。

艺术研究型（AI）：艺术研究方面的工作，如文艺评论家、艺术性作品编辑、艺术理论工作者。

社会研究型（SI）：社会科学研究方面的工作，如社会学研究人员、心理学研究人员。

管理研究型（EI）：管理研究方面的工作，如管理学科研究者、管理类刊物编辑。

常规研究型（CI）：常规性的研究工作，如数据采集者、资料收集人员。

典型艺术型（AA）：需要通过非系统化的、自由的活动进行艺术表现的工作，如演员、诗人、作曲家、画家。

现实艺术型（RA）：运用现代科技较多的艺术工作，如电视摄影师、录音师、动画制作人员。

研究艺术型（IA）：具有探索性的艺术工作，如剧作家、时装艺术大师、工艺产品设计师。

社会艺术型（SA）：侧重于社会交流或社会问题的艺术工作，如作家、播音员、广告设计、时装模特儿。

管理艺术型（EA）：一定管理能力的艺术工作，如节目主持人、艺术教师、音乐指挥、导演。

常规艺术型（CA）：常规性的艺术工作，如化妆师、花匠。

典型社会型（SS）：需要更多时间与人打交道的说服、教育和治疗工作，如教师、公关人员、供销人员、社会活动家。

现实社会型（RS）：具有一定技术或技能的社会性工作，如护士、职业学校教师。

研究社会型（IS）：需要做些分析研究的社会性工作，如医生、大学文科教师、心理咨询人员、市场调查人员、政治思想工作者。

艺术社会型（AS）：具有一定艺术性的社会工作，如记者、律师、翻译。

管理社会型（ES）：需要一定管理能力的社会工作，如工商行政人员、市场管理人员、公安交警。

常规社会型（CS）：常规性的公益事务工作，如环卫工作人员、工勤人员。

典型管理型（EE）：需要胆略，冒风险且承担责任的活动。主要指管理、决策方面的工作，如企业经理、金融投资者。

现实管理型（RE）：具有一定技术或技能的管理性工作，如技术经理、护士长、船长。

研究管理型、（IE）：需侧重于分析研究的管理工作，如总工程师、总设计师、专利代理人。

艺术管理型（AE）：与艺术有关的管理工作，如广告经理、艺术领域的经纪人。

社会管理型（SE）：与社会有关的管理工作，如销售经理、公关经理。

常规管理型（CE）：常规性的管理工作，如办公室负责人，大堂经理、领班。

典型常规型（CC）：严格按照固定的规则、方法进行重复性、习惯性的劳动，并具有一定自控能力的相关工作，如出纳员、行政办事员、图书管理员。

现实常规型（RC）：需要一定技术或技能的常规性工作，如档案资料管理员、文印人员。

研究常规型（IC）：需要经常进行一些研究分析的常规工作，如估价员、土地测量员、报表制作人员、统计分析人员。

艺术常规型（AC）：与艺术有关的常规工作，如美容师、包装人员。

社会常规型（SC）：需要更多时间与人打交道的常规工作，如售票员、营业员、接待人员、宾馆服务员。

管理常规型（EC）：需要一定管理能力的常规性工作，如机关科员、文秘人员。

【体验活动】我的愿望

同学们，请写出7件感到高兴、骄傲，而且希望自己经常从事的活动，也可以写一些自己很喜欢做但未做过的活动。如果可能，请尽力写出15—20件事，对于自己所提到的每一项活动，问自己如下问题："它与工作或职业有关吗？"如果是就在该活动后面把职业的名称写下来。

你希望常常从事的活动与工作有关吗？（工作或者职业的名称）

（1）_____

（2）_____

（3）_____

（4）_____

（5）_____

（6）_____

【实践拓展】参加辩论

同学们选择自己的立场：是"干一行，爱一行"还是"爱一行，干一行"？搜集相关案例，准备好参加辩论。

【专家视角】

一、探索职业兴趣的注意事项

在开始职业生涯之后，绝大多数大学生都能很快适应职业，从工作中获得乐趣，但仍有一部分人会对职业感到"不称心"，这种"不称心"实际上是一种心理反感作用。这种感觉一旦产生，人就会自觉不自觉地流露出心灰意冷、无精打采的情绪，表现出敷衍塞责、得过且过的工作态度，这种情绪状态会对同学们的从业、成才带来消极影响。

之所以会产生这样的情绪状态，其原因有二：第一，当初选择职业时自己关于职业的理想与现实之间有一定的距离；第二，当初选择职业时，由于担心找不到工作，选择了一份并不十分满意的职业。不管属于哪种情况，一旦产生"不称心"的感觉，同学们首先要做的事就是要努力培养自己的职业兴趣。如果不去尝试、不去努力，而盲目否定第一个选择，同学们很可能会为此付出昂贵的代价。培养职业兴趣要注意以下几点：

1. 根据面临的职业重新确立自己的目标和追求，成才应立足于本职。

2. 在每一次成功中培养自己的职业兴趣。从事某一职业，不管是否有兴趣，都会有大小不同的收获和成功。而这些成功无疑会增强从事本职工作的信心，还可以从中发现自己的一些长处。比如当一个人不喜欢推销工作的时候，却轻而易举地做成了一笔生意，这个人会猛然醒悟自己还有推销才能。有成功就有喜悦，再往前走，职业兴趣就会来临。

3. 不要轻易认输。有些大学生遇到职业"不称心"时也曾试图培养自己的职业兴趣，但经过一段时间努力后发现没有进展，尤其是在工作中遇到失败和挫折的时候，自以为不是这块料，很快就丧失了信心。同学们要知道职业兴趣的培养也和其他任何目标一样，需要付出艰辛的努力，需要有个过程，不要轻易认输。

4. 在深入了解本职工作中培养自己的职业兴趣。人们常常以为自己对所从事的职业了解得很透，其实不然。有意识地去充分了解自己所从事的职业，会增强自身对职业的兴趣。

二、正确对待测评结果

职业测评可以帮助我们清楚地认识自我，了解自己的性格特征和职业倾向，帮助我们准确地进行职业定位，找到职业生涯发展的有效起点，扬长避短，在职业道路上事半功倍，走得更远。但是，职业测评并不是万能的，它不能解决所有人的所有问题。而对于测评结果，更是需要正确的对待。

首先，对同学们来说，对各种专业的人才素质要求还没有很全面、深刻的了解，即使测评结果显示你适合某种工作，那只是从性格、能力或未来能力、兴趣等几个方面提供的参考，而你能否适应职业本身的压力、节奏、竞争力，以及职业对经验、学历等的要求，则往往是测评之外的事。所以在不知所措时，先就业，等自己对各种职业有了一定的了解后再择业，是明智之举。

其次，有的职业测评显示一些职业较适合性格外向的人做，但实践中，一些性格内向的人也会做得很好，为什么？因为一种职业对人才的需求是多样性的。所以，个人的职业测评最好和单位用人的测评结合起来，即用人者可能比你更了解你是否适合某种职业。

职业选择决策是一个复杂的、动态的过程，要考虑很多因素。在做具体决策时，除了将本测评结果作为参考依据外，还要考虑以下一些因素：职业的发展前景，职业的工作环境，职业给你带来的经济及非经济的报酬，你的个性特征与职业要求的匹配性，你个人的能力特长与职业要求的一致性，以及你的父母亲人和朋友对你的期望，等等。这些信息需要你自己去获取，也可以向有关的专家或专业机构咨询。

（资料来源：张生勇，《赢在起点——大学生职业规划与就业准备》，现代教育出版社，有改动）

【网上精品视频课程】兴趣与职业发展

用手机"扫一扫"下面的二维码，用浏览器打开相应网址，进入视频课程学习。

【课后作业】快快乐乐"抓周"

古人判断兴趣，有一方法，在一个人满周岁时，将各种物品放婴儿的近处，任其选择，看其最先抓到什么，从中判断其兴趣所在，称为"抓周"。你还能回想起自己满周岁时，自己抓的是什么吗？

中国文化中抓周物品及代表含义主要如下：

1. 字典或词典：代表文学家或科学家。

2. 书、笔：具有制定意味，代表书法家、文人、文职工作。

3. 尺：具有尺度的意味，代表律师、法官、革命家。

4. 计算器、算盘：代表商家或生意人。

5. 人民币（钱）：代表富有之意，善于储蓄的富翁或有钱人。

6. 信用卡：银行家或金融行业。

7. 印章：代表官位或官权。

8. 画、水彩盒、彩色笔：代表画家、艺术家。

9. 毛线团、布料：代表服装设计师。

10. 乒乓球拍、羽毛球拍、足球：代表体育相关职业。

11. 笛子、小提琴、电子琴、CD：代表音乐家。

12. 筷子、铲子：代表厨师、饭店业者。

13. 小鞋子：代表旅行家、探险家。

14. 润肤霜、口红：代表爱美，在乎自己的容貌。

15. 手机、U盘：代表从事IT业、高科技、通信业。

16. 地球仪：代表地理学与天文学。

17. 棉签、纱布：代表医生、护士类。

18. 螺丝刀：工程师、工业。

19. 玩具汽车：有车族、司机。

20. 积木：建筑业、设计师等。

21. 念珠：代表潜心修行。

我们今天也来"抓周"吧！下面有6个象征物：扳手、放大镜、圆珠笔、口琴、话筒、洋娃娃。每个象征物都有它的意义和对选取者将来前途的预测（具体请阅读本章第一节【体验活动】中的各兴趣类型特征及适合的职业）。

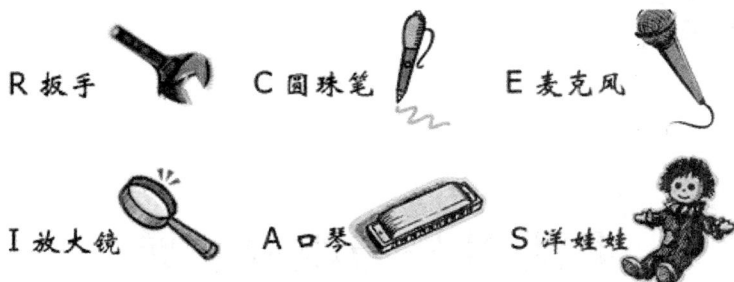

你，要选哪一个呢？如果还有两次选择，你会顺序选择哪三种物品呢？按照选择的先后和物品类型前面的字母代码，看一下你的职业兴趣方向吧！

问题：

1. 根据"抓周"活动的结果，你感觉哪个（些）类型最能描述你？为什么？

2. 你对自己的感觉与类型分析所显示的结果相同吗？有哪些是相同的，哪些是不同的？

3. 如果给你选择的机会，你会选择什么样的职业？为什么？

第四章

职业性格与职业发展

【学习目标】

1. 知识层面

　　了解性格与职业性格的基本概念；

　　了解职业性格的影响因素。

2. 技能层面

　　掌握自我职业性格探索的方法；

　　通过正式和非正式评估进行自我探索，初步明确自我职业性格特征。

3. 态度层面

　　认识职业性格对于职业生涯规划的重要性；

　　重视良好职业性格的塑造。

【职涯名言】

　　你要知道自己的价值，就要找到那个唯一的"我"，记住，一定是"唯一"，余皆不要。好画，是因为舍弃了多余的色彩；好歌，是因为舍弃了多余的音符；好文章，是因为舍弃了多余的废话。

——梁衡

【导入活动】我是谁

　　首先按下面的格式写出10句"我是怎样的人"，要求尽量选择一些反映个人风格的语句，避免出现类似"我是一个男生"这样的句子。

　　我是一个_____的人。

　　我是一个_____的人。

　　我是一个_____的人。

　　我是一个_____的人。

我是一个＿＿＿＿＿＿＿＿＿＿＿＿＿＿＿＿＿＿＿＿＿的人。

我是一个＿＿＿＿＿＿＿＿＿＿＿＿＿＿＿＿＿＿＿＿＿的人。

我是一个＿＿＿＿＿＿＿＿＿＿＿＿＿＿＿＿＿＿＿＿＿的人。

我是一个＿＿＿＿＿＿＿＿＿＿＿＿＿＿＿＿＿＿＿＿＿的人。

我是一个＿＿＿＿＿＿＿＿＿＿＿＿＿＿＿＿＿＿＿＿＿的人。

我是一个＿＿＿＿＿＿＿＿＿＿＿＿＿＿＿＿＿＿＿＿＿的人。

请将陈述的10项内容作下列归属：

身体状况（属于你的体貌特征）编号：＿＿＿＿＿＿＿＿＿＿＿＿＿＿＿＿＿；

情绪状况（你常持有的情绪情感）编号：＿＿＿＿＿＿＿＿＿＿＿＿＿＿＿；

才智状况（你的智力能力情况）编号：＿＿＿＿＿＿＿＿＿＿＿＿＿＿＿；

社会关系状况（与他人的关系等）编号：＿＿＿＿＿＿＿＿＿＿＿＿＿＿；

其他方面编号：＿＿＿＿＿＿＿＿＿＿＿＿＿＿＿＿＿＿＿＿＿＿＿＿。

假如我是一种动物，我希望是＿＿＿＿，因为＿＿＿＿＿＿＿＿＿＿＿＿＿。

假如我是一位演员，我希望是＿＿＿＿，因为＿＿＿＿＿＿＿＿＿＿＿＿＿。

如果举行假面舞会，我愿意扮作＿＿＿＿，因为＿＿＿＿＿＿＿＿＿＿＿。

评估一下对自己的陈述是积极的还是消极的。在列出的每句话的后面画（＋）或（－）。加号"表达了对自己肯定满意的态度"，减号则相反，表示"对自己不满意否定的态度"。看看减号与加号的数量是多少。如果加号多于减号说明自我接纳状况良好。相反，则表示不能很好地接纳自己，自尊程度较低，这时需要内省一番，寻找问题的根源。

【阅读思考】林书豪的梦想可以复制

这个刚刚加入NBA两年、拿着最低工资的"临时工"，却带领状态低迷的纽约尼克斯队连创佳绩，登上《时代》杂志封面，迅速成为风靡全美及全中国的体育明星。其华裔背景让他成为继姚明之后又一位令中国体育迷备感骄傲的篮球运动员，但他身后的故事，却要比姚明更加曲折。

林书豪并非出身篮球世家，他的父母身高都在1.68米左右，20世纪70年代中期从中国台湾移民到美国。两个人从未参与过任何有组织的篮球赛，但他们会看NBA的比赛。母亲是"J博士"的粉丝；而父亲林继明则会每周3次带着3个儿子到篮球场上打球。

初进高中时，林书豪只是一个1.60米高和56.7公斤重的瘦弱球员，一点儿都不起眼。不过到了高中最后的一年，他已长到1.85米，并且带领帕洛阿尔托高中夺取了马萨诸塞州二级赛的冠军，令全美知名篮球高中天主圣母高中不得不俯首称臣，而林书豪本人也初露峥嵘。而且和大多数有篮球天赋的球员不一样的是，林书豪的学习成绩非常好，他在美国大学入学测验数学甚至拿到了满分。

林书豪当年虽然是北加州高中二级赛的最佳球员，不过当年申请NCAA(美国篮球大学联盟)第一级学校的奖学金时，还是受尽了白眼。因为那些名校的教练都不相信一名亚洲裔学生能成大器。这大概就是目前在美国大学NCAA第一级的学校中，亚裔学生只占4%的原因。

经过4年的努力，现在的林书豪凭借自己的努力可谓在NBA小有成就，也让当年看不起他的那些大学教练大吃"后悔药"。

因为不出众的身体素质被认定无法打好球—被名牌大学斯坦福拒绝—因亚裔身份被歧视嘲讽—成为NBA落选秀—试训遭忽视—4度被下放至NBDL—2度遭勇士火箭裁员—2个赛季辗转4支球队—第一场爆发比赛前一夜睡沙发……这些是林书豪成名之前背后的种种艰辛历程，但这名华裔控卫一直坚持将篮球继续到底，从未放弃追求梦想，终于开启了自己真正的NBA之旅，但更多的考验，还在后头……

而林书豪也通过自己故事告诉我们，不管你的天资如何、不管周围人对你的眼光，只要你不断努力，奋发向上，就会创造奇迹！

（资料来源：中国文明网，有改动）

问题：

你认为林书豪成功的主要原因是什么？

_____

_____

第一节　性格与职业性格

【案例故事】

人的性格可以改变吗

阿涛是一家美资企业人力资源总监助理，今年2月10日到的这家公司。几个月来工作本身还得心应手，但与上司的距离感觉总是很远，有时发生很小的意见冲突，事后总是想像什么事都没有发生过的那样相处，却发现距离还是更加疏远了。一段时间以来，这种心理压力大大影响了阿涛的工作心情，他也忧虑自己在这个公司还有没有前途！阿涛来找职业规划师陈老师咨询："与上司的关系还能不能搞好？人的性格可以改变吗？我是否应该跳槽？跳槽还做本行吗？"

陈老师回答说："我相信'江山易改、本性难移'的古训，这是中国人几千年来对人性的反省和研究的最后总结。性格和天赋是一个人油然产生并贯穿始终的思维、感觉或行为模式。现代神经学的最新研究表明，一个人的性格和天赋到15岁时就已基本定型了。16岁以后，性格可以有一些改变，但只能是表面的改变，不会有根本的变化。我们最近的两个案例就很明显地说明了性格是否可以改变的问题。

"一个是中国最有影响力的期刊排名第一的编辑、两本畅销书的作者，中学以前给人的印象是比较内向，而他现在的朋友普遍对他的印象是外向。我通过与他沟通和测试，得出结论：你是偏内向的。他说：'如果我的朋友听说我是内向性格，会哈哈大笑!'但是他承认自己骨子里仍然是内向性格，现在工作中感觉有压力也与自己的性格有关，所以找职业规划师咨询，看自己是否适合走学术研究的方向。"

"还有一个职业女性，35岁，育有一个小孩，一直在外资企业从事人事行政工作，给我的第一印象是比较外向的，测试结果却是偏内向。通过与她沟通，确定她的性格还是内向型。但就像她所说，自己与陌生人打交道没有什么障碍，虽然不是有需要不会主动与陌生人打交道。这就是说：因为她在多年与人打交道的过程中学习并培养了与人打交道时需要的亲和力，并有了良好的品格修养，所以与人打交道时看起来比较外向，但骨子里仍然是喜欢独处的人。她与人打交道的风格有明显的改变，但本性并没有变，所以仍应根据其内向型性格和天赋进行职业定位。"

陈老师通过测试和沟通，把握了阿涛的性格倾向和天赋，结论是：换公司、换行业都不能解决他的根本问题，阿涛的性格决定了他不习惯被领导，不适合独立性不大的工作。所以必须换岗位，从事培训等独立性较强的职业。后来，阿涛没有跳槽，向总经理申请做了培训主管，终于找到了游刃有余的感觉。

（资料来源：职业规划网，有改动）

点评：

可以改变的是人的品格。我们需要注意区分性格与品格。我们通常说的人的个性可以分为性格和品格，性格不能根本改变，但品格是可以通过修养而改变的。品格包括一个人是否诚实、是否乐于帮助别人、是否对金钱放得开等。古今中外立大志者，都很注重自己的品格修养。另一方面，成大事者各种性格都有。因为不同的职业要求不同的性格。任何一种性格类型既是缺点也是优点，就看用在什么地方。所以，我们应该将重点放在完善自己的品格修养上，而不是殚精竭虑地改变自己的性格。

一、性格与职业性格的概念

在心理学上，性格是指表现在人对现实的态度和相应的行为方式中的比较稳定的、具有核心意义的个性心理特征，是一种与社会相关最密切的人格特征。性格表现了人们对现实和周围世界的态度，并在一个人的行为举止中得以体现。

性格是在后天的成长环境和教育环境中逐渐形成的、比较稳定的，对人、对事、对自己的独特的行为方式和个性倾向。开朗、直率、热情、慢性子、急脾气、健谈、木讷等，都是用来形容性格的。但是，性格并非全部是别人能看清楚、自己也很明白的，有些性格不但不容易看清楚，有时候还有迷惑性，容易让人以为是另一种性格，因此，性格具有复杂性。每个人的性格都不同，俗话说，"一龙生九子，九子各不同"，因此，性格具有独特性。

职业性格是指人们在长期特定的职业生活中所形成的与职业相联系的、稳定的心理特征。例如，有的人对待工作总是一丝不苟，踏实认真；在待人处事中总是表现出高度的原则性、果断、负责；在对待自己的态度上表现为谦虚、自信，严于律己等，所有这些特征的总和就是一个人的职业性格。

【二维码链接】如何塑造良好的性格

二、影响职业性格的因素

一个人的职业性格是在各种内外因素的影响下形成和发展变化的。其中，最重要的3个影响因素是家庭因素、自身因素和职业因素。

（一）家庭因素

家庭对一个人的影响体现在方方面面，对职业性格的形成和发展来说，也不会例外。在父母言传身教的影响下，孩子会经常观察和模仿其家长的行为，这样在子女身上会逐步表现出父母身上的某些性格特征。在现实生活中，人们容易看到，一些家庭几代人在性格、信仰、能力方面有很多相似之处。

（二）自身因素

自身因素主要指外表和身体的机能对个人的职业性格的影响。人的容貌、体形的好坏对人的性格会产生直接影响。身体外部条件比较好的人容易产生愉快、满足之感，这种自豪感容易使人产生积极向上、活泼开朗的外向性格。反之，容易形成一种心理压力，甚至产生自卑感。除此之外，年龄也会对一个人的性格产生影响，不同的年龄段，随着个人思想发展、知识面扩大和经验增加等都会对性格产生不同程度的影响。

（三）职业因素

当一个人从家庭、学校到最终走上社会后，为了适应日益扩大的生活领域和人际交往，在反复学习担当各种新角色、新工作之后，其行为方式和对事物的态度影响并改变着某些职业性格特征。职业的种类、劳动报酬、荣誉、与领导和同事的关系都会对职业性格的变化起着重要作用。例如，人际关系的协调，领导的信任，事业的得心应手，都会使一个人的才能得到充分的发挥，情绪饱满，容易显示出积极、主动、活泼、热情的职业性格。

【二维码链接】哪些职业会对人的性格造成长期负面的影响

【体验活动】菲尔人格测试

1. 你何时感觉最好？

    A. 早晨

    B. 下午及傍晚

    C. 夜里

2. 你走路是

    A. 大步地快走

    B. 小步地快走

    C. 不快，仰着头面对着世界

    D. 不快，低着头

    E. 很慢

3. 和人说话时你

    A. 手臂交叠站着

    B. 双手紧握着

    C. 一只手或两手放在臀部

    D. 碰着或推着与你说话的人

    E. 玩着你的耳朵.摸着你的下巴或用手整理头发

4. 坐着休息时，你

    A. 两膝盖并拢

    B. 两腿交叉

    C. 两腿伸直

    D. 一腿蜷在身下

5. 碰到令你发笑的事情时，你的反应是

    A. 欣赏地大笑

    B. 笑着，但不大声

    C. 轻声地笑

    D. 羞怯地微笑

6. 当你去一个聚会或社交场合时你

    A. 很大声地入场以引起注意

    B. 安静地入场，找你认识的人

    C. 非常安静地入场，尽量保持不被人注意

7. 当你非常专心工作时，有人打断你，你会

    A. 欢迎他

    B. 感到非常恼怒

    C. 在上述两极端之间

8. 下列颜色中，你最喜欢哪一种颜色？

    A. 红或橘黄色

    B. 黑色

    C. 黄色或浅蓝色

    D. 绿色

    E. 深蓝色或紫色

    F. 白色

    G. 棕色或灰色

9. 临入睡的前几分钟，你在床上的姿势是

    A. 仰躺，伸直

    B. 俯卧，伸直

    C. 侧躺，微蜷

    D. 头睡在一条手臂上

    E. 被子盖过头

10. 你经常梦到自己

    A. 落下

B. 打架或挣扎

C. 找东西或人

D. 飞或漂浮

E. 你平常不做梦

F. 你的梦都是愉快的

评分标准：

1. A2　B4　C6

2. A6　B4　C7　D2　E1

3. A4　B2　C5　D7　E6

4. A4　B6　C2　D1

5. A6　B4　C3　D2

6. A6　B4　C2

7. A6　B2　C4

8. A6　B7　C5　D4　E3　F2　G1

9. A7　B6　C4　D2　E1

10. A4　B2　C3　D5　E6　F1

分析：

总分低于21分：内向的悲观者。大多数公司不喜欢这类性格。

21分到30分：缺乏信心的挑剔者。适合编辑、会计等数字和稽核工作。

31分到40分：以牙还牙的自我保护者。有最广泛的适应性。

41分到50分：平衡的中道者。适合人力资源工作。

51分到60分：吸引人的冒险家。适合市场开发与销售工作，适合独当一面。

60分以上：傲慢的孤独者。通常很有才华，但与人沟通功夫欠佳，可做研发指导工作。

第二节　职业性格与职业发展

【案例故事】

根据性格定职位

一位老板想从值得信任的甲、乙、丙3位助手中，选拔他们分别负责管理财务、推广业务、负责策划的工作。这位老板想了解3位助手的性格特点，根据性格分配适合的工作。于是他安排3位助手下班后留在公司与他一起研究问题，在这期间，故意制造了一起假火灾，以便观察他们3人的性格特点。结果发现，在火灾面前3人的表现完全不同。甲说："我们赶快离开这里再想办法。"乙一言不发，马上跑到墙角拿起灭火器去寻找火源。丙则坐着不动，说："这里很安全，不可能有火灾。"老板通过3位助手各自的行为表现，找到了满意的答案。

他认为，甲首先离开危险区，保持不败之地，表现了性格的客观、谨慎、稳重、老练；乙积极向危险挑战，抢先救火，忠于公司，表现了性格的勇敢、大胆、敏捷、果断，也敢于冒险；丙对公司的安全早有全面了解和信心，甚至可能是才智过人，早已看出这是一出"戏"，表现了性格的沉着冷静、深谋远虑、胸有成竹。老板通过自己的观察，根据他们的性格特征，分别将甲、乙、丙安排在不同的岗位上，发挥他们的性格优势，以做到人尽其才。他认为甲的性格适合管理财务工作，乙的性格适合业务推广工作，丙的性格适合筹划和后勤工作。因此，在选择和安排职业时，如果善于把人的性格特征和职业特点结合起来考虑，就可以更好地发挥人的性格优势和潜能，提高人的主观能动性，从而获得较高业绩和效率。

（资料来源：原创力文档网，有改动）

点评：

人的性格类型与职业之间具有关联性。主要表现在不同的性格类型对不同的职业有着不同的适应性，如科技人员的创新、百折不挠和刻苦实干，医务人员的一丝不苟和精益求精，管理干部的长于沟通和善解人意，等等。但也要注意大多数的职业并不一定过分强调与性格之间的严格对应，因为，不同类型的性格在同一职业领域中能够有各具特色的表现，同一性格的人在不同的职业领域中也会有各具魅力的展示。大学生应理性分析自己的性格特征，正确对待自己的性格与职业选择。

一、性格对职业选择的影响

职业心理学研究表明，性格影响着一个人对职业的适应性，一定的性格适合从事一定的职业，同时，不同的职业对人有不同的性格要求。因此在选择职业时，还要考虑自己的职业性格特点，考虑职业对人的性格要求，根据自己的性格特点选择最易适应的职业，或改变自己的性格特点来适应职业的要求。

职业心理学家勃兰特曾经做过一个实验。他追踪调查了一批大学毕业生，将他们的性格、在校学习成绩、智力与他们毕业5年后的收入做了一下比较，结果显示：事业成功和智力的相关度是0.18，和学习成绩的相关度是0.32，与性格的相关度是0.72。这个实验实证了事业成功与否与个人的性格是否适合此项事业的关联度最高。也就是说，当一个人所做的工作与自己的性格越契合，他事业成功的可能性越大。

研究表明，性格影响着一个人对职业的适应性，一定的性格适合从事一定的职业，同时，不同的职业对人有不同的性格要求，如表4-1所示。

表4-1　不同性格对职业的影响

性格类型	性格特征	适合的职业
变化型	在新的或意外的情境中感到愉快，喜欢有变化和多样化的工作，善于转移注意力。	记者、推销员、演员等
重复型	善于从事连续工作，按固定的步骤办事，喜欢重复的、有规律的、有标准的工作。	纺织工、机床工、印刷工等
服从型	愿意配合别人或按别人指示办事，而不愿意自己独立做出决策，承担责任。	办公室职员、秘书、翻译等
独立型	喜欢计划自己的活动和指导别人活动或对事情做出决定，喜欢独立负责的工作情境。	管理人员、律师、警察等
协作型	在与人协同工作时感到愉快，善于引导别人，并想得到团队成员的喜欢。	社会工作者、咨询人员等
机智型	在紧张或危险情况下能自我控制，发生意外时不慌不忙，善于应对并完成任务。	驾驶员、飞行员、公安员、消防员等
表现型	喜欢表现喜好和性格，根据个人感情做出选择，通过工作来表达自己的思想。	演员、诗人、音乐家、画家等
严谨型	注重工作过程中各个环节、细节的精确性。愿意按规程和步骤工作，严谨，追求完美。	会计、出纳员、统计员、校对员、图书档案管理员等

【二维码链接】性格真的能决定命运吗

二、性格与职业生涯发展的关系

每个人都有着不同的做事方式，即形成每个人不同的做事习惯，这不同的习惯成就了每个人不同的性格。"性格决定命运"，性格对职业的选择以及职业生涯的成功有着重大的影响。

许多职业的确对性格有着特定的要求，要选择某一职业就必须具备这一职业所要求的性格特征。比如律师这一职业，就需要有逻辑思维严密、喜欢独立思考的性格；而财会、统计、档案一类的职业则需要有相对严谨、踏实的性格；从事绘画、音乐、演艺等职业的人，则必须具有热情奔放、跳跃思维的性格。可以说，从事任何一种职业都需要与之匹配的职业性格，相符的职业性格有助于更好地完成工作。

当然除了少数职业对性格类型有着近乎苛刻的严格要求外，大多数职业并不一定过分强调性格与职业之间的严格对应。因为不同的性格类型可能在同一个职业领域发挥出不同的作用，而同一性格类型的人在不同的职业领域也可能会出现各具特色的表现。

性格特征与生涯规划的关系是很密切的，所以要规划自己的职业生涯，首先需要了解自己具有什么样的性格特征。

【二维码链接】性格与职场

【体验活动】赖氏人格测试

赖氏人格测验是帮助自己更加了解自我人格特质的方式之一。

表4-2 赖氏人格测验12项分测验等级表

内向文静、工作、动作缓慢。不喜欢活动，喜欢独处。瞻前顾后考虑太多，很难下决心。	活动性弱 ←→ 活动性强 G 1 2 3 4 5 G	喜欢热闹、健谈、工作迅速、动作敏捷、乐在参与活动。有贸然下决心倾向，不考虑就行动。
积极性低、主导性弱，在团体中不主动表示意见；倾向被动及服从。	服从性 ←→ 领导性 A 1 2 3 4 5 A	自我导向，在团体里主动、积极，意见主导性强。乐于指挥、领导。在别人面前说话，不觉得不自在或害羞，乐于为团体服务，善于待客。
较封闭、不喜欢与人接触、交谈、闲聊、互动。参加社交活动，常孤独地坐在一旁。	社会内向 ←→ 社会外向 S 1 2 3 4 5 S	善于人际交往、适应力强，喜欢社交活动。喜爱和人接触交谈闲聊，喜欢被人注目。
做事谨慎、爱思考，有思考习惯。对事情喜欢三思后行，从长计议。	思考内向 ←→ 思考外向 T 1 2 3 4 5 T	思考不精密、粗枝大叶，不会三思而后行。做决定较草率、不谨慎。
常怕事情做不完、做不好。做事迅速、有动力、有活力，心情常处于紧张状态。	忧虑的 ←→ 安闲的 R 1 2 3 4 5 R	无忧无愁，随遇而安，做事及处理问题较缓慢，易保持心情平稳愉快。
较不会坚持己见，可以接受别人的建议。追求实际、理性、接受现实，社会适应性较高。	客观的 ←→ 主观的 O 1 2 3 4 5 O	固执不接受别人的建议；自我意识较强、成见较深，社会适应性较低。
随和、安于现状、有协调能力，喜欢团队合作。	习调的 ←→ 不协调的 Co 1 2 3 4 5 Co	不愿和他人合作，对事物喜好挑剔，常常抱着不满的态度，社会适应性较低。
消极、退缩、不主动。无反抗心理，不易与别人发生冲突。	攻击性弱 ←→ 攻击性强 Ag 1 2 3 4 5 Ag	较自我导向、有企图心、一意孤行，具敌意反抗心理，对人有时会不友善，受到伤害或攻击时会反抗，易与别人发生冲突。
乐观、开朗。心情常写在脸上，有话就说，不会闷在心里，喜欢聊天、八卦。	抑郁性小 ←→ 抑郁性大 D 1 2 3 4 5 D	闷闷不乐，悲观、忧愁、消极，情绪安定性较低，心中烦恼不易表露出来。

规划未来——大学生体验式生涯发展与规划

情绪稳定、不感情用事，不随事情发展波动。	变异性小←→变异性大						心情变动、情绪转变起伏很大，易感情用事，容易冲动。
	C	1	2	3	4	5	C
很有自信、有自恋倾向，常自卖自夸，不受人影响。	自卑感弱←→自卑感强						缺乏信心，对自己的能力与评价较低，易受人影响。
	I	1	2	3	4	5	I
不拘小节、大而化之，神经大条没有反应，情绪安定，不易发怒。	神经质低←→神经质强						对他人评价过于敏感，反应易过度，会为小事烦恼，受刺激而发怒。
	N	1	2	3	4	5	N

表4-3 赖氏人格测验五种性格特质类型表

系统值		判断方法	性格特征	特质说明
A型	中中中		好好先生 差不多先生	这类型是一个平凡的人，懂得"中庸之道"，凡事皆不会太过与不及。人格特质都处于中间等级，既不外向也不内向、人际关系不太好也不太坏、情绪起伏不大也不算太稳定。但仍可从其在各量表上，有些等级在1和2，或4和5者解释该量表所代表的人格特征。
B型	右右右		喜活动 主动积极 会争取权益	这类型的人既外向又好动，精力充沛、不安定，情绪起伏大，不适应社会规范。当生活不如意时，不太容易控制自己的脾气，会产生反社会行为，与人发生冲突。若环境不好或智力低，就容易有犯罪趋向。如何在交际中温和地表达自己的想法，尝试与人协调意见，将会是此类型人的人生中的重要课题。

系统值	判断方法	性格特征	特质说明
C型	左 左 左	遵守规矩 接受指挥	这类型的人较内向、内敛、随和、被动，需要别人主动了解他们的优点。冷静思考、遵守规定、服从指挥、情绪稳定，在团体中是守规范、听话的乖乖牌。适合担任室内工作，不宜任公司的推销员或外务员。
D型	中右 左左 左左	领导 决策	这类型的人性格外向又好动，情绪稳定，适合担任团体中的指导者、领导者。在求学时代，可能有机会当班上干部，是班级的领导人物。出社会后，在工厂是中级以上的优良职员，也适合担任室外工作、推销、外务员、决策人员等需要高度人际沟通技巧的工作。
E型	中左 右右 右右	自我脆弱 容易自责 意志不坚 易受影响	这类型的人性格内向不好动，自我控制力弱、紧张、焦虑、缺乏信心、情绪不稳定、闷闷不乐。因为较没自信，意志不坚、自我软弱、不安定、不适应等情绪不向外发泄，在遇到挫折时，有自责、自罚的倾向。这样的人大多相当内敛，也比较害羞，很容易产生非社会行为问题，所以同学们在与其相处时应多给予关心和鼓励，以帮助其建立自信。要多找人聊天，抒发内心情感。
F型	复合型	ABCDE	拥有两种以上类型的性格特质

第三节　MBTI性格理论及测评

【案例故事】

内向性格的十大职场优势

最近美国一项研究发现，性格内向的人也许结交不是很广泛，但他们在工作上却有着外向人无法企及的长处。研究发现，内向害羞大多与生俱来，而且，性格内向的人在工作中更容易成功。性格内向的人更容易获得成功，许多人认为这是一种谬谈，因为在大多数人眼中，成功人士，一般都能言善辩、能说会道、临危不惧，面对大众侃侃而谈。然而这就代表必然的成功吗？其实不然，虽然内向的人结交不是十分广泛，不过据调查显示，在工作成功的人士中，内向成功者大大高于外向性格。为什么呢？

1. 他们总是在倾听

每个人都知道内向的人特别安静，特别是和一大群人在一起，这尤为突出。

那他们和一大群人在一起的时候做什么呢？其实，他们是在倾听。内向的人能够坐在一大群互相聊天的人们中间，同时收听不同的谈话。

如果你在寻找能够认真倾听的人，内向的人首当其冲。

2. 他们会认真考虑事情

内向的人不会未加思考就着手去做。他们天生就谨慎，特别是有危险的事。内向的人会尽可能地提前准备，因为他们不希望突然看到不好的结果。对于想要招聘一个有头脑并会提前做准备的人的机构来说，这是非常有价值的一个特点。

3. 他们善于观察

内向的人不仅仅是一个很好的倾听者，他们还会特别注意他们的环境和周边发生的事情。因为他们善于观察，能够注意到他人的成败，并选择去做那些让他们成功的事情，规避不能做的事情。

4. 他们有自知之明

内向的人尤为有自知之明，往往想的是别人怎么看他们的。大多数内向的人希望被认真地对待，因此，他们会认真地想他们做得如何。他们不太会去参与任何会让他们感到尴尬或让他们的雇主感到尴尬的活动。

5. 他们斟字酌句

内向的人不会轻易地参与公开的讨论。如果他们被迫要参与到讨论中，他们可能会结巴，内向的人总是在倾听，思考在谈话中说什么。

他们会小心地说话。当内向的人有机会说话的时候，他们会字斟句酌，希望说出的是重点。

6. 他们敏感

内向的人的敏感既是他们的优势，也是他们的劣势。内向的人做的事和处于某种严肃的关系中需要敏感的时候，则是优势。

因为他们能够深入地感知，近乎与他们的感知一致。对于领导者而言，这是宝贵的财富，因为他们能够周到地考虑到下属的需求。

7. 他们有创新力

内向的人比外向的人更自省，能够花费数小时思考不同的事情，这并不稀奇。

内向的人更善于思考，这也使得他们更有创造力。他们总是在想象，在联想。

J.K.罗琳是一位内向的作家，她创作的"哈利·波特系列"勾勒出的鲜明的人物、童话般的世界，使其小说成为世界受欢迎的小说之一。

8. 他们独立

内向的人富有创造力，部分源于他们能够独立地勤奋工作。

他们是一个团队中有价值的一员，他们喜欢独自工作。

罗琳的"哈利·波特系列"由7本小说构成，每一本小说的故事都错综复杂，这也意味着罗琳需要独自花大量的时间来撰写故事情节。内向的人能够独立完成一项工作，这一点是可信的。

9. 他们值得信任

手头上有一些信息想要分享给他人，但是你又不想大肆宣扬。

内向的人更加的自省，更谨慎行事，他们就不太会去宣扬他人的秘密。

因为内向的人看待感情更加的认真，他们担心如何被别人看待，内向的人更可靠，更值得信任。

10. 他们是伟大的沟通者

美国总统巴拉克·奥巴马曾被认为是一个内向的人，但是他也是一个需要定期在一大群人面前演讲的人，他在这一点上做得很不错。

内向的人在公众演讲上做得很好，很多人对此感到惊讶。原因就在于他们花了很多的时间准备，尽可能地确保展示最佳状态，被同行认可。

内向的人或许不是最外向型的人，但是结果显示出外向的性格并不是他们真正所需。上述阐释的内在的特长、内向的人通常能够获得更大的成功。

（资料来源：排行榜大全网，有改动）

一、MBTI性格理论

MBTI全称Myers-Briggs Type Indicator，是一种迫选型、自我报告式的性格评估工具，用以衡量和描述人们在获取信息、作出决策、对待生活等方面的心理活动规律和性格类型。它以瑞士心理学家Carl Jung的性格理论为基础，由美国的Katherine C Briggs和Isabel Briggs Myers母女共同研制开发。

MBTI从4个维度考查个人的偏好倾向，以区分人与人之间的差异，这4个维度为：

1. 精力支配：Extraversion（E） vs. Introversion（I）
   外向　　　　　　　内向
2. 接受信息：Sensing　（S） vs. Intuition　（N）
   感觉　　　　　　　直觉
3. 判断事物：Thinking　（T） vs. Feeling　（F）
   思考　　　　　　　情感
4. 行动方式：Judging　（J） vs. Perceiving　（P）
   判断　　　　　　　知觉

其中两两组合，可以组合成16种性格类型，如表4–4所示。

表4–4 MBTI性格类型与匹配的职业

ISTJ 内倾感觉思维判断 稽查员	ISFJ 内倾感觉情感判断 保护者	INFJ 内倾直觉情感判断 咨询师	INFP 内倾直觉情感知觉 治疗师、导师
ESTJ 外倾感觉思维判断 督导	ESFJ 外倾感觉情感判断 供给者、销售员	ENFJ 外倾直觉情感判断 教师	ENFP 外倾直觉情感知觉 倡导者、激发者
ISTP 内倾感觉思维知觉 操作者、演奏者	ISFP 内倾感觉情感知觉 作曲家、艺术家	INTJ 内倾直觉思维判断 智多星、科学家	INTP 内倾直觉思维知觉 建筑师、设计师
ESTP 外倾感觉思维知觉 发起者、创设者	ESFP 外倾感觉情感知觉 表演者、演示者	ENTJ 外倾知觉思维判断 统帅、调度者	ENTP 外倾直觉思维知觉 企业家、发明家

MBTI性格类型系统中有四种性格倾向组合，这四种组合是：

（一）直觉 + 思考 = 概念主义者

比尔·盖茨　　　　　　阿尔伯特·爱因斯坦　　　　　玛格丽特·撒切尔

图4-1　概念主义者

概念主义者自信、有智慧、富有想象力。他们的原则是所有的事情都要做到最好。他们天生好奇，喜欢不断地吸取知识，能够看到同一问题的多个不同方面，习惯于全面地思考问题和一分为二地看待问题，从而对真实或假设的问题构思出解决方案。

概念主义者是四种类型中最独立的一种人。他们工作原则性强、标准高，对自己和对别人的要求都很严格。他们不会被别人的冷遇和批评干扰，喜欢以自己的方式做事。

概念主义者喜欢能提供自由、变化和需要有较高的智力才能完成的工作。他们喜欢看到自己的想法能够得到实施，喜欢与有能力的上司、下属、同事共事。许多概念主义者推崇权力，易于被有权力的人和权力地位所吸引。

【案例】

当比尔·盖茨还只有13岁的时候，就对学校的那台新电脑产生了浓厚兴趣。他逃掉数学课，偷偷溜到机房，沉浸在电脑编程的世界里。就是在这一年，他第一次编程出一个能让人和电脑一同游戏的小软件。机器对他来说仿佛是有魔力的。上机的时间对每个学生是有限的，他就和几个同学在电脑里植入Bug，让上机次数变成无限。当学校管理人员发觉到他的才华之后，他开始为学校编写程序，给学生安排班级。他还偷偷改进程序，把自己安排到女生最多的班级去。后来他以极其优异的成绩从中学毕业，进入哈佛大学。他编写的算法解决了一个一直难以解决的编程问题，运算速度纪录保持了30多年。在哈佛读书的那段时期，他一直没有非常明确的专业计划，而是把大部分时间都投入到研究电脑里去。后来，他在大三的时候，看到了软件行业的广阔前景，说服父母支持自己辍学创业，并在一年之后发布震惊当时IT业的《致爱好者的公开信》，提出软件的知识产权保护。从此，比尔·盖茨在复杂的软件世界里如鱼得水、天马行空，并长期占据世界富人前列的位置。同时，一个伟大的公司慢慢崛起，那就是我们熟知的微软。

比尔·盖茨就是一个典型的概念主义者。

（资料来源：腾讯网，有改动）

（二）感觉＋感知＝经验主义者

迈克尔·乔丹

玛丽莲·梦露

巴勃罗·毕加索

图4-2　经验主义者

经验主义者关注五官带给他们的信息，而且相信那些可以测量和证明的东西；同时喜欢面对各种各样的可能性，喜欢自由随意的生活方式，是反应灵敏和自发主动的一种人。

经验主义者是四种类型中最富冒险精神的。他们最可贵的地方在于机智多谋，令人兴奋，而且很有趣。他们为行动、冲动和享受现在而活着，一想到某件事情就有立即去做的冲动，而且喜欢一气呵成，一口气把事情做完，但又不喜欢太长时间做同一件事情。

经验主义者喜欢可以提供自由、变化和行动的工作，喜欢那些能够有及时效果的工作，他们以能够巧妙而成功地完成工作为乐。由于他们喜欢充满乐趣地生活，无论做什么必须让他们感到高度的乐趣，这样才能令他们感到满意。

（三）直觉＋情感＝理想主义者

列宁

夏洛蒂·勃朗特

甘地

图4-3　理想主义者

理想主义者感兴趣的是事物的意义、关系和可能性，并基于其个人的价值观念做出决定。他们做人的原则是：真实地面对自己。

理想主义者是四种类型中精神上最具哲理性的人，乐于接受新的思想，善于容纳他人。他们非常崇尚人与人之间和各种关系中的真实和正直，容易将别人理想化。

对理想主义者而言，一份好工作应该是对他们个人很有意义的工作，而不是简单的常规工作或只是一种谋生手段。他们喜欢民主、能够激励各种层次的人们高度参与的组织，会被那些促进人生价值的组织或那些允许他们帮助别人完成工作的职业所吸引。

【案例】

乔布斯是一个让大家又爱又恨的天才。他在公司里经常莫名其妙地愤怒，甚至董事会成员中有一位不插手任何其他事务，专门负责帮助处理乔布斯的人际关系。他的员工很委屈，只要产品不能达到他完美的期望，就会被劈头盖脸地大骂一通。员工只要和他碰巧坐了同一个电梯就会提心吊胆。他永远不愿意改变自己的形象，无论是去公司上班还是和总统吃饭，他都一身黑毛衣和牛仔裤，显得特别格格不入。硅谷是创业者云集的地方，可他和大部分创业者都玩不到一块儿去，比较孤僻。他一度拒绝承认和自己的第一个女儿Lisa的关系，甚至声称自己毫无生育能力，不提供女儿的抚养费。甚至还有传闻说他从来不给自己的车上牌照，还总是占用残疾人车位，被拖车无数次。

但是，他无异于是一个教主。每一次苹果的产品发布会都由他亲自演示，每一个苹果的新闻都能激起轩然大波。如果其他公司和品牌的市场宣传算是优秀的话，苹果的市场宣传和公关造势则算是卓越的。每一次苹果的新产品上市，都有人提前一晚通宵在苹果店门前排队等候。甚至很多年轻人都在自己身上纹上苹果的标志，以示对苹果的忠诚。他对产品的完美和简洁的追求永无止境。他甚至会走进一个部门，一声不吭地拿起笔在白板上画出一个方框，说，这个产品就是要这么简洁方便，把需要处理的东西拽进框内，一切就搞定了，不要其他多余的复杂的程序。毋庸置疑，没有乔布斯，就没有苹果的今天。

乔布斯是一个典型的NF理想主义者。

（资料来源：腾讯网，有改动）

（四）感觉＋判断＝传统主义者

乔治·布什　　　乔治·华盛顿　　　维多利亚女王　　　伊丽莎白女王

图4-4　传统主义者

传统主义者相信事实、已证实的数据、过去的经验和"五官"所带给他们的信息，喜欢有结构有条理的世界，喜欢做决定，是一种既现实又有明确目标的人。

传统主义者是四种类型中最传统的一类。他们重视法律、秩序、安全、得体、规则和本分。他们尊重权威、等级制度和权力，而且一般具有保守的价值观。他们很有责任感，而且经常努力去做正确的事情，这使他们可以信赖和依靠。

传统主义者需要有归属感，需要服务于别人，需要做正确的事情。他们注重安稳、秩序、合作、前后一致和可靠，而且严肃认真，工作努力。他们在工作中对自己要求十分严格，而且希望别人也是如此。

【案例】

苏联有个名叫亚历山大·亚历山德罗维奇·柳比歇夫的教授。他生前发表了70来部学术著作。各种各样的论文和专著，他一共写了五百多印张，等于12500张打字稿。即使以专业作家而论，这也是个庞大的数字。他的知识面很广，比如谈起英国的君主制度，他能够说出任何一个英国国王临朝秉政的细节；说到宗教，不管是古兰经、犹太传经，还是罗马教廷的源流、马丁·路德的学说、毕达哥拉斯学派的思想……他都如数家珍。他博学精深，但他又是每一个狭隘领域的专家。单单地蚤分类这一项，工作量就颇为可观：到1955年，柳比歇夫已收集了35箱地蚤标本，共13000只。其中5000只公地蚤做了器官切片。总计300种。这些地蚤都要鉴定、测量、做切片、制作标本。他收集的材料比动物研究所多5倍。他对跳甲属的分类，研究了一生。

是什么造就了这样不可思议的成就？

翻开柳比歇夫的日记，一切变得明晰。他从1916年开始记日记，一天也没有间断过。其实那可以不算是日记，而是一个个时间明细账：

乌里扬诺夫斯克。1964年4月7日。

分类昆虫学（画两张无名袋蛾的图）：3小时15分

鉴定袋蛾：20分（1.0）

附加工作：给斯拉瓦写信：2小时45分（0.5）

社会工作：植物保护小组开会：2小时25分

休息：给伊戈尔写信：10分

《乌里扬诺夫斯克真理报》：10分

列夫·托尔斯泰的《塞瓦斯托波尔纪事》：1小时25分

…………

基本工作合计：6小时20分。

从1916年到1972年他去世的那一天，五十六年如一日，他以5分钟为单位，一丝不苟地记下他所有的时间支出。他能精确地计算出任何一项研究和工作花费了他多少时间：在《论生物学中运用数学的前景》一文的手稿的最后一页，他写着：

准备（提纲、翻阅其他手稿和参考文献）：14小时30分；

写：29小时15分；

共费：43小时45分共8天；

1921年10月12日至19日。

柳比歇夫就是传统主义者的代表。

（资料来源：精英家教网，有改动）

【二维码链接】MBTI职业性格测试及解析(最完整版)

二、MBTI性格类型测评

性格是人们建立在自己体内的独立王国，作为这个王国的唯一主人，每个人都有责任了解其王国的独特性在什么地方。大学生可以通过以下测评方法来探讨自己的性格类型。

（一）测评说明

1. 请在心态平和及时间充足的情况下才开始答题。

2. 每道题目均有两个答案：A和B。请仔细阅读题目，按照与你性格相符的程度分别给A和B赋予一个分数，并使一组中的两个分数之和为5。最后，请在问卷后相应的方格内填上相应的分数。

3. 请注意，题目的答案无对错之分，同学们不需要考虑哪个答案应该更好，而且不要在任何问题上思考太久，而是应该凭心里的第一反应做出选择。

4. 如果同学们觉得在不同的情境里，两个答案或许都能反映自己的倾向，请选择一个对于自己的行为方式来说最自然、最顺畅和最从容的答案。

例子："你参与社交聚会时"

A. 总是能认识新朋友。（4）

B. 只跟几个亲密挚友待在一起。（1）

很明显，大学生在参与社交聚会时有时能认识新朋友，有时又会只跟几个亲密挚友待在一起，在以上的例子中，同学们给总是能认识新朋友打了4分，而给只跟几个亲密挚友待在一起打了1分。当然也可以是其他的组合。

请在以下范围内一一对应地选择你对以下项目的赋值：

最小 _____ 最大

| 0 | 1 | 2 | 3 | 4 | 5 |

（二）测评题目

1. 当你遇到新朋友时，你

  A. 说话的时间与聆听的时间相当。（　）

  B. 聆听的时间会比说话的时间多。（　）

2. 下列哪一种是你的一般生活取向？

  A. 只管做吧。（　）

  B. 找出多种不同选择。（　）

3. 你喜欢自己的哪种性格？

  A. 冷静而理性。（　）

  B. 热情而体谅。（　）

4. 你擅长

  A. 专注在某一项工作上，直至把它完成为止。（　）

  B. 在有需要时同时协调进行多项工作。（　）

5. 你参与社交聚会时

  A. 总是能认识新朋友。（　）

  B. 只跟几个亲密挚友待在一起。（　）

6. 当你尝试了解某些事情时，一般你会

  A. 先要了解细节。（　）

  B. 先了解整体情况，细节容后再谈。（　）

7. 你对下列哪方面较感兴趣?

    A. 知道别人的想法。（　　）

    B. 知道别人的感受。（　　）

8. 你较喜欢下列哪个工作?

    A. 能让你定出目标，然后逐步达成目标的工作。（　　）

    B. 能让你迅速和及时做出反应。（　　）

下列哪一种说法较适合你?

9. A. 当我与友人尽兴后，我会感到精力充沛，并会继续追求这种欢娱。（　　）

    B. 当我与友人尽兴后，我会感到疲累，觉得需要一些空间。（　　）

10. A. 我较有兴趣知道别人的经历，例如他们做过什么，认识什么人。（　　）

    B. 我较有兴趣知道别人的计划和梦想，例如他们会往哪里去，憧憬什么。

                    （　　）

11. A. 我擅长订出一些可行的计划。（　　）

    B. 我擅长促成别人同意一些计划，并通力合作。（　　）

12. A. 我尝试做任何事前，都想事先知道可能有什么事情发生。（　　）

    B. 我会突然尝试做某些事，看看会有什么事情发生。（　　）

13. A. 我经常边说话，边思考。（　　）

    B. 我在说话前，通常会思考要说的话。（　　）

14. A. 四周的实际环境对我很重要，而且会影响我的感受。（　　）

    B. 如果我喜欢所做的事情，气氛对我而言并不是那么重要。（　　）

15. A. 我喜欢分析，心思缜密。（　　）

    B. 我对人感兴趣，关心他们所发生的事。（　　）

16. A. 一旦订出计划，我便希望能依计行事。（　　）

    B. 即使已订出计划，我也喜欢探讨其他新的方案。（　　）

17. A. 认识我的人，一般都知道什么对我来说是重要的。（　　）

    B. 除了我感觉亲近的人，我不会对人说出什么对我来说是重要的。（　　）

18. A. 如果我喜欢某种活动，我会经常进行这种活动。（　　）

    B. 我一旦熟悉某种活动后，便希望转而尝试其他新的活动。（　　）

19. A. 当我作决定的时候，我更多地考虑正反两面的观点，并且会推理与质证。

                    （　　）

    B. 当我作决定的时候，我会更多地了解其他人的想法，并希望能够达成共识。

                    （　　）

20. A. 当我专注做某件事情时，不希望受到任何干扰。（　　）

B. 当我专注做某件事情时，需要不时停下来休息。（　　）

21. A. 我独处太久，便会感到不安。（　　）

    B. 若没有足够的自处时间，我便会感到烦躁不安。（　　）

22. A. 我对一些没有实际用途的意念不感兴趣。（　　）

    B. 我喜欢意念本身，并享受想象意念的过程。（　　）

23. A. 当进行谈判时，我依靠自己的知识和技巧。（　　）

    B. 当进行谈判时，我会拉拢其他人至同一阵线。（　　）

当你放假时，你多数会：

24. A. 为想做的事情订出时间表。（　　）

    B. 随遇而安，做当时想做的事。（　　）

25. A. 花多些时间与别人共度。（　　）

    B. 花多些时间自己阅读、散步或者发白日梦。（　　）

26. A. 返回你喜欢的地方度假。（　　）

    B. 选择前往一些你从未到达的地方。（　　）

27. A. 带着一些与工作或学校有关的事情。（　　）

    B. 处理一些对你重要的人际关系。（　　）

28. A. 想着假期过后要准备的事情。（　　）

    B. 忘记平时发生的事情，专心享乐。（　　）

29. A. 参观著名景点。（　　）

    B. 花时间逛博物馆和一些较为幽静的地方。（　　）

30. A. 在喜欢的餐厅用餐。（　　）

    B. 尝试新的菜式。（　　）

下列哪个说法最能贴切形容你对自己的看法？

31. A. 别人认为我会公正处事，并且尊重他人。（　　）

    B. 别人相信在他们有需要时，我会在他们身边。（　　）

32. A. 按照计划行事。（　　）

    B. 随机应变。（　　）

33. A. 坦率。（　　）

    B. 深沉。（　　）

34. A. 留意事实。（　　）

    B. 注重事实。（　　）

35. A. 知识广博。（　　）

B. 善解人意。（　　）

36. A. 处事井井有条。（　　）

    B. 容易适应转变。（　　）

37. A. 爽朗。（　　）

    B. 沉稳。（　　）

38. A. 实事求是。（　　）

    B. 富有象力。（　　）

39. A. 喜欢询问实情。（　　）

    B. 喜欢探索感受。（　　）

40. A. 着眼达成目标。（　　）

    B. 不断接受新意见。（　　）

41. A. 率直。（　　）

    B. 内敛。（　　）

42. A. 实事求是。（　　）

    B. 具远大目光。（　　）

43. A. 公正。（　　）

    B. 宽容。（　　）

你会倾向

44. A. 及时处理不愉快的事情，务求把它们抛诸脑后。（　　）

    B. 暂时放下不愉快的事情，直至有心情时才处理。（　　）

45. A. 自己的工作被欣赏，即使你自己并不满意。（　　）

    B. 创造一些有长远价值的东西，但不一定需在别人知道是你做的。（　　）

46. A. 在自己有兴趣的范畴，积累丰富的经验。（　　）

    B. 有各式各样不同的经验。（　　）

哪一句较能表达你的看法？

47. A. 感情用事的人较容易犯错。（　　）

    B. 逻辑思维会令人自以为是，因而容易犯错。（　　）

48. A. 三思而后行。（　　）

    B. 犹豫不决必失败。（　　）

（三）分数汇总

请回过头去看一看你给每个问题所分配的分数。现在那些分数应该像下面所显示那样加在一起：

表4-5　测评分数表

	A	B		A	B		A	B		A	B
1			2			3			4		
5			6			7			8		
9			10			11			12		
13			14			15			16		
17			18			19			20		
21			22			23			24		
25			26			27			28		
29			30			31			32		
33			34			35			36		
37			38			39			40		
41			42			43			44		
45			46			47			48		
总得分											
	E	I		S	N		T	F		J	P

（四）测评解释

以上8个偏好两两成对，也就是说，E和I、S和N、T和F、J和P各自是一对组合。在每一对组合中，比较该组合中的偏好的得分孰高孰低，高的那个就是同学们自身的优势类型。如果同分的话，选择后面的那一组，即I、N、F、P。对4对组合都作以比较后，同学们会得到一个由4个字母组成的优势类型，如ENFP、ISTJ等等，把它写在下面的横线上。

问卷所揭示的优势类型是：＿＿＿＿＿＿＿＿＿＿

在MBTI性格类型测试问卷结果分析中有对4个维度8种偏好的详细描述，认真地自我评估一下，究竟对哪种偏好的描述更接近你自己，然后把结果写在下面。

在E和I这个维度上，我认为更接近我本性的是：＿＿＿＿＿＿＿＿＿＿

在S和N这个维度上，我认为更接近我本性的是：＿＿＿＿＿＿＿＿＿＿

在T和F这个维度上，我认为更接近我本性的是：＿＿＿＿＿＿＿＿＿＿

在J和P这个维度上，我认为更接近我本性的是：＿＿＿＿＿＿＿＿＿＿

自我评价所揭示的优势类型是：＿＿＿＿＿＿＿＿＿＿

两者综合，我确定我的优势类型是：＿＿＿＿＿＿＿＿＿＿

结果说明：＿＿＿＿＿＿＿＿＿＿

每一种性格特征都有其价值和优点，也有缺点和需要注意的地方。清楚地了解自己的性格优劣势，有利于更好地发挥自己的特长，而尽可能地在为人处世中避免自己性格中的劣势，更好地和他人相处，更好地做重要的决策。清楚地了解他人

（家人、同事等）的性格特征，有利于减少冲突，使家庭和睦，使团队合作更有效。总之，只要同学们真实地填写了测试问卷，那么通常情况下都能得到一个确实和自己的性格相匹配的类型。希望同学们能从中或多或少地获得一些有益的信息。

（五）MBTI性格特征及其适应的职业

ENFJ 富有洞察的助人者

性格特点：

（1）热忱、易感应及负责任的——具能鼓励他人的领导风格。

（2）对别人所想或要求会表达真正关切且切实用心去处理。

（3）能怡然且技巧性地带领团体讨论或演示文稿提案。

（4）爱交际、受欢迎及富同情心。

（5）对称许及批评很在意。

（6）喜欢带引别人且能使别人或团体发挥潜能。

适合领域：培训、咨询、教育、新闻传播、公共关系、文化艺术。

适合职业：人力资源培训三任、销售、沟通、团队培训员、职业指导顾问、心理咨询工作者、大学教师（人文学科类）、教育学、心理学研究人员等；记者、撰稿人、节目主持人（新闻、采访类）、公共关系专家、社会活动家、文艺工作者、平面设计师、画家、音乐家等。

ENFP富有同情的探险者

性格特点：

（1）充满热忱、活力充沛、聪明的、富想象力的，视生命充满机会但期望能得到他人肯定与支持。

（2）几乎能达成所有有兴趣的事。

（3）对难题很快就有对策并能对有困难的人施与援手。

（4）依赖能改善的能力而无须预做规划准备。

（5）为达目的常能找出强制自己为之的理由。

（6）即兴执行者。

适合领域：广告创意、广告撰稿人，市场营销和宣传策划、市场调研人员、艺术指导、公关专家、公司对外发言人等。

适合职业：儿童教育老师、大学老师（人文类）、心理学工作者、心理辅导和咨询人员、职业规划顾问、社会二作者、人力资源专家、培训师、演讲家等；记者（访谈类）、节目策划和主持人、专栏作家、剧作家、艺术指导、设计师、卡通制作者、电影、电视制片人等。

ENTJ 迅速的洞察者

性格特点：

（1）坦诚、具决策力的活动领导者。

（2）长于发展与实施广泛的系统以解决组织的问题。

（3）专精于具有内涵与智能的谈话，如对公众演讲。

（4）乐于经常吸收新知且能广开信息管道。

（5）易生过度自信，会强于表达自己创见。

（6）喜于长程策划及目标设定。

适合领域：工商业、政界、金融和投资领域，管理咨询、培训专业性领域。

适合职业：各类企业的高级主管、总经理、企业主、社会团体负责人、政治家等；投资银行家、风险投资家、股票经纪人、公司财务经理、财务顾问、经济学家、企业管理顾问、企业战略顾问、项目顾问、专项培训师等；律师、法官、知识产权专家、大学教师、科技专家等。

ENTP 逻辑的探险家

性格特点：

（1）反应快、聪明、长于多样事务。

（2）具有激励伙伴、敏捷及直言不讳专长。

（3）会为了有趣对问题的两个方面加以争辩。

（4）对解决新及挑战性的问题富有策略，但会轻忽或厌烦经常的任务与细节。

（5）兴趣多元，易倾向于转移至新生的兴趣。

（6）对所想要的会有技巧地找出逻辑的理由。

（7）长于看清楚他人，有智能去解决新或有挑战的问题。

适合领域：投资顾问、项目策划、投资银行、自我创业市场营销、创造性领域，公共关系、政治。

适合职业：投资顾问（房地产、金融、贸易、商业等）、各类项目的策划人和发起者、投资银行家、风险投资人、企业业主（新兴产业）等；市场营销人员、各类产品销售经理、广告创意、艺术总监、访谈类节目主持人、制片人等；公共关系专家、公司对外发言人、社团负责人、政治家等。

ESFJ 实际的助人者

性格特点：

（1）诚挚、爱说话、合作性高、受欢迎、光明正大的——天生的合作者及活跃的组织成员。

（2）重和谐且长于创造和谐。

（3）常做对他人有益事务。

（4）给予鼓励及称许会有更佳工作成效。

（5）最有兴趣于会直接及有形影响人们生活的事务。

（6）喜欢与他人共事去精确且准时地完成工作。

适合领域：无明显领域特征。

适合职业：办公室行政或管理人员、秘书、总经理助理、项目经理、客户服务部人员、采购和物流管理人员等；内科医生及其他各类医生、牙科医生、护士、健康护理指导师、饮食学、营养学专家、小学教师（班主任）、学校管理者等；银行、酒店、大型企业客户服务代表、客户经理、公共关系部主任、商场经理、餐饮业业主和管理人员等。

ESFP 富有同情的回应者

性格特点：

（1）外向、和善、接受性、乐于分享喜乐予他人。

（2）喜欢与他人一起行动且促成事件发生，在学习时亦然。

（3）知晓事件未来的发展并会热烈参与。

（4）最擅长于人际相处能力及具备完备常识，很有弹性，能立即适应他人与环境。

（5）对生命、人、物质享受的热爱者。

适合领域：消费类商业、服务业领域、广告业、娱乐业领域、旅游业、社区服务等其他领域。

适合职业：精品店、商场销售人员、娱乐、餐饮业客户经理、房地产销售人员、汽车销售人员、市场营销人员（消费类产品）等；广告企业中的设计师、创意人员、客户经理、时装设计和表演人员、摄影师、节目主持人、脱口秀演员等；旅游企业中的销售、服务人员、导游、社区工作人员、志愿工作者、公共关系专家、健身和运动教练、医护人员等。

ESTJ 迅速的实践者

性格特点：

（1）务实、真实、享实倾向，具企业或技术天分。

（2）不喜欢抽象理论；最喜欢学习可立即运用事理。

（3）喜好组织与管理活动且专注以最有效率的方式行事以达至成效。

（4）具有决断力、关注细节且很快作出决策——优秀行政者。

（5）会忽略他人感受。

（6）喜欢做领导者或企业主管。

适合领域：无明显领域特征。

适合职业：大、中型外资企业员工、业务经理、中层经理（多分布在财务、营运、物流采购、销售管理、项目管理、工厂管理、人事行政部门）、职业经理人、各类中小型企业主管和业主。

ESTP 逻辑的回应者

性格特点：

（1）擅长现场实时解决问题——解决问题者。

（2）喜欢办事并乐于其中及过程。

（3）倾向于喜好技术事务及运动，交结同行和友人。

（4）具适应性、容忍度、务实性；投注心力于会很快具有成效的工作。

（5）不喜欢冗长概念的解释及理论。

（6）最专精于可操作、处理、分解或组合的真实事务。

适合领域：贸易、商业、某些特殊领域服务业、金融证券业、娱乐、体育、艺术领域。

适合职业：各类贸易商、批发商、中间商、零售商、房地产经纪人、保险经济人、汽车销售人员、私家侦探、警察等；餐饮、娱乐及其他各类服务业的业主、主管、特许经营者、自由职业者等；股票经纪人、证券分析师、理财顾问、个人投资者等；娱乐节目主持人、体育节目评论、脱口秀、音乐、舞蹈表演者、健身教练、体育工作者等。

INFJ 富于同情心的幻想家

性格特点：

（1）因为坚忍、创意及必须达成的意图而能成功。

（2）会在工作中投注最大的努力。

（3）默默强力地、诚挚地及用心地关切他人。

（4）因坚守原则而受敬重。

（5）提出造福大众利益的明确远景而为人所尊敬与追随。

（6）追求创见、关系及物质财物的意义及关联。

（7）想了解什么能激励别人及对他人具洞察力。

（8）光明正大且坚信其价值观。

（9）有组织且果断地履行其愿景。

适合领域：咨询、教育、科研等领域，文化、艺术、设计等领域。

适合职业：心理咨询工作者、心理诊疗师、职业指导顾问、大学教师（人文学科、艺术类）、心理学、教育学、社会学、哲学及其他领域的研究人员等；作家、诗人、剧作家、电影编剧、电影导演、画家、雕塑家、音乐家、艺术顾问、建筑师、设计师等。

INFP 富有洞察的促进者

性格特点：

（1）安静观察者，具理想性与对其价值观及重要之人具忠诚心。

（2）希望外在生活形态与内在价值观相吻合。

（3）具有好奇心且很快能看出机会所在，常担负开发创意的触媒者。

（4）除非价值观受侵犯，行事会具有弹性、适应力高且承受力强。

（5）最想了解及发展他人潜能的企图。想做太多且做事全神贯注。

（6）对所处境遇及拥有不太在意。

（7）具有适应力、有弹性除非价值观受到威胁。

适合领域：创作性、艺术类、教育、研究、咨询类。

适合职业：各类艺术家、插图画家、诗人、小说家、建筑师、设计师、文学编辑、艺术指导、记者等；大学老师（人文类）、心理学工作者、心理辅导和咨询人员、社科类研究人员、社会工作者、教育顾问、图书管理者、翻译家等。

INTJ 富有逻辑的幻想家

性格特点：

（1）具有强大动力与本意来达成目的与创意——固执顽固者。

（2）有宏大的愿景且能快速在众多外界事件中找出有意义的模范。

（3）对所承负职务具良好能力于策划工作并完成。

（4）具怀疑心、挑剔性、独立性、果决，对专业水准及绩效要求高。

适合领域：科研、科技应用、技术咨询、管理咨询、金融、投资领域、创造性行业。

适合职业：各类科学家、研究所研究人员、设计工程师、系统分析员、计算机程序师、研究开发部经理等；各类技术顾问、技术专家、企业管理顾问、投资专家、法律顾问、医学专家、精神分析学家等；经济学家、投资银行研究员、证券投资和金融分析员、投资银行家、财务计划人、企业并购专家等；各类发明家、建筑师、社论作家、设计师、艺术家等。

INTP 富有洞察的分析师

性格特点：

（1）安静、自持、弹性及具适应力。

（2）特别喜爱追求理论与科学事理。

（3）习于以逻辑及分析来解决问题——问题解决者。

（4）最有兴趣于创意事务及特定工作，对聚会与闲聊无大兴趣。

（5）追求可发挥个人强烈兴趣的生涯。

（6）追求发展对有兴趣事务之逻辑解释。

适合领域：计算机技术、理论研究、学术领域专业领域，创造性领域。

适合职业：软件设计员、系统分析师、计算机程序员、数据库管理、故障排除专家等；大学教授、科研机构研究人员、数学家、物理学家、经济学家、考古学家、历史学家等；证券分析师、金融投资顾问、律师、法律顾问、财务专家、侦探等；各类发明家、作家、设计师、音乐家、艺术家、艺术鉴赏家等。

ISFJ 富有同情的同化者

性格特点：

（1）安静、和善、负责任且有良心。

（2）行事尽责投入。

（3）安定性高，常居项目工作或团体之安定力量。

（4）愿投入、吃苦及力求精确。

（5）兴趣通常不在于科技方面。对细节事务有耐心。

（6）忠诚、考虑周到、知性且会关切他人感受。

（7）致力于创构有序及和谐的工作与家庭环境。

适合领域：无明显领域特征，医护领域、消费类商业、服务业领域。

适合职业：行政管理人员、总经理助理、秘书、人事管理者、项目经理、物流经理、律师助手等；外科医生及其他各类医生、家庭医生、牙科医生、护士、药剂师、医学专家、营养学专家、顾问等；零售店、精品店业主，大型商场、酒店管理人员，室内设计师等。

ISFP 讲求实用的促进者

性格特点：

（1）羞怯的、安宁和善的、敏感的、亲切的且行事谦虚。

（2）喜于避开争论，不对他人强加己见或价值观。

（3）无意于领导却常是忠诚的追随者。

（4）办事不急躁，安于现状，无意于以过度的急切或努力破坏现况，且非成果导向。

（5）喜欢有自有的空间及照自定的时程办事。

适合领域：手工艺、艺术领域、医护领域、商业、服务业领域。

适合职业：时装、首饰设计师、装潢、园艺设计师、陶器、乐器、卡通、漫画制作者、素描画家、舞蹈演员、画家等；出诊医生、出诊护士、理疗师、牙科医生、个人健康和运动教练等；餐饮业、娱乐业业主、旅行社销售人员、体育用品、个人理疗用品销售员等。

ISTJ 富有逻辑的同化者

性格特点：

（1）严肃、安静、借由集中心智与全力投入及可被信赖获致成功。

（2）行事务实、有序、实际、逻辑、真实及可信赖。

（3）十分留意且乐于任何事（工作、居家、生活）均有良好组织及有序。

（4）负责任。

（5）照设定成效来作出决策且不畏阻挠与闲言会坚定为之。

（6）重视传统与忠诚。

（7）传统性的思考者或经理。

适合领域：工商业领域、政府机构、金融银行业、政府机构技术领域、医务领域。

适合职业：审计师、会计、财务经理、办公室行政管理、后勤和供应管理、中层经理、公务（法律、税务）执行人员等；银行信贷员、成本估价师、保险精算师、税务经纪人、税务检查员等；机械、电气工程师、计算机程序员、数据库管理员、地质、气象学家、法律研究者、律师等；外科医生、药剂师、实验室技术人员、牙科医生、医学研究员等。

ISTP 实际的分析家

性格特点：

（1）冷静旁观者——安静、预留余地、弹性及会以无偏见的好奇心与未预期的原始的幽默观察与分析人生。

（2）有兴趣于探索原因及效果，技术事件是为何及如何运作且使用逻辑的原理组构事实、重视效能。

（3）擅长于掌握问题核心及找出解决方式。

（4）分析成事的缘由且能实时由大量资料中找出实际问题的核心。

适合领域：技术领域 证券、金融业贸易、商业领域、户外运动、艺术等领域。

适合职业：机械、电气、电子工程师、各类技术专家和技师、计算机硬件、系统集成专业人员等；证券分析师、金融、财务顾问、经济学研究者等；贸易商、商品经销商、产品代理商（有形产品为主）等；警察、侦探、体育工作者、赛车手、飞行员、雕塑家、手工制作、画家等。

【二维码链接】职业性格测试：性格色彩测试

【体验活动】职业判断

1. 请列出你曾经想过的3个职业。

职业1 _____　　职业2 _____　　职业3 _____

2. 请详细描述你理解的这3个职业需要做的具体事项和工作环境。

如：设计师

与客户沟通设计相关内容；

主要在办公室内工作；

更多的时间是自己独自进行工作；

通过网络、杂志等收集前沿的信息；

注重与其他设计的差别，看中原创性；

…………

3. 用你学到的MBTI相关知识判断这3个职业是否适合你。

4. 如果你要去面试其中一个职业，你可以用MBTI来描述你在这个职位上的优势和劣势吗？这样的描述你感觉对听众来说，是否更加实在与可信？

_____

_____

_____

【实践拓展】专业与职业性格探索

1. 分别列出所学专业对应的职业，调查这些职业对从业者的性格要求，并且比较这些要求的异同点。看看自己的性格与这些要求有哪些是相符的，哪些是不相符的。

2. 收集专业对应的职业中成功者的资料，列出他们与职业要求相符的性格特征。收集原有性格特征与现在从事职业要求不相符的成功者的资料，了解他们调适和完善自己性格的过程、方法和成功的动力。

3. 根据上述分析和对自己性格的了解，发现自己与职业要求之间存在的差距，制订自我调适计划。计划要有明确的目标、具体的措施和时间安排。

【专家视角】

一、内向型与外向型的择业秘籍

在现今的职场中，因"性格与职业"的选择发生错位而导致职业的失败，已逐渐成为职场人士越来越面临的严峻问题。性格并无好坏之分，但性格类型与职业类型的匹配度，却决定了事业的成功与否。

（一）内向型人的择业注意事项

1. 做好"预习"工作

性格内向的人，在找工作中尤其是面试的时候，应该注意：任何工作都免不了与人沟通，内向型性格的人同样不可避免。关键是要选择一份适合自己的工作，而且在面试时要表现出能够做好这份工作的信心和实力。需要注意的是，一定要提前了解一下所应聘公司的企业文化，以便让自己在言谈举止各个方面更好地接近这种文化。

2. 适当锻炼交际能力

作为内向型的职业人，有必要刻意锻炼一下自己的交际能力。首先从职业发展的角度看，性格与职业"匹配"是最佳选择；但目前，随着社会开放度的日益加大，完全闷头干活的岗位已越来越少，适当改变自己的性格会对自己未来的职业发展有很大帮助。俗话说"人在职场身不由己"，所以，无论什么工作，有更好的沟通技巧，工作起来就会更容易。内向的人如果要坚持锻炼自己的待人接物能力，还需付出比外向型的人更多的努力。

3. 性格无好坏

在求职中，无论外向性格还是内向性格都要按个人的求职目标而定，如果某职位需要的求职者是安静、谨慎、细致的，那么性格内向的人胜算就更大一点儿。而如果某职位要求外向、善于与人打交道、具有领导能力等，那么外向型人的胜算自然要大一些。性格本身并无好坏，而是要看其与职位的契合度究竟怎样。

（二）外向型人的择业优势

1. 开朗≠没心机

性格开朗乐观的人适合的工作很多，在什么地方都能找到乐趣。基本从销售、市场策划到管理，都需要开朗的人来主持。开朗作为人的一种处世心态，对职业有很大帮助。但是开朗不代表没心机，一个人完全可以生性开朗，同时还有很高的洞察力和高明的谋略。

2. 开朗未必样样行

实际工作中，很多性格开朗的人未必喜欢自己所从事的工作。性格与行业从宏观角度讲联系并不密切，而性格与职业却有着根本性的联系。一个人接受的教育不同，人生观亦不同，所以基于性格与兴趣、爱好也就不同，或多或少会受环境的影响。生性开朗的人未必一定喜欢自己所从事的工作。如果在同行业内换个环境或职业类型，那么也许会慢慢喜欢上这份工作。但如果一时没有满意的工作，也可以尝试其他行业。

3. 选择错位时如何补救

人是在学习和工作中不断成熟的，而性格与职业有着密切，和根本性的联系。人的成熟从心理性格角度表现在适应社会、有着良好的人际关系，等等。在适应社会过程中遇到性格与职业选择错位的问题时，也是非常普遍和正常的。关键是如何针对自身的弱点，努力弥补不足，从而学会控制自己的情绪。当然这里的"控制"不是"压抑"自己的个性，而是"压制"那些冲动的、不理智的和盲目的情绪。

二、1%自我实现者的16种共同特征

美国心理学大师马斯洛在研究了许多历史上伟人共同的人格特质之后，更详细地描绘出"自我实现者"（成长者）的画像。自我实现者有下列16个特色：

1. 他们的判断力超乎常人，对事情观察得很透彻，只根据现在所发生的一些事，常常就能够正确地预测将来事情会如何演变。

2. 他们能够接纳自己、接纳别人，也能接受所处的环境。无论在顺境或逆境之中，他们都能安之若命，处之泰然。虽然他们不见得喜欢现状，但他们会先接受这个不完美的现实（不会抱怨为何只有半杯水），然后负起责任改善现状。

3. 他们单纯、自然而无伪。他们对名利没有强烈的需求，因而不会戴上面具，企图讨好别人。有一句话说："伟大的人永远是单纯的。"我相信，伟人的脑子里满有智慧，但常葆有一颗单纯善良的心。

4. 他们对人生怀有使命感，因而常把精力用在解决与众人有关的问题上。他们也较不以自我为中心，不会只顾自己的事。

5. 他们享受独居的喜悦，也能享受群居的快乐。他们喜欢有独处的时间来面对自己、充实自己。

6. 他们不依靠别人满足自己安全感的需要。他们像是个满溢的福杯，喜乐有余，常常愿意与人分享自己，却不太需要向别人收取什么。

7. 他们懂得欣赏简单的事物，能从一粒细砂想见天堂，他们像天真好奇的小孩一般，能不断地从最平常的生活经验中找到新的乐趣，从平凡之中领略人生的美。

8. 他们当中有许多人曾经历过"天人合一"的宗教经验。

9. 虽然看到人类有很多丑陋的劣根性，他们却仍有悲天悯人之心、民胞物与之爱，能从丑陋之中看到别人善良可爱的一面。

10. 他们的朋友或许不是很多，然而所建立的关系，却比常人深入。他们可能有许多淡如水的君子之交，素未谋面，却彼此心仪，灵犀相通。

11. 他们比较民主，懂得尊重不同阶层、不同种族、不同背景的人，以平等和爱

心相待。

12. 他们有智慧明辨是非，不会像一般人用绝对二分法（"不是好就是坏"或"黑人都是懒惰鬼"）分类判断。

13. 他们说话含有哲理，也常有诙而不谑的幽默。

14. 他们心思单纯，像天真的小孩，极具创造性。他们真情流露，欢乐时高歌，悲伤时落泪，与那些情感麻木，喜好"权术""控制""喜怒不形于色"的人截然不同。

15. 他们的衣着、生活习惯、方式、处世为人的态度，看起来比较传统、保守，然而，他们的心态开明，在必要时能超越文化与传统的束缚。

16. 他们也会犯一些天真的错误，当他们对真善美执着起来时，会对其他琐事心不在焉。例如爱迪生有一次做研究太过专心，竟然忘了自己是否吃过饭，朋友戏弄他，说他吃过了，他信以为真，拍拍肚皮，满足地回到实验室继续工作。

【网上精品视频课程】自我认知

用手机"扫一扫"下面的二维码，用浏览器打开相应网址，进入视频课程学习。

【课后作业】性格探索

你了解自己的性格吗？如果用5个词来描述，你会用：

_____

用短信、QQ、访谈等方式，让你的朋友、家人、老师、同学，分别用5个词汇对你的性格特点进行概括（可以约定其中至少有一个描述缺点的词），将其记录于下表中。

评价人	特点一	特点二	特点三	特点四	特点五

现在，把自己的描述与大家眼中你的性格进行对比，有哪些共同点呢？

根据这些性格特点，你认为自己适合哪些职业呢？为什么？

第五章

职业价值观与职业发展

【学习目标】

1. 知识层面

   了解价值观与职业价值观的基本概念；

   了解职业价值观的影响因素。

2. 技能层面

   掌握自我职业价值观探索的方法；

   通过正式和非正式评估进行自我探索，初步明确自我职业价值观。

3. 态度层面

   认识职业价值观对于职业生涯规划的重要性。

【职涯名言】

你若要喜爱你自己的价值，你就得给世界创造价值。

——歌德

忠实于自己，追随于自己，昼夜不舍。

——莎士比亚

正是价值观给我们的生活注入意义，这种意义反过来又带给我们力量、动力和坚定的意志。

——迈克尔·亨德森

【导入活动】有关"工作"的一分钟探索练习

请写下"我希望做……的工作"，在一分钟内尽可能多地写下来你头脑中所联想到的任何短语。

示例：

能激发我的灵感，具有创造性，有较大成就感，不重复，能够学习到许多东西，受人尊重……

清闲，离家近，赚钱多，环境优越，工作稳定，领导正直，同事好相处，不用到处跑……

_____

_____

_____

【阅读思考】

富翁与渔夫的故事

在一个风和日丽的日子，一个富翁到海边散心，看到一个渔夫悠闲地躺在沙滩上晒太阳，享受日光浴，富翁看不过眼，于是走过去对渔夫说："你在这里晒太阳，怎么不去捕鱼呢？我告诉你如何成为富翁和享受生活的真谛吧！"渔夫说："洗耳恭听。"富翁说："首先，你需要每天多花些时间去捕更多的鱼，多赚些钱雇几个帮手增加产量，这样才能增加利润。""那之后呢？"渔夫问。"之后你可以买条更大的船，打更多的鱼，赚更多的钱。""再之后呢？再买几条船，搞一个捕捞公司，再投资一家水产品加工厂。""然后呢？""然后把公司上市，用圈来的钱再去投资房地产，如此一来，你就会和我一样，成为亿万富翁了。""成为亿万富翁之后呢？"渔夫好像对这一结果没有足够的认识。富翁略加思考说："成为亿万富翁，你就可以像我一样到海滨度假，晒晒太阳，钓钓鱼，享受日光浴了。""噢，原来如此。"渔夫似有所悟地说："笨蛋，我现在不就是在晒晒太阳，钓钓鱼，享受日光浴嘛！"

（资料来源：应届毕业生网，有改动）

问题：

可以从价值观角度分析这个问题，比如用儒家和道家的对比来思考什么是幸福，或者从自由的角度分析渔夫和富翁处于什么样的自由层次。同学们可以围绕寓言展开讨论，假设你是富翁，你该怎么回答？

_____

_____

第一节　价值观与职业发展

【案例故事】

一份坚持一份收获——要有坚定的职业理想

张某，运动训练学院2007级学生，足球专项，2011年从沈体运动训练专业顺利毕业。

由于从小在运动队接受专业足球训练，他几乎没怎么上过学，青年时期入选国青队到阿根廷接受训练，后因家庭原因结束职业运动员生涯，考入沈阳体育学院继续进修，立志成为一名体育教师，而后为我国体育青训工作做出贡献。来到大学后，该生主动承担工作，担任班长，因为没有经历系统的学校教育，所以学习对他来说很吃力，所以他就更加刻苦，每到期末宿舍停电，他甚至于就在公寓楼水房复习，就这样大学四年中他两年成绩在年级排名第一名。毕业后他想应聘大连市教育局成为一名体育教师，却没能通过入职考核，但是因为实习间的良好表现，被当地一所小学看中，成为一名外聘足球教练。就这样他一边努力工作一边抓紧时间学习准备第二年的考试，通过努力，他所带的足球队在大连市中小学生足球赛小学组中获得冠军。由于工作认真，深得校领导和区教育局领导的好评。而同期在其他学校受聘的同学则因为考试的失利和工资的不理想等种种原因，开始产生了职业理想的动摇，将目标转移到其他行业，没有坚持学习并做好自己的本职工作。2013年，他和几名同学迎来了毕业后第二次人事招聘，顺利通过了笔试，面试时凭借两年来在工作中积累的综合能力，现场发挥出色，取得了面试排名第一的成绩，终于通过了大连市教育系统的招聘考试，成为一名光荣的体育教师。

如今，他已凭借出色的工作业绩调入区教育局负责青少年竞赛工作，并且入选教育部校园足球人才培养，2015年，被公派到法国学习，回国后入选校园足球推广讲师团，开展全国经验推广。

（资料来源：搜狐网，有改动）

点评：

很多同学对面对"理想很丰满，现实很骨感"的时候选择了动摇，甚至退缩。实际上是他们没有坚定的职业理想，不愿意为自己的职业理想"埋单"，有志者事竟成，面对理想，我们应该拿出"许三多"的作风——不轻易放弃。很多事开始时都是貌似"独上高楼，望尽天涯路"，其实恰恰需要我们"衣带渐宽终不悔，为伊消得人憔悴"，经过周折和磨难后"蓦然回首，那人却在灯火阑珊处"。

一、价值观与职业价值观

（一）价值观

1. 价值观是人的过滤器

人生价值观是指人们对人生价值的根本看法和态度，也就是人们对人生目标、人生价值取向和人生价值途径的认识和根本态度。价值观就是个人的一个过滤器。它决定了什么是有意义有价值的，什么是无聊的乏味的。如果个人的价值观与工作相吻合，会觉得很开心，很带劲。如果不相吻合，就会感到很无奈或很痛苦。而这些感受通常是金钱和威望不能弥补的。

2. 价值观是成功的基础

什么样的决定，会造成什么样的命运，而主宰人们做出不同决定的关键因素就是个人的价值观。一个人要想成为社会上的领导人物，就必须清楚自己的价值观，同时确实按照这个价值观过其一生。社会阶层的各类精英人士，不管是职业人士、企业家或是教育家，在他们的专业领域能有杰出成就，全是因为能够发扬光大所持的价值观。

如果同学们不知道自己人生中什么是最重要的——什么价值是应该坚持的——就无法建立成功的基础，更无法做出有效的决定。

我们必须记住，一切的决定都根植于清晰的价值观。

3. 价值观是人生决策的依据

当同学们知道了自己最重要的人生价值所在以后，做决定就相对容易；反之，如果不知道什么对自己最重要，就很难做出决定。有杰出成就的人，多数是因为他们能很快做出决定，因为他们清楚知道自己人生最重要的价值何在。

如果不确知自己的价值观所在，就势必要像只没头苍蝇似的乱撞，许多人成天追逐物质方面的东西，却没好好想一想自己到底要过一个什么样的人生，这实在是极大的悲剧。追逐物质永远无法使人生得到满足，唯有真正明白并确信生命中什么是真正有价值的，自身的潜能才能充分发挥出来。

4. 价值观是人生的指南针

不管你的价值观是什么，但千万别忘了，它就是你人生的指南针，掌握着你人生的去向，每当你面临抉择的关头，它就会代你做出决定，引领你拿出必需的行动。这个心里的指南针，如果使用不当，就会给你带来挫折、失望、沮丧，甚至人生就此掉进阴暗的世界；若使用得当，它就会带给你无穷的力量,人生充满自信，不论处在任何状况都会拥有乐观的态度，这是许多成功人士所共有的一个特质。

我们当代的大学生正处于面临人生发展最为关键的时期。时代要求我们要在学习、生活各个方面全方位面对和思考如何正确处理个体与社会的关系等一系列重大问题。我们要学会生存的技能、学会学习的潜力、学会创造与创新、学会奉献，这些都是我们面向未来面向社会所必须具有的最基本、最重要的品质。其中，最核心的就是学会如何做人，学会做一个符合国家繁荣富强与社会不断进步发展所需要的人格健全的人；学会做一个能正确处理人与人、人与社会、人与自然关系并使之能协调发展的人；做一个有理想、有道德、有高尚情操的人。一句话，做一个有利于社会、有利于人民、有利于国家的人。这要求我们大学生必须从现在做起，树立正确的人生价值观。

（二）职业价值观

尽管研究职业价值观的文献相当多，却没有统一的定义。为此，研究者们根据自己的研究结果从不同角度对职业价值观进行了界定。

我们可以这样理解职业价值观：

第一，职业价值观是一个人对各种职业价值的基本认识和基本态度，是人们在选择职业时的一种内心尺度，反映的是人的需要与社会职业属性之间的关系，它支配着人的择业心态、行为以及信念和理解等。

第二，职业价值观在对各种职业的认知过程中起着"过滤器"的作用，它使个体的择业行为带有一定的选择性和指向性，既是判断职业的性质、确定个人在职业活动中的责任、态度及行为方向的"定向器"，又是抉择职业行为方式并进行制动的"调节器"。

第三，作为价值观的重要成分之一，职业价值观是一种复杂的心理现象，表现出内涵的丰富性、层次的多样性和个体体验的差异性等特点。也就是说，即使在相同的社会条件下，每个人的职业价值观也具有显著的差异性；并且，任何一个具体的职业价值观都是在一定的社会历史条件下形成的，具有鲜明的时代特征，必然随着社会的发展而变化。

职业价值观具有以下特点：

（1）职业价值观是因人而异的

由于每个人的先天条件和后天经历不同，其职业价值观的形成也会受到不同的影响，因此，每个人都有自己的价值观和价值观体系。在同样的客观条件下，具有不同价值观和价值观体系的人，其动机模式不同，产生的行为也不同。

（2）职业价值观是相对稳定的

价值观是人们思想认识的深层基础，它形成了人们的世界观和人生观。它是随着人们认知能力的发展，在环境、教育的影响下，逐步培养而成的。人的职业价值观一旦形成，便会相对稳定。但当自身状况和外界环境发生较大变化时，职业价值观也会随之而变。

（3）职业价值观是具有阶段性的

根据马斯洛的需求层次理论，当人低层次的需要得到满足以后，他就会产生更高层次的需求。从职业人生来看，大多数人的职业价值观是具有阶段性的，特别是随着某一阶段的自身需求满足后，新的职业价值观也就会随之产生并确定下来。

（4）职业价值观不是唯一的

人的职业价值观不是唯一的，择业时会有几个动机支配他的选择，人们常常为选择感到痛苦时，就是因为个人的职业价值观不唯一，而在某一职业中又难以得到全部满足，从而患得患失。

职业价值观分为以下十三种类型，各类型的基本含义如下：

（1）利他主义：总是为他人着想，把直接为大众的幸福和利益尽一份力作为自己的追求。

（2）审美主义：能不断地追求美的东西，得到美感的享受。

智力刺激：不断进行智力开发、动脑思考、学习和探索新事物，解决新问题。

成就动机：不断创新，不断取得成就，不断得到领导和同事的赞扬或不断实现自己想要做的事。

自主独立：能够充分发挥自己的独立性和主动性，按自己的方式、想法去做，不受他人干扰。

社会地位：所从事的工作在人们的心目中有较高的社会地位，从而使自己得到他人的重视与尊敬。

权力控制：获得对他人或某事的管理权，能指挥和调遣一定范围内的人或事物。

经济报酬：获得优厚的报酬，使自己有足够的财力去获得自己想要的东西，使生活过得较为富足。

社会交往：能和各种人交往，建立比较广泛的社会联系和关系，甚至能和知名人物结识。

安全稳定：希望不管自己能力怎样，在工作中要有一个安稳的局面，不会因为奖金、加资、调动工作或领导训斥等而经常提心吊胆、心烦意乱。

轻松舒适：希望将工作作为一种消遣、休息或享受的形式，追求比较舒适、轻松、自由、优越的工作条件和环境。

人际关系：希望一起工作的大多数同事和领导人品好，相处在一起感到愉快、自然。

追求新意：希望工作的内容经常变换，使工作和生活显得丰富多彩，不单调枯燥。

【二维码链接】追寻自我价值之路

二、价值观与职业发展的关系

由于个人的身心条件、年龄阅历、教育状况、家庭影响、兴趣爱好等方面的不同，人们对各种职业有着不同的三观评价。从社会来讲，由于社会分工的发展，各种职业在劳动性质的内容上，在劳动难度和强度上，在劳动条件和待遇上，在所有制形式和稳定性等诸多问题上，都存在着差别。再加上传统的思想观念等的影响，各类职业在人们心目中的声望地位便也有好坏高低之见，这些评价都形成了人的职业价值观，并影响着人们对就业方向和具体职业岗位的选择。

每种职业都有各自的特性，不同的人对职业意义的认识，对职业好坏有不同的评价和取向，这就是职业价值观。职业价值观决定了人们的职业期望，影响着人们对职业方向和职业目标的选择，决定着人们就业后的工作态度和劳动绩效水平，从而决定了人们的职业发展情况。哪个职业好，哪个岗位适合自己，从事某一项具体工作的目的是什么，这些问题都是职业价值观的具体表现。

职业价值观，注重于探讨在职业生涯规划和职业生活中，在众多的价值取向里，人们优先考虑哪种价值。在大多数人眼里，理想的职业应该是这样的：

（1）薪水高，福利好；

（2）工作环境(物质方面)舒适；

（3）人际关系良好；

（4）工作稳定有保障；

（5）能提供较好的受教育机会；

（6）有较高的社会地位；

（7）工作不太紧张，外部压力少；

（8）能充分发挥自己的能力特长；

（9）社会需要与社会贡献大。

【二维码链接】工作价值观的类型

三、价值观对职业发展的影响

价值观在人们的职业生涯发展中往往起到极其重要的、决定性的作用，甚至可能超过了兴趣和性格对我们的影响。价值观直接影响和决定着一个人的理想、信念、生活目标和追求方向的性质。价值观的影响作用大致体现在以下两个方面：

（一）价值观对行为动机有导向作用

人们行为的动机受价值观的支配和制约。在同样的客观条件下，具有不同价值观的人，其动机模式不同，产生的行为也不相同，动机的目的方向受价值观的支配，只有那些经过价值判断被认为是可取的，才能转换为行为的动机，并以此为目标引导人们的行为。

（二）价值观反映个人需求，影响职业决策

价值观代表了一个人对于什么是好、什么是对，以及什么会令人喜爱的意见。每一个求职者由于其所受教育的不同和所处的环境的差异，在职业取向上的目标和要求也是不相同的。在许多场合，人们往往要在一些得失中做出抉择，而左右人们选择的，往往就是人们的职业价值观。例如，是要工作舒适轻松，还是要高标准的工资待遇；要成就一番事业，还是要安稳太平，当两者有矛盾冲突时，最终影响人们决策的是存在于内心的职业价值观。

【二维码链接】你最先放弃哪个？

【体验活动】价值观大拍卖

通过活动，澄清自己的工作价值观。

1. 假设每位同学有1500个生命单位，代表每人可以自由投注于职业世界的时间、金钱和精力。每项的底价是100，每次加价的幅度必须是50或50的倍数。

2. 正式开始拍卖前，每人有5分钟的时间来思考想要购买的拍卖物顺序以及愿意出的最高价格。

3. 每组推选一个拍卖主持人，主持人也参加标购。由主持人负责各组的拍卖活动。

4. 以出价最先、最高者购得。

5. 将各自出价结果记录在下面的表格中。

待出售的职业 （能够让我……的职业）	你的预算 金额	你的最高 价格	你赢得 的项目	与项目相 关的价值
1. 具有吸引力，让每一个认识的人都喜欢自己。				
2. 拥有健康——长寿而且没有疾病。				
3. 有清晰的自我认识，知道自己是谁。				
4. 每年至少赚100万元。				
5. 成为一个团体或者政党中最有影响力的人。				
6. 有时间过一个愉快的、有意义的家庭生活。				
7. 参加社会活动，如音乐会、戏剧、芭蕾舞表演或体育运动。				
8. 在一个没有歧视、欺骗和不公正的环境中工作。				
9. 为弱势群体竭诚服务。				
10. 什么时候都可以做自己喜欢的事情。				
11. 有一份稳定的工作和收入。				
12. 能够寻找到生活的意义和真谛。				
13. 精通专业，能在所做的一切事情上取得成功。				
14. 有学习的条件——有所需的全部书籍、电脑和各种辅助物。				
15. 创造一个能让人们自由地给予和付出爱的氛围。				
16. 冒险、迎接挑战，过一个精彩的人生。				
17. 产生新思想，创造新的行动方式。				
18. 自由决定工作的条件、时间、位置和着装等。				
19. 制作有吸引力的物品，为世界增添美丽。				

待出售的职业 （能够让我……的职业）	你的预算 金额	你的最高 价格	你赢得 的项目	与项目相 关的价值
20. 获得全国范围内和世界性的荣誉和声望。				
21. 休长假，什么都不用做，只要开心玩乐。				

6. 所拍到的职业及其对应的价值如下：

待出售的职业（价值观）	职业对应的价值观要点
有吸引力、受人欢迎。	容貌，被赏识
健康状况良好。	健康，心理健康
真正地了解自己。	智慧，自我了解，内心和谐
每年赚100万。	财富，高收入，钱，利润
最有影响力。	权力，领导能力，晋升
有一个温馨的家庭生活。	家庭关系，生活方式
参加社会活动。	审美，休闲，刺激
不抱偏见。	公平，正义，诚实，道德
给贫病人士以帮助。	利他主义，帮助他人，友谊
做喜欢做的事情。	自主，独立，生活方式
有自己渴望的工作或收入。	工作保障，稳定，固定的工作
了解生活的意义。	智慧，真理，个人的成长
达到精通和成功。	成就，技能，赏识
获得良好的学习条件。	知识，智力方面的鼓励
付出和接受爱。	慈爱，爱，友谊
冒险，迎接挑战。	冒险，兴奋，竞争
产生新思想。	创造性，多样性，变化性
自主决定工作条件。	自由，独立，个人权利
为世界奉献美。	审美，艺术性的创造
赢得荣誉和声望。	被赏识，炫耀，威望
休长假。	休闲时间，放松，健康

7. 请分享经验与感受：

（1）所购得的是否为原先预定自认为是重要的项目？

（2）若未能购得希望的项目，有何感想？

（3）你所看重的项目在什么样的职业里会充分体现？

第二节 树立正确的职业价值观

【案例故事】

到祖国最需要的地方去——就业也是实现人生的信仰

周某，沈阳体育学院2014届研究生。在来到学校之前，她就给自己做好了职业规划：为了实现自己的人生信仰——要经过3年的学习充实自己，并且为了家乡的教育事业，到祖国最需要的地方去奉献自己的青春。而这与就业或者工作所带来的物质利益是无关的。

小周来自甘肃的农村，从小家庭贫困，在农村生活多年，知道在祖国的边远山区，还有很多学校缺少有知识有文化有意愿去支持教育事业的人才。小周考大学时分数不够，没有报上理想的师范专业，因此毕业之后，特别想通过念研究生丰富自己的教育理论和实践，为了家乡那些还在农村缺少教育的孩子。经过3年的研究生学习，在毕业的时候，小周回到了自己的家乡，通过了基层教师考试，来到了农村成为一名教师。很多同学不理解她的选择，她对同学们说："我的家乡还需要很多很多像我一样愿意来到这里支持教育的人，我出生于农村，成长于农村，知道农村孩子的不易，如果我都不来这里，那么还会有谁会支持这里的教育呢？那这些孩子又怎么办呢？"经过几年的努力，她教育了一批又一批的孩子，并且在同学和年级中广泛宣传，为家乡这些孩子捐款捐物，慢慢的，她的同学理解和支持了她的选择，并且号召了更多的群众支援她所在的农村小学。

（资料来源：央视网，有改动）

点评：

很多大学生在校期间的学生干部光环、入党、评优、评奖学金，为自己积累了丰富的就业资本，但是不要忘记，就业不等同于简单的找工作，大学生职业生涯规划也不仅仅是一门教你谋生的课程，物质也仅仅是我们人生的一个层次而已，从《平凡的世界》到《人民的名义》已经告诉我们职业也是实现人生信仰的过程，在我国广大的基层贫困地区，还有好多岗位需要人才去支援和服务，广大农村大有可为，把自己青春奉献给农村并不是牺牲，而是崇高的理想和事业，不但能为国家的建设发展贡献自己的力量，还能够实现自己的人生价值。

一、职业价值观的影响因素

职业价值观从外部因素而言会受到社会、学校、家庭的影响，从内部因素而言会受到个人的健康、性别、兴趣、性格、能力等的影响。

（一）社会因素的影响

随着改革开放的不断深入，社会的政治、经济、文化都发生了复杂而深刻的变化，经济成分和经济利益多样化，社会生活方式和组织形式多样化，这些变化打破了原有的价值观念、利益格局，进而改变了人们旧有的职业价值观念。大学生作为一个极其活跃而敏感的群体，其价值观念更易受社会环境变迁的影响，他们的竞争意识、利益观念和自主观念等都会进入到新的价值体系中。

（二）学校因素的影响

学校是有目的、有计划地进行教育的专门场所，尤其以培养高等技术应用型专门人才为根本任务的学校教育，其教育活动对个体职业价值观的形成和发展影响直接、作用巨大。一些相关研究也对此有深入的阐述：一是专业教育，不仅让学生掌握了基本的专业知识和专业技能，而且能够宏观地把握所学专业的研究现状和发展趋势，并在此基础上展开职业设想、形成职业认知、进行职业选择和职业评价；二是双师型教师是对专业课教师的一种特殊要求，他们既具有较高的文化和专业理论水平，又有广博的专业基础知识和熟练的专业实践技能，教师的职业态度和职业评价，对学生的职业价值观有着直接的影响；三是学校的德育工作、人文教育等对学生的职业价值观也起着重要的导向作用。

（三）家庭因素的影响

家庭是社会的基本单位，是一个人成长成才的第一所学校，是影响大学生职业价值观的最原始、最初级的场所。大学生在与父母的朝夕相处中，就承受了来自父母的教导，家庭成员尤其是家长的社会背景、经济状况、爱好特长、宗教信仰、性格特征及其人生观、价值观等，无不对子女日后职业方面的观念、态度与行为产生潜移默化的影响。

（四）个人因素的影响

辩证唯物主义认为，内因是事物变化发展的根据，外因是事物变化发展的条件，外因通过内因起作用。大学生职业价值观的形成除受上述因素影响外，还与其个人因素有关。个人因素包括健康、性别、兴趣、性格、能力等。

1. 健康是大学生职业生涯开始的首要条件，几乎所有的职业都需要有健康的身体，但是不同的职业对身体健康会有不同的要求，如采矿、勘探等职业要求从业者具有良好的身体状况和强健的体魄，眼睛高度近视不能从事精密仪器制造业等，因此个人的健康状况会影响到大学生的职业选择。

2. 性别因素在职业发展中扮演着重要的角色。大学生在进行职业选择时，男生首先倾向于那些能较好发挥自己的特长以及有较好工资待遇的职业，而女生则倾向于选择稳定有保障的职业，因此性别差异也会影响到大学生的职业选择。

3. 兴趣是大学生形成职业价值观的前提性因素，大学生选择什么专业、从事什么职业往往是从兴趣出发的。

4. 人的性格千差万别。职业心理学的研究表明，不同的职业有不同的性格要求，同时具有不同性格的人对不同职业的适应性也有所不同。不同性格特征的人员，对企业而言，决定了每个员工的工作岗位和工作业绩；对个人而言，决定着自己的事业能否成功。所以性格是大学生职业选择应考虑的重要因素之一。

5. 能力是一个人能否进入职业岗位、胜任工作的先决条件，能力的不同，对职业选择就有差异。个人的能力是影响大学生职业选择的一个重要因素，个人能力的大小对职业定向与职业选择起着筛选和定位作用。

【二维码链接】真实价值观澄清七问

二、正确对待职业价值观

（一）处理好职业价值观与个人兴趣和特长的关系

职业价值观、个人兴趣和特长是人们在择业时需要考虑的最重要的3个因素。大学生在确定价值观时，一定要考虑它是否与自己的兴趣和特长相适应。据调查，如果一个人从事自己不喜欢的工作，80%的人难以在他选择的职业上成功；而如果选择了自己喜欢的工作则可以充分调动人的潜能，获得职业发展的源动力。此外，选择一项自己擅长的工作，也会事半功倍。

（二）处理好职业价值观的排序与取舍的问题

职业价值观的特性决定人们不会只有唯一的职业价值观，人性的本能也会驱使人们希望什么都能得到，但在现实生活中"鱼与熊掌不可兼得"。在职业选择中，人们却经常不能理性对待这个问题。既然是选择，就要付出代价，只有舍，才能得。所以，要对自己的职业价值观进行排序，找出你认为最重要、次重要的方面，并提醒自己不可能什么都得到。否则就会患得患失，终其一生也不清楚自己到底想要什么，更谈不上职业生涯的成功和对社会的贡献了。

（三）处理好职业价值观中个人与社会的关系

人不能离开社会而独立存在，一个人只有在工作中为社会做出贡献才能实现自己的职业价值。当然并不是说要忽略择业中的个人因素，只去尽社会责任，这样不但不利于个人，也是社会的损失。例如，让一个富于科学创造力、不善言辞的学者去从事普通的教师工作，可能使国家损失一项重大的发明，而社会不过多了一个也许并不出色的老师。因此，同学们在考虑职业价值观时要兼顾和平衡国家、社会需要和个人需要。

（四）处理好职业价值观与名利的关系

名利是一种成就的报酬，它是在确定职业价值观时要面对的问题。有些毕业生在求职时，将名利作为首选价值观，从根本上讲这并没有错。但是对于一些人来说，现在拥有的知识、能力、经验和阅历还不足以使其走上社会就获得名利。怀有一夜暴富的心理不但是不健康的，更是危险的，容易被社会上的不法分子利用，甚至误入歧途。特别是面对严峻的就业形势，更应理性地降低对金钱的期望值，把眼光放远一些，应尽可能地将自我成长和自我实现作为在毕业求职时的首选价值观。

【二维码链接】我的志愿

【体验活动】有关价值观的完形填空

完成下面的句子，在空白处填上出现在你脑海中的第一反应：

（1）如果我有100万，我将＿＿＿＿＿＿＿＿＿＿＿＿。

（2）我所听到或看到的最好的主意是＿＿＿＿＿＿＿＿＿＿＿。

（3）在这个世界上我唯一能改变的事情是＿＿＿＿＿＿＿＿＿＿。

（4）在生活中我最想得到的是＿＿＿＿＿＿＿＿＿＿。

（5）当＿＿＿＿＿＿＿＿＿＿的时候，我表现得最棒。

（6）我最关心的是＿＿＿＿＿＿＿＿＿＿。

（7）我最想得到的是＿＿＿＿＿＿＿＿＿＿。

（8）我认为我的父母希望我＿＿＿＿＿＿＿＿＿＿。

（9）在我生命中最大的喜悦是＿＿＿＿＿＿＿＿＿＿。

（10）我是＿＿＿＿＿＿＿＿＿＿。

（11）最了解我的人认为我是＿＿＿＿＿＿＿＿＿＿。

（12）我相信＿＿＿＿＿＿＿＿＿＿。

（13）如果只剩下24小时的生命，那我将＿＿＿＿＿＿＿＿＿＿。

（14）我最喜欢的音乐类型是＿＿＿＿＿＿＿＿＿＿。

（15）和我工作最好的人是＿＿＿＿＿＿＿＿＿＿。

（16）我的工作必须能给我＿＿＿＿＿＿＿＿＿＿。

（17）我将给我的孩子的忠告是＿＿＿＿＿＿＿＿＿＿。

（18）最好的电视节目是＿＿＿＿＿＿＿＿＿＿。

（19）我悄悄地希望＿＿＿＿＿＿＿＿＿＿。

（20）在学校的时候，我在＿＿＿＿＿＿＿＿＿＿的时候表现得最为出色。

（21）如果在一场大火中我只能救出一件东西，那么它将是＿＿＿＿＿＿＿。

（22）如果我能改变自身的一件事情，那它将是＿＿＿＿＿＿＿＿。

现在来分析一下你所填的这些句子，它们暗示了什么样的价值：＿＿＿＿＿＿。

【实践拓展】职业价值观测试

运用网络测评工具，对自己的职业价值观进行测试，结合测评报告与自己和他人的评价，思考自己的价值观所适合的职业领域。

【专家视角】

一、你是想有钱，还是让自己值钱

很多人一辈子有两个追求：一个是有钱，一个是值钱。值钱是个人价值的体现，比如你去找一份工作，人家给你开出百万年薪，那就表明你很值钱；如果人家每个月只给你开1000元工资，那就表明你还不够值钱。有钱和值钱是两个概念。有钱的人不一定值钱，比如我们常常会看到一些"富二代"腰缠万贯，但除了挥霍什么都不会，这样的人"分文不值"。

145

但值钱的人早晚会有钱，因为值钱的人都有足可夸耀的某种能力，凭借这种能力，他不仅可以安身立命，还能积累财富，这样的人甚至连存钱都不需要。比如一个著名的画家，他需要钱的时候只需画一幅画就行了。

所以人们常说，不要把自己变成"储钱罐"，因为没有人能够靠储钱变富；但一定要把自己变成"印钞机"，需要钱的时候可以随时靠能力去取。一个人与其有钱，不如让自己变得值钱。

值钱的人才能体会到什么叫成就感。对于一个追求有意义人生的人来说，成就感至关重要。成就感从哪儿来呢？来自自己付出努力之后得到的某种收获。收获越大，成就感就越大。如果一个人的钱是伸手向父母要来的，那无论有多少钱他都不会有成就感。如果一个人的钱是靠自己赚来的，那不管赚多少他都会有成就感，而且只要来路正，钱越多，成就感会越大。

有人说：把思想放入一个人的脑袋之中，就像把钱从别人的口袋里掏出来一样困难。这句话是想说明一个人思想改造的困难，但同时也恰恰说明了赚钱有多么不容易。

所以，能够赚到钱的人都应该是有点能力的人，也就是值钱的人。如果一个人最初身无分文，经过自己的奋斗，最后功成名就，那么他的成就感就会油然而生。成就感是幸福的重要基石之一，从某种程度上说，一个人如果没有体会过奋斗所带来的成就感，那么他的人生幸福值也必定要打个折扣。一个人不断努力的过程就是让自己不断值钱的过程。值钱之前，是你求别人；值钱之后，是别人求你。我把值钱前后的这一转变叫作"价值转折"，也就是一个人的个人价值从量变到质变的过程。但需要特别指出的是，我这里说的"别人求你"，不是因为你有权，而是因为你有能力。

二、树立正确的职业价值观

（一）敬业

敬业精神指的是对工作的责任心、成就感、奉献精神和信义程度。

"敬业"早在我国古代《礼记·学记》中就以"敬业乐群"明确提出来。大学问家朱熹说，"敬业"就是"专业致志以事其业"。在现代企业中，"敬业"就是爱岗。顾名思义，就是爱惜自己的工作岗位，全心全意投入工作。

"敬业"就是有责任心。责任就是不仅要对自己承担的工作有责任感，而且要敢于承担工作中因失误所造成的后果，这样才能真正地对得起自己，对得起企业，对得起社会。

心怀敬业精神，是保证事业正确发展之基。敬业，是尊崇自己的职业，对工作、他人和集体承担责任，以一种尊敬、虔诚的心灵去对待自己所从事的职业。敬业表现出一种崇高的使命感和神圣感，敬业体现出不断学习和勇于创新的良好习惯。

一个人的人生目标不管有多远，兢兢业业地做好本职工作是实现人生大志的第一步和最基本的一条。在工作中，许多时候决定成败的往往是工作态度，并非工作能力，是敬业精神决定成就的大小。只有全力以赴地投入工作，个人潜能才会得到充分挖掘，而增长的才干又会让人更加兢兢业业工作，如此良性循环，成功自然而来。

敬业精神是做好本职工作的重要前提和可靠保障。当前用人单位对毕业生的敬业精神提出了更高要求，而敬业精神的缺失成为制约当代大学生就业的瓶颈之一。同学们应该培养敬业精神。

有敬业精神的人应当是有成就感与责任心的人，是以圆满完成工作任务而不是以升迁和报酬来衡量自己的人。敬业精神是一个人全面发挥自己能力的重要条件。一个人即使有很强的能力，但若缺乏敬业精神，也很难在工作岗位上尽心尽力地发挥自己的能力。

同学们要想在企业立足、发展，没有敬业精神是万万不行的。一个工作态度认真、热情、尽责，工作行动快捷、有序、高效，工作作风踏实、严谨、进取的大学生，是会受到用人单位青睐的；相反，那些工作态度马虎、冷漠、敷衍，工作行动迟缓、无序、低效，工作作风浮躁、轻率、消极的大学生，是很难在企业立足的。总之，缺乏敬业精神的大学生是注定会被企业淘汰的。因此，同学们应当在修炼敬业精神上下功夫，这是能否在企业获得发展的治本之道，同学们应当引起高度重视。

如果被企业录用，同学们应该尽早进入岗位角色，如从观念、心态、知识、能力、行为等方面进入岗位角色，如了解岗位工作内容、熟悉岗位工作程序、掌握岗位工作要求、履行岗位工作职责等，并在从事岗位工作过程中，逐渐积累工作经验，这对于同学们来说才是最有价值的。一旦适应了岗位工作，并创造了不俗的工作业绩，受到企业重用将是必然的事情。反之，那些已经在企业工作的大学生，如果他们的观念、心态、知识、能力、行为等方面尚未进入岗位角色，那么他们在企业的发展将是很有限的。

（二）忠诚

在员工职场成功必须具备的核心品格中，"忠诚"的位置是最高的，处在所有核心品格的最高处。忠诚是职场最基本的道德，也是职场成功最核心的品格。

所有成功伟大的组织，当他们在选择其组织用人的价值观的时候，无不以"忠诚"为核心品格。他们在制订组织的核心价值观的时候，也将"忠诚"纳入其列。比如索尼公司有这样一个招聘原则："如果想进入公司，请拿出你的忠诚来。"索尼能不能接纳一个人进入公司，首先要看他是否忠诚。

那么什么是忠诚？唐孔颖达："忠者，内尽于心也。"新版《辞海》："忠，尽心竭力"，"诚，真心实意"。"诚，中国古代的哲学术语与道德的行为规范。《中庸》认为，'诚'这一精神实体起着化生万物的作用：诚者，物之终始，不诚无物。"简言之，"忠诚"就是"尽心竭力，真心诚意，一心一意，专注不二"。

忠诚是信任的根本前提，也是责任担当的根本前提。没有忠诚，就不会有信任；而没有信任，就不会有责任和担当；没有责任和担当，就不会有情谊、机会和持续的高价值的利益。

员工需要依靠单位的业务平台才能发挥自己的才智，对单位忠诚，实际上是一种对职业的忠诚，一种对承担或者从事某一种职业的责任感，也是对自己负责。单位需要忠诚和有能力的员工，因为单位的生存和发展靠忠诚的员工全力创造，单位的信誉靠忠诚的员工爱心维护，单位的力量靠忠诚的员工团结凝聚。只有单位有了更好的发展，员工自身的价值才能得以实现，人生才会大放光彩。

忠诚是对归属感的一种确认。当一个人确认自己属于某一个集体，这个集体可以是学校，可以是企业，也可以是社会。只要他确认自己属于这个集体，他就会自觉地认为他必须为团队做出最大的贡献，才能得到这个团队的承认。所以，忠诚可以确保任务的有效完成，以及对责任的勇敢担当。

员工的忠诚首先应该是对事业的忠诚、对自己单位的忠诚，如果他对事业忠诚，他就会认真地把他该做的事做好。

没有哪个单位的领导会用一个对自己单位不忠诚的人。"我们需要忠诚的员工"是领导者共同的心声。因为领导知道，员工的不忠诚会给单位带来什么。只要自下而上地做到了忠诚，就可以壮大一个单位，相反，就可能毁了一个单位。

（三）服从

在工作中服从领导安排是职员所应具备的一种美德，也是日后取得工作成绩的必备条件。"服从"最主要强调的是一种团队合作意识，团队合作的意义不仅在于"人多好办事"，而且在于通过团队来实现对个人力量的整合，从而凝聚成一股强大的动力。

绝对的服从往往能使整个团队更有效率地运转，同时也是一个团队正常运转的前提。此外，服从本身也是对自我人格的尊重以及自我能力的肯定。只有无条件的执行，才能使人变得更加敏捷果断，勇敢坚毅。

对于一个团队来说，无条件执行的服从精神非常重要，只有拥有这一美德的人才能在团队中游刃有余，才能得到上司的赏识和重视，也比他人拥有更多成功的机会。因此，很多团队领袖在考虑"最想要一个怎样的下属"的问题时，他们都指出了一个共同点，那就是懂得服从领导。

无条件执行，不仅仅是受纪律的约束，更是对领导的一种服从。但服从在大多数人看来都是卑微的象征，因此，很多人都在想方设法地不服从领导或纪律。然而，服从却是行动的第一步，要想有所成就首先需要放弃一些个人想法，融入到团队的价值观念中去，正确地处理好个人与集体之间的利益关系。从这一层面来说，服从又是一种美德。

（四）自信

在充满竞争的职场里，在以成败论英雄的工作中，谁能自始至终陪伴你、鼓励你、帮助你呢？不是老板，不是同事，不是下属，也不是朋友，他们都不可能做到这一点。唯有你自己才会伴你走完人生的春夏秋冬，也唯有你自己才能鼓起你的信心，激励你更好地迎接每一次挑战。

在办公室里，你可能是个不起眼的小角色，别人丝毫不会注意到你，这时，你的自信是你唯一的生存法宝。你应该积极主动地向前迈出一步，说出那句著名品牌的著名话语："我行，我可以！"去积极争取表现你自己的机会，譬如主持一个会议或一个方案的施行，主动承担一些上司想要解决的问题，或者主动地真诚地帮助你的同事，替他出谋划策，解决一些难题。如果你能做到哪怕只是其中的一点，你的内心就会发生变化，变得越发有信心，别人也会越发认识到你的价值，会对你和你的才能越发信任，你在办公室里的位置就会发生显著的改变。

自信不是潇洒的外表，但它会带给你外表的潇洒。它是需要长期坚持的一种生活习惯，它会让你认识自己所扮演的人生角色，自己在哪方面有足够的能力，还有哪方面需要再发掘自己的潜能，这样你就能精神饱满地迎接每一天升起的太阳。

自信不是财富，但它会带给你财富。拥有并保持十分的自信，你就拥有发言权，就会得到升迁的机会，就会拥有自己的办公室，就会承担新的更具挑战性的工作，你得到的成功机会也就更大。

（五）感恩

感恩是一种世界观，就是把自己看得很轻，把别人的帮助看得很重，因而难忘，心存感激。心存感恩，知足惜福！如此才会有一个积极的人生观、健康的心态。

感恩是一种处世哲学，也是生活中的大智慧。一个智慧的人，不应该为自己没有的斤斤计较，也不应该一味索取和使自己的私欲膨胀。

学会感恩，同学们会少一些抱怨，多一些平和；学会感恩，同学们会少一些不满，多一些知足；学会感恩，感激父母的无私，感激师长的教诲，感激朋友的帮助，感激对手让我们有一颗更加坚强的心；学会感恩，为自己拥有的而感恩，感谢生活的赠与。

感恩不仅是一种美好的心态，更是一种高尚的美德。

职场需要感恩的员工。学会感恩，是一种职业道德！感恩是大学生必不可少的一种道德素质。做一个感恩的人，拥有一颗感恩的心，能更好地帮助同学们培养积极主动的就业心态，学会诚信就业和理性择业。

同学们刚入职场，更需要心怀感恩。不要因为某用人单位没有聘用你而怨声载道；不要因为找工作受挫就怨天尤人；不要因为工资待遇、工作环境差强人意而心怀不满；不要因为工作繁忙而牢骚满腹；更不要在你得到单位诸多好处而什么贡献也没做时，却拍拍屁股走人……同学们要自尊、自爱、自强、诚信，以一颗感恩的心对待周围的新环境，以一颗感恩的心对待用人单位，感激给你工作的老板，感谢领你入门的同事、上司。快乐地找工作，愉快地开始工作，与同事融洽相处，走好职场第一步。

抱着一颗感恩的心情去工作——多一分感恩，多一些善意，多一点微笑。"滴水之恩，当以涌泉相报"是精彩职场的又一个法则。

（六）奉献

奉献社会就是要求从业人员在自己的工作岗位上树立起奉献社会的职业理想，并通过兢兢业业地工作，履行对社会、对他人的义务，自觉为社会和他人做贡献，尽到力所能及的责任。当社会利益与局部利益、个人利益发生冲突时，要求每一个从业人员把社会利益放在首位。

奉献社会是一种人生境界。奉献社会不仅有明确的信念，而且有崇高的行为。奉献社会是职业道德的出发点和归宿。

因此，无论从事什么职业都要树立正确的义利观，正确处理好公利与私利的关系。当"义"与"利"发生矛盾时，要有顾全大局、乐于奉献的精神，真正把国家、集体和人民的利益放在首位。要杜绝斤斤计较、只讲索取不讲奉献、只讲权利不讲义务、只讲金钱不讲道德的思想观念。

（七）尊重工作

没有不重要的工作，只有不尊重自己工作的人。

不管你从事什么职业，处在什么位置，同学们都要像尊重自己那样尊重工作。

反之，尊重工作其实也就是尊重自己。不论职业的平凡与否、位置的高或低，同学们都要加以尊重。尊重自己的工作，并全心全意把它做好，只有这样，才能懂得工作，并享受工作带来的乐趣和回报。

职业是生命的重要价值，不允许我们去敷衍它，或者忽视它。在人生的道路上，我们都是幸运的，有权利去选择一份自己所热爱的事业。这份事业，需要同学们用所有的热情去浇灌。

严肃对待工作的人，把工作当成人生中重要的一部分，兢兢业业，一丝不苟，即使身处底层也照样把工作做好。尊重自己的工作，同时也会得到别人的尊重。

看不起自己工作的人，在工作中往往表现得很被动，他们不适应工作的环境，承受不了工作中的压力，不愿意去思考工作中存在的问题，更谈不上如何找对方法干好工作。他们自认为应该活得更加轻松，应该有一个更好的职位，工作时间更自由，总是固执地认为自己在某些方面更有优势，会有更广阔的前途。但事实上并非如此。

工作就是一个人人格的表现，看到了一个人所做的工作，就是"如见其人"了。自尊、自信是成就大事业的必备条件，对工作不能尽心尽力，只想敷衍塞责的人，是不会具备这种品质的。

同学们想要在工作中取得成就，首先就要从尊重自己的工作开始。尊重自己的工作，同学们就要懂得如何去面对工作，以一种什么样的心态去面对自己所从事的工作，是能否做好这份工作的前提。不论做什么工作，同学们都要心态端正，用积极的、主动的、包容的、自信的、学习的、感恩的、竞争的心态投入其中。以良好的工作心态来解决工作中的问题，才能使自己不断进步，不断取得成功。

【网上精品视频课程】价值观与职业发展

用手机"扫一扫"下面的二维码，用浏览器打开相应网址，进入视频课程学习。

【课后作业】描绘你的价值观地图

请根据下图的描述，选出你最看重的字母。

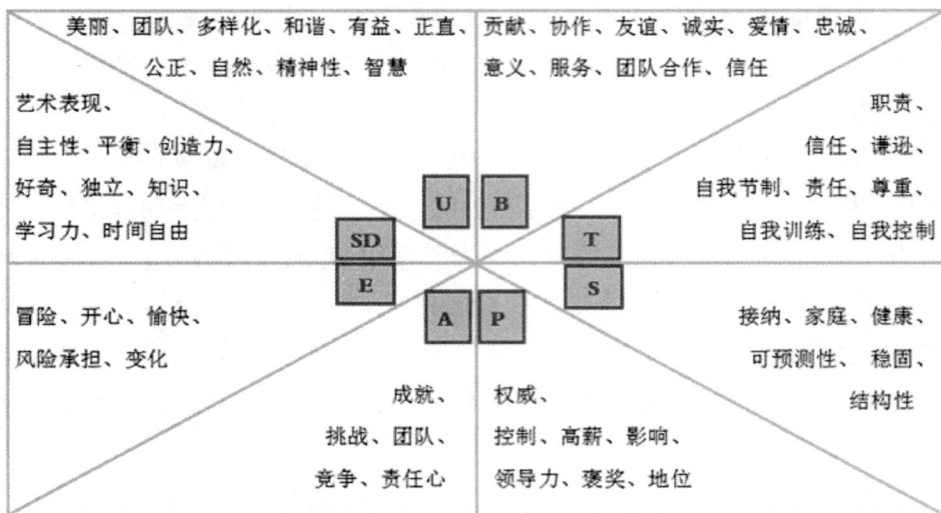

你所选择的字母，代表你的价值观类型。看看你的核心价值观表现吧。

博爱型（U）：理解、欣赏、宽容、保护大自然、保护人类福祉。

仁慈型（B）：关心如何保护和提升他们身边人的福祉。

传统型（T）：尊敬、忠诚和接纳文化和宗教对人类的要求。

安全型（S）：渴望安全与和谐，追求社会、人际关系和自我稳定性。

权力型（P）：追求社会地位、名声、影响力、权威，以及对人或资源的支配。

精神型（E）：追寻愉悦和感官快乐，喜欢生活多姿多彩和不确定性。

成就型（A）：渴望个人成功和成就，喜欢在日常生活中展现竞争力。

自主型（SD）：追寻独立思考和行动，享受可以选择、创造和探索的可能。

根据以下模型，进行自我的职业价值观定位。

自我超越：

包括了博爱与仁慈，这两种都体现出一种奉献精神，驱动着这两种人的自我超越，致力于增进他人和自然的福祉。非营利组织、专业助人者、指导或者教育

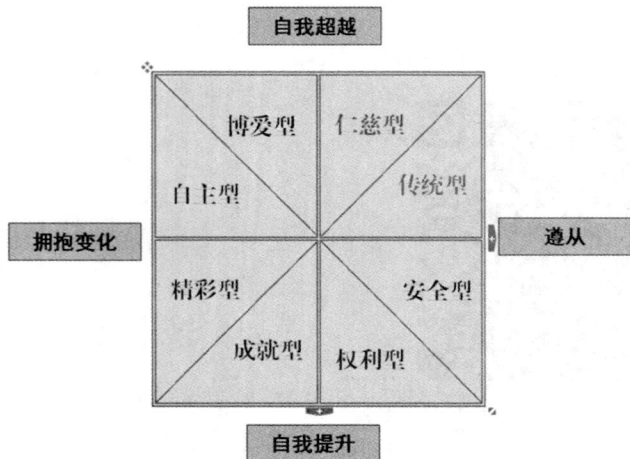

别人的管理职位都是很好的职业选择。一个运作良好的项目组或有良好的组织文化公司会满足你的价值观。

拥抱变化：

包括自主型和精彩型的价值观，这两种展示出在未知的方向上追随自己的理性或情感兴趣的强烈渴望。很多创造性的人和喜欢智力挑战的人都在这个领域之中。

灵活性与适应性是你的职业满意度中的重要因素，也许你会发现，在生命中保持一定程度的不确定性和变数才能让其变得真正迷人。

遵从：

包括传统型与安全型。这种人有着对于保持自己的社会地位，希望自己和他人、组织和传统的关系总是清晰而可预见的强烈愿望。如果富有这个类型的价值观，稳定性对你一定非常重要，你也需要清晰地知道你的工作职责与工作要求。

自我提升：

包括成就型和权力型。这种人强烈希望提升自己感兴趣的领域。如果你属于这个价值领域，你需要进入一个高挑战性的工作，这样你才能感受到你在建功立业。你的职业满意度则取决于职业中有没有让你拥有更大权力和责任的机会。

第六章

职业能力与职业发展

1. 知识层面

    了解能力、技能与职业能力的基本概念；

    了解能力与职业发展的关系；

    了解影响职业能力发展的因素。

2. 技能层面

    掌握自我职业能力探索的方法，掌握提升技能的途径；

    通过正式和非正式评估进行自我探索，明确职业技能。

3. 态度层面

    认识职业能力对职业生涯发展的影响。

【职涯名言】

我们都拥有自己不了解的能力和机会，都有可能做到未曾梦想的事情。

——戴尔·卡耐基

不要祈求你的工作同能力相当，要祈求你的能力配合工作要求。

—— 布吾克

【导入活动】撰写成就故事

请写下生活中令你有成就感的具体事件，然后对其进行分析，看看你在其中使用了哪些技能(尤其是可迁移技能)。

这些"成就事件"不一定是工作或学习上的，也可以是课外活动或家庭生活中发生的。比如同学聚会、一次美好而难忘的旅游，等等。

不必是惊天动地的大事，只要符合以下两条标准，就可以被视为"成就"：一是你喜欢做这件事时体验到的感受；二是你为完成它所带来的结果感到自豪。

在撰写成就故事时应当包含四要素：

（1）目标。即需要完成的事情。

（2）你面临的障碍、限制或困难。

（3）你的具体行动步骤。即你是如何一步步克服障碍、达成目标的。

（4）对结果的描述。即你取得了什么成就，最好能够量化评估(用某种方法衡量或以数据说明)。

_____

_____

现在分析在这些成就事件中，你都使用了一些什么样的技能。

_____

_____

最后看在这些事件中是否有重复出现的技能，它们就是你喜爱施展也擅长的技能。

_____

将这些技能按优先次序加以排列。

_____

【阅读思考】别人为什么愿意跟你相处

第一，你有德。对人真诚，为人厚道，心地善良，有规矩，有方圆，有礼貌，有爱心，别人与你相处感到温暖、放心。

第二，你有用。你能带给人家实用价值。

第三，你有料。跟你相处能打开眼界，放大格局。

第四，你有量。你能倾听到人的想法并发表有价值的见解。

第五，你有容。能充分认可别人的价值、欣赏别人的特色。

第六，你有趣。能带给人家愉快的心情，和你在一起不闷。

请牢记以上几点，做到让更多人愿意与你为友。

若有下一点，你会吸住更多人的。

第七，你有心。懂得用情用心交朋友，人脉必然成金脉，正面能量无限。遇事，知道的不必全说，看到的不可全信，听到的就地消化。筛选过滤沉淀，久而久之，气场自成！能量强大！必成大事！

（资料来源：知乎网，有改动）

155

问题：

看过以上文字后，你有哪些体会？思考一下，别人为什么愿意与自己相处呢？你认为，你在哪些方面还需要提升？为什么？

_____

_____

第一节　能力与职业发展

【案例故事】

成功的方式很多种——创业也是一种能力

于某，沈阳体育学院体育教育学院2005级学生，研究生部2015届毕业生。

小于自从来到体育学院以后，一直在校外打工，从健身房的健身教练开始做起，一点一点地慢慢地积累了大量的客户，同时因为专业突出，待人和善，渐渐获得了领导的赏识，成为健身房的管理人员。大学毕业后，周围的很多同学都在通过多种途径寻找稳定的工作，但小于认为自己并不适合朝九晚五的上班族生活，他更喜欢生活多一些色彩。在工作中，他发现了自己很多的不足和欠缺，因此，在健身行业工作了4年之后。他又考取了本校的研究生，通过系统的学习掌握了更为丰富的管理和专业知识。研究生毕业后，他从潮流的趋势中看到了高端瑜伽的发展前景，于是和几个志同道合的朋友一起创业，开创了"way of yoga"瑜伽之路高端健身会馆，在创业初期也曾经历了很多波折，但他扎实的作风、精细的管理、周到的服务渐渐赢得了客户的信任，并且为自己和所有的工作人员带来了丰厚的利润。瑜伽之路开业5年来，已经从一家会馆到遍及沈阳市内3家分店、1家大连分店，目前已经成为了沈阳高端瑜伽的代表，也是该校创业的典型代表。

（资料来源：瑞文网，有改动）

点评：

很多同学或者家长认为上大学就要寻找一份稳定的工作，朝九晚五，稳定安逸。现在中国的经济发展很快，实现个人理想和价值的机遇很多，当代大学生要懂得创业，明白自己的兴趣爱好。创业成功的案例并不一定是别人家的孩子，只要你肯吃苦，动脑筋，能坚持，下一个创业成功的也许就是你！

一、能力、技能和职业能力

从心理学角度理解，能力是指顺利完成某种活动所具备的稳定的性格心理特征，它是顺利完成某一活动所必需的主观条件，直接影响活动效率。能力总是和人完成一定的活动联系在一起的，离开了具体活动既不能表现人的能力，也不能发展人的能力。

（一）能力

哈佛大学加德纳认为，能力倾向（即潜能或智力）是多元的，是由同样重要的多种能力构成的，这就是著名的多元智能理论。他提出，人类的智能至少可以分成8个范畴：

1. 语言（Verbal/Linguistic）
2. 数理/逻辑（Mathematical/Logical）
3. 视觉/空间（Visual/Spatial）
4. 身体/动觉（Bodily/Kinesthetic）
5. 音乐/节奏（Musical/Rhythmic）
6. 人际交往（Inter-personal/Social）
7. 内省（Intra-personal/Introspective）
8. 自然探索（Naturalist）

（二）技能

能力按获得方式不同，一般分为能力倾向和技能两大类。能力倾向是指上天赋予的特殊才能，比如音乐、运动能力等。而技能是掌握并运用专业技术的能力，是经过后天学习和训练而培养的能力。

辛迪·梵和理查德·鲍尔斯将技能分为三种类型。

1. 专业知识技能

如果把知识看成是一种信息的话，那么知识性技能则是将信息进行分类、加工、整合等进行应用的一种能力。即知识本身是静态的，而知识性技能则是一种动态的表达。这类技能与专业学习或工作内容直接相关，需要经过有意识、专门的培训获得，不能迁移。专业知识技能并非只通过正式专业教育才能获得，它的获取还有下列途径：课程学习，课外培训、辅导班、自学，专业会议、讲座或研讨会，资格认证考试、证书，上岗培训，爱好、娱乐休闲、社会实践、社团活动、家庭责任等。

专业知识技能分为基础知识技能和专项知识技能。

基础知识技能指从事专门职业所必须掌握的最基本知识技能。较高层次知识技能的培养依赖于基础知识技能的掌握。以师范生为例，不管是历史、中文还是美术或体育专业的学生，作为未来的教师，都应具备基础的教学知识技能，如表述技能、书写技能、信息处理技能等，即要有标准的普通话和良好的语言表达能力、扎实的三笔（钢笔、粉笔、毛笔）一画基本功以及应用现代教学媒体的能力等。这些技能都是教师不可或缺的技能，是教师的基本功。

专项知识技能指从事某种职业所必须掌握的某项或几项特殊知识能力。专项知识技能是在基础知识技能的基础上进一步发展起来的能力。它对于不同职业的从业者提出了更高的要求。如教师在掌握了基础知识技能外，在课堂上还应有板书变化技能、提问技能、强化技能、练习指导技能、课堂组织技能、教学技能的综合运用等多种知识技能。专项知识技能的高低决定了择业顺利与否，也决定了未来事业的成败。

2. 自我管理技能

良好的自我管理技能能够帮助个体更好地适应周围的环境、应对工作中出现的问题，因此它也被称为"适应性技能"。自我管理技能经常被看作个性品质，被用来描述或说明人具有的某些特征，常以形容词或副词的形式出现，例如仔细的、慷慨的、喜悦的、欢快的、聪明的、高尚的，等等。自我管理技能无论是一个人先天具有的，还是后天习得的，都需要练习。它可以从非工作领域转换到工作领域。

3. 可迁移技能

人们所获得的各种技能之间可以相互作用，已经掌握的技能可能对新的技能起促进作用，也可能妨碍学习新的技能。这种现象叫作技能的迁移。可迁移技能的特征是它可以从生活的方方面面，特别是工作之外得到发展，却可以迁移应用于不同的工作之中。因此，也被称为"通用技能"。

（三）职业能力

与职业相关的能力指的是就业所需的技术和能力，它是人们从事某种职业的多种能力的综合。例如：以为教师只具有语言表达能力是不够的，还必须具有对教学的组织和管理能力，对教材的理解和使用能力，对教学问题和教学效果的分析、判断能力，对学生学习的指导、启发能力。

一定的职业能力是胜任某种职业岗位的必要条件，任何一个职业岗位都有相应的岗位职责要求，一定的职业能力则是胜任某种职业岗位的必要条件。因此，大学生在进行择业时，首先要明确自己的能力优势以及胜任某种工作的可能性。条件允许的情况下，可以由专业职业指导人员帮助分析，根据自身的学历状况、职业资格、职业实践等来确定求职者的职业能力，必要时可以通过心理测试作为参考，在基本确定求职者的职业能力和发展的可能性的基础上帮助求职者进行职业选择。

职业能力是决定一个人能否进入职业的先决条件，也是一个人能够胜任工作的客观条件。无论从事何种职业，都要有一定的技能作为保证。在一个人的职业生涯中，要从事多种社会生产生活活动，必须具备多种能力与之相匹配。职业能力能够说明人的能力在不同领域的表现情况，即在某些领域具有良好能力表现，而在另一些领域的能力可能相对欠缺。了解自己的能力倾向，并根据职业活动对职业技能进行培养，对于职业生涯发展意义重大。

【二维码链接】自我效能感

二、能力与职业发展的关系

正所谓"尺有所短，寸有所长"，每个人所具备的能力也不尽相同。因此，在进行职业选择时，要从自身的能力出发，充分考虑到自身能力与职业是否相匹配。

（一）能力是职业选择的现实基础

能力，是一个人能否进入职业的先决条件，是能否胜任职业工作的主观条件。无论从事什么职业总要有一定的能力作保证。社会上任何一种职业对工作者的能力都有一定的要求。如会计、出纳、统计等职业，工作者必须有较强的计算能力，工程、建筑及服装设计等职业的工作者要具备空间判断能力；运动员、飞行员、外科医生、舞蹈演员等职业的工作者则要具备眼与手的协调能力。人在一生之中，要从事各种各样的社会生活和社会生产活动，必须具备多种能力与之相适应。职业能力是个体客观具备的，是其进行职业选择的现实基础。个体只有具备相应的职业能力，才能胜任相应的职业工作任务。否则，任何的职业选择都毫无成功可言。

（二）能力与职业选择相匹配

不同的个体之间存在能力的差别，不同的职业也有不同的能力要求，因此，进行职业选择时，要充分考虑能力与职业的匹配。一方面，应当注意一般能力与职业之间的关系。一般能力是多数职业的共同的基本要求，具有通用性。因此，进行职业选择前就首先具备一般能力。另一方面，应当注意特殊能力与职业的关系。如同盖房用的木料，粗者为梁、细者为椽，直者为柱、曲者为拱，整者为门、碎者为窗，硬者为面、软者为里，各有所用，各得其所。在选择职业时，同学们不能好高骛远或单从兴趣爱好出发，要实事求是地检测自己的学识水平和职业能力，这样才能找到有"用武之地"的合适工作。

【二维码链接】什么是职业核心能力

三、职业能力对职业发展的影响

（一）职业能力是就业的关键

作为大学生，要想谋求理想的职业，立足于岗位工作，并在职业岗位上做出成绩，不仅要具有一定的科学文化知识和思想道德素质，还要具备良好的职业能力。职业能力是就业的关键，是获得职业成功的前提。

显而易见，面对目前严峻的就业形势，就业竞争会日益激烈，这种竞争将突出体现为职业能力的竞争。在优胜劣汰的市场竞争中，不具备一定的职业能力，就意味着就业的失败，就意味着可能失业和再次择业。据调查，我国国有企业下岗人员从被迫下岗到再就业难，一个重要的原因，就是相当一部分下岗人员缺乏职业能力，没有过硬的技术本领。

（二）职业能力推动职业生涯快速发展

具有较高的职业能力，不但是成功就业的敲门砖，还是保职升职的有力保障。反之，如果职业能力不足，即使暂时获得了岗位，也会因不能胜任而遭到淘汰。具有较好的职业能力，会让自己在工作时游刃有余，获得较强的工作愉悦感和成就感。

在工作过程中，职业能力强的人，一般会取得更好的工作绩效，为组织创造更大的价值，所以比职业能力差的人有更多的职业晋升机会，从而获得更快更好的职业生涯发展。随着能力的积累和发挥，职业发展空间就会越来越大，而随着发挥空间的增大，职业能力的提升也会更快更多，形成良性循环，最终取得生涯的成功。

【二维码链接】实力是成功的保证

【体验活动】专业知识技能探索

在下面的专业知识技能清单中圈出自己所知道的。如有可能，用一个更具体的词来替换这里的词汇。比如，如果圈出了"外语"这个词，根据自身所掌握的外语方面的知识，同学们可以把它替换成英语或日语。

专业知识技能列表

美学、手绘、PS、3D、CAD、会计、管理、农业、解剖学、声学、青春期、杂技、飞机、动物、古董、人类学、制陶术、工程学、地理、开胃食品、庆典、发动机、构造、仪器、椅子、娱乐、设备、仲裁、化学药品、建筑、教堂、高尔夫球、数学、城市、政府、艺术、艺术史、家庭、机构、气候、图表、衣服、时尚、天文学、语法、运动、颜色、肥料、原子、喜剧、电影、金融、手工艺品、儿童养育、计算机、财务记录、卫生保健、信仰、消防、化妆品、急救、历史、生物学、园艺、插花、植物学、外语、卫生、卡通、地理学、新闻业、商品、心理学、养育

现在想一想你目前不具备但希望有并且自信自己能够学会的知识，写在下面。

第二节　职业能力与技能提升

【案例故事】

你的职业能力到底是什么

招聘者这样问毕业生："能谈谈你的能力吗？"或者"你有什么样的能力胜任这个职位呢？"

有一位同学这样回答："我能力挺强的，做什么都没问题。"

面试官接着问："请问你的能力到底是什么？"

同学再次回答："别人能做的我肯定也能做到，我有信心胜任工作，反正就是挺有能力的。"

（资料来源：网易网，有改动）

点评：

人生就是一个自我推销的过程，推销成功了，我们的人生也就成功了，推销失败了，人生也就甭提了。——崔金生《不妨卖掉自己》

刚才那位同学成功地推销自己了吗？没有！太失败了！他不仅不了解自己具备的能力，而且不知道自己要竞聘的职位需要什么能力。

《天下无贼》中"贼头"黎叔有一句名言："21世纪什么最贵？人才！"有才能的人是人才，大学毕业之际许多同学都会面临一个共同的问题：就业！就业市场是一个竞争的市场，能者上，庸者下。我想干什么，我能干什么，这是我们必须回答的问题。

一、职业能力与职业核心能力

（一）职业能力

职业能力是人们从事职业活动完成职业任务的成效和本领。

在我国人力资源和社会保障部《国家技能振兴战略》的研究课题中，首次把人的能力按职业分类规律分成了三个层次，即职业特定能力、行业通用能力和职业核心能力。

职业特定能力是每一种职业自身特有的，它只适用于这个职业的工作岗位，适应面很窄；但有一个职业就有一个特定的能力，按国家职业分类大典划分的职业有2000多个，所以特定能力的总量是最大的。

行业通用能力是以社会各大类行业为基础，从一般职业活动中抽象出来的可通用的基本能力，它的适应面比较宽，可适用于这个行业内的各个职业或工种，而按行业或专业性质不同来分类，通用能力的总量显然比特定能力小。

核心能力是从所有职业活动中抽象出来的一种最基本的能力，普适性是它最主要的特点，可适用于所有行业的所有职业，虽然世界各国对核心能力有不同的表述，相比而言它的种类还是最少的。如图6-1所示：

162

职业特定能力（岗位特殊专业能力）
（叶）

行业通用能力
（枝）

（综合）
职业能力
（树）

职业核心能力
（支柱）

职业方法能力
（个人）

自我学习
信息处理
数字应用

职业社会能力
（对外）

与人交流
与人合作
解决问题
创新能力
外语能力（托业英语）

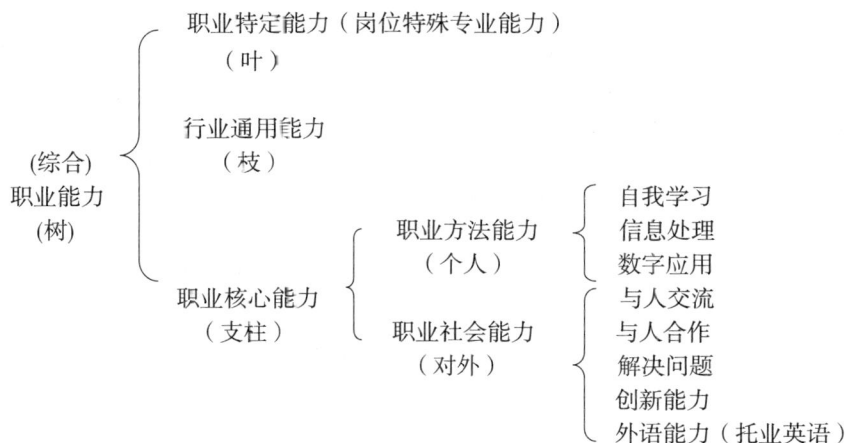

图6-1　职业能力的"树干支撑"模型

职业能力结构各层次之间的关系好像一棵大树，核心能力像是大树的主干，通用能力是主干上的分枝，特殊能力是分枝上的树叶。树干支撑模型形象说明职业能力结构相互支撑的关系。

职业核心能力在人的发展中是一种最基础的和最重要的能力，它在人的能力体系中是处于核心地位的能力，在能力金字塔中职业核心能力位于最关键的核心层次，是职业特定能力和行业通用能力的基础，它承载着职业特定能力和行业通用能力并有效地促进它们的发展。

在每一个人的职业生涯中职业特定能力的培养是实现就业的基本功，行业通用能力的培养是具备工作能力的必要条件，而职业核心能力的养成是把每一个人培养成现代职业人——能力人的保证。

（二）职业核心能力

职业核心能力是人们职业生涯中除岗位专业能力之外的基本能力，它适用于各种职业，是伴随终身的可持续发展的能力。有的国家又叫"关键能力"（如德国、澳大利亚）或"基本能力"（如美国），可分为职业方法能力（如"自我学习""信息处理""数字应用"）和职业社会能力（"与人交流""与人合作""解决问题""创新"等）。

在职业领域中，核心能力的特征是：当职业发生变更或者当劳动组织发生变化时，劳动者所具备的这种能力依然存在，它使劳动者能够在变化的环境中很快地重新获得所需要的职业技能和知识。

1998年，我国人力资源和社会保障部在《国家技能振兴战略》中把职业核心能力分为与人交流、与人合作、解决问题、自我学习、数字应用、信息处理、革新创新、外语应用8项内容。

自我学习能力	自我学习不是学习计划 没有什么比学会学习更重要 ◆ 学习的关键不在结果在过程 ◆ 学习的效果不在内容在方法 ◆ 学习的技巧不在技术在感悟 像开发你的左脑一样开发右脑

1. 自我学习

它是指在工作活动中，能根据工作岗位和个人发展的需要，确定学习目标和计划，灵活运用各种有效的学习方法，并善于调整学习目标和计划，不断提高自我综合素质的能力。它是从事各种职业必备的一种方法能力。自我学习能力以终身学习为主要特点，以各种学习方法和良好的学习习惯为手段，以学会学习为最终目标。

数字应用能力	数字应用不是解数学应用题 工作中无所不在的数字问题 ◆ 数学水平高低与数感无必然关系 ◆ 数字处理技术不是最重要的 ◆ 要善于发现工作中的数字问题 不要数字问题的解决要解决问题的数字

2. 数字应用

它是指根据实际工作任务的需要，通过对数字的采集与解读、计算及分析，并在计算结果的基础上发现问题并做出一定评价与结论的能力，是日常生活以及从事各种职业必备的方法能力。数字应用能力以数字信息为媒介，通过对数字的把握和数字运算的方式，来说明和解决实际工作中的问题。

信息处理能力	信息处理不是 IT 工作中的事无不是信息处理 ◆ 信息处理技术仅是一个手段而已 ◆ 重要的是找到工作中有效的信息 ◆ 信息应用比信息处理重要一百倍 做信息的主人，让信息为我所用

3. 信息处理

它是指根据职业活动的需要，运用各种方式和技术收集、开发和展示信息资源的能力，是日常生活以及从事各种职业必备的方法能力。信息处理能力以文字、数据和音像等多种媒体为基础，以文件处理、计算机、网络通信等技术为手段，以适应工作任务的需要和实际问题的解决为目的。

与人交流能力	与人交流不仅是要口才和文才 与人交流能力决定事业的成败 ◆ 职场需要一定的口才和文才 ◆ 熟悉业务才能做到交流自如 ◆ 实战条件下才能学会真本领 与人交流是一种职业行为和素质

4. 与人交流

它是指在与人交往活动中，通过交谈讨论，当众讲演、阅读并获取信息，以及书面表达等方式，来表达观点、获取和分享信息资源的能力，是日常生活以及从事各种职业必备的社会和方法能力。与人交流能力以汉语为媒介，在听、说、读、写技能的基础上，通过对语言文字的运用，以促进与人合作和完成工作任务为目的。

与人合作能力	与人合作不是为了合作而合作 有人的活动就有与人合作 ◆ 合作是职业活动的重要手段 ◆ 合作行为要符合工作的目的 ◆ 合作的过程与工作过程同步 工作任务的成果就是合作的成果
解决问题能力	解决问题不是执行任务 只有问题解决了才能体现出能力 ◆ 问题存在于非常规和突发事件 ◆ 有办法却没有特定的技术手段 ◆ 解决问题的关键在反复的实践 解决问题的能力在做不在说

5. 与人合作

它是指根据工作活动的需要，协商合作目标，相互配合工作，并调整合作方式，不断改善合作关系的能力，它是从事各种职业必备的社会能力。与人合作能力是在个人与他人、个人与群体的条件下，通过与人交流的方式，并结合其他有关方式或手段，以促进工作任务的完成和实际问题的解决为目的。

6. 解决问题

它是指能够准确地把握事物的本质，有效地利用资源，通过提出解决问题的意见，制订并实施解决问题的方案并适时进行调整和改进，使问题得到解决的能力。它是从事各种职业活动都需要的一种社会能力。解决问题能力所采用的技术和方法没有特别的限定，以最终解决实际问题为目的。

7. 革新创新

它是指在工作活动中，为改变事物现状，以创新思维和技法为主要手段，通过提出改进或革新的方案，勇于实践并能调整和评估创新方案，以推动事物不断发展的能力。它是从事各种职业特别需要的一种社会和方法能力。创新能力需要有积极创新的精神和专门的创新技法，同时又不限定任何可采用的技术和方法，创新能力的运用范畴没有极限，以不断推动事物的发展为宗旨。

8. 外语应用

在实际工作和交往活动中以外国语言为工具与人交流的能力。

【二维码链接】通过实践形成就业竞争力

二、职业能力的形成与培养

（一）知识的学习

知识的学习是职业能力形成和发展的第一个阶段，在这个阶段中，新信息进入短时记忆，与来自长时记忆的原有知识建立一定的联系，并纳入原有的命题网络，从而得到理解。个体通过类属、归纳及其并列结合等内在同化过程获得知识，并且运用记忆规律促进知识的保持，用所学知识解决类似或同类课题，做到了知识的迁移。

（二）技能的学习

技能是指个体在特定目标指引下，通过练习逐渐熟练掌握地对已有的知识经验加以运用的操作程序。技能的学习要以程序性知识的掌握为前提，一般通过感性认识（看或听）、模仿（学习）、练习反馈等过程由不会到会再到熟练，从而达到自动化式的定型。

（三）态度的培养

个体对职业不同的态度决定着个体不同的认识和情感，而且还会影响个体在职业中的不同表现。态度不是先天就有的，而是社会性学习的结果。在家庭、社会和学校等不同情境的作用下，通过他人的社会示范、指示或忠告，将社会的要求内化为学生自己的态度，并会在一定条件下产生迁移和改变。

（四）知识、技能、态度的内化迁移与整合

知识、技能、态度等的习得或会应用，并不等于已具备了职业能力。学生职业能力的形成和发展，必须参与特定的职业活动或模拟的职业情境，通过对已有的

知识、技能、态度等的类化迁移，并得到特殊的发展与整合，从而才能形成职业能力。

【二维码链接】发现自我，扬长补短

三、提高技能的途径

（一）课内学习

课内学习为学生培养专业技能创造了良好条件。学生要充分利用学校的各种资源，积极培养自身的专业技能，为成就未来的事业打下坚实的基础。

1. 主动参与课堂教学

课堂教学是大学生在校学习的主要形式。学生应主动参与到课堂中的讨论、练习（包括口头、书面）、实际操作（模仿性的和创造性的）等活动中去，深刻感受知识的内在美，逐步养成良好的习惯，不断提升自己的专业能力。

2. 广泛参加"第二课堂"

"第二课堂"是指课外的各种学习和实践活动。这一领域的开辟，对学生就业起到了很好的推动作用。学生应积极参加到各种"第二课堂"中去，如学术讨论会、读书报告会、朗诵、演讲、写作、书法等，并在此基础上，根据自己的爱好和特长，积极参加各种社团活动。学生可以充分发挥自身的主动性、独立性和创造性，可以有意识地从事业和未来的工作需要出发培养和锻炼自己。

（二）课外培养

对于同学们来说，要将技能的提高放到实践活动中去，从实际工作对知识或只是环境的需求去寻找相应的知识与能力。现在获取知识的方式有很多种。互联网的进一步发展，为学习者提供了非常广阔的学习平台；课外活动可培养发现问题和运用专业知识解决问题的能力。掌握了学习课本以外知识的方法与途径，具备了分析和解决问题的能力，通过课外实践活动的锤炼，技能会在点滴之间得以积累。

提高大学生技能的课外途径主要有：

1. 积极争取和充分利用各种实习机会，选择与职业目标相对应的行业及岗位实习。

2. 积极参加社会实践活动，参与专业技能大赛、教师的科研项目等活动。

3. 参加职业技能培训。

【二维码链接】学习能力是成功人士的第一特质

【体验活动】可迁移技能探索

在下面的可迁移技能词汇表中，圈出任何你所拥有的可迁移技能，在这个技能后面试着用"什么"和"谁"回答。

可迁移技能词汇表

执行	照顾	巩固	指导
声称	编辑	建设	洞察
适应	制图	联系	发现
管理	选择	控制	拆除
装配	分类	烹调	展示
劝告	打扫	协调	证明
开玩笑	攀登	培养	鼓励
分析	训练	纠正	绘制
预测	收集	联络	训练
申请	着色	咨询	驾驶
评价	交流	计数	审读
安排	比较	创造	授受
评估	完成	决定	忍耐
权衡	集中	设计	估计
协助	构成	代表	提高

参加	领会	运送	娱乐
审核	计算	销售	建立
美化	调和	探测	膨胀
预算	面对	发展	解释
购买	联结	发明	探索
计算	保存	诊断	表达
促进	领导	生产	分享
喂养	学习	编程	运送
感受	搬运	提升	演出
填充	倾听	校对	简化
融资	装载	保护	唱歌
调整	定位	提供	绘图
装配	维修	证明	交际
追随	制造	宣扬	分类
预见	管理	测量	演讲
伪造	操纵	提问	拼写
构成	调解	阅读	驾驶
阐述	收集	推理	激励
测量	记忆	记录	建议
给予	指导	招聘	总结
统治	最小化	减少	监督
引导	修改	讲述	合成
处理	教导	研究	系统化
收获	激发	回忆	列表
识别	养育	描绘	趋向
举例	观察	研讨	测验
执行	操作	解决	贸易
即兴表演	创造	找回	翻译

第三节 职业能力测评

【案例故事】

越磨砺越光芒

　　陈文凤，女，汉族，中共预备党员，机械工程学院工业设计专业2017级学生，现任班级学习委员。曾获国家奖学金、国家励志奖学金、校特等奖学金、校一等奖学金；获全国大学生工业设计大赛安徽赛区三等奖、安徽省第六届工业设计大赛二等奖、东方创意之星设计大赛铜奖、蚌埠市文化创意比赛三等奖，获校"三好学生""优秀青年志愿者"等荣誉称号。

　　"灵魂如果没有确定的目标，它就会丧失自己。"初入大学的陈文凤就确立了自己努力的方向，她梦想成为一名合格的工业设计师。对她而言，人生就像是圆形赛道，每一次终点都是起点，大学意味着一个新篇章，昨日种种，皆成今我，切莫思量。既然选择了工业设计，陈文凤就想要在这个领域里发光发热，她想将无限的想象力与卓越的设计结合，为工业设计的发展注入鲜活的生命元素，她坚信这才是工业设计专业的使命。

　　面对学习生活的压力，拿捏不住前进的方向，难免让人在逐梦途中迷失彳亍。陈文凤也曾经受挫徘徊，不知道自己该干什么，也对自己的专业产生过误解，认为工业设计就是另外一种形式的"画画"。但随着学习的不断深入，她逐渐了解了自己的专业，发现工业设计并不是简单地把元素堆叠在一起，而是在考虑了实用性、方便性的基础之上，进一步实现设计上的革新。在不断的学习中，她终于挖掘出埋藏在内心深处对工业设计的热爱。

　　"梦想为迷失方向的航船引导方向。"这位平凡的女孩一直激励着自己，继续前行，成为一名优秀的学生——成为国家级奖学金的获得者。陈文凤在大学的舞台上拒绝平庸，一有空闲时间就一头扎进图书馆，徜徉在书海中探求真知；在操场上奔跑运动，绽放青春光彩。她满怀热忱，执着在专业领域，孜孜求索，她勇于前行，让平凡的人生摆脱平庸，让平凡的生活充满乐趣。

　　谈及未来，陈文凤说她正在准备考研，正不断提升自己的高度，用知识改变命运。多读书总没坏处，即将离开安科，曾经种种仍在眼前，喜悦与遗憾，陈文凤感慨甚多，她希望学弟学妹们从大一就制订自己的目标，不要留下遗憾，充分利用大学的图书馆，提高专业能力，实现理想目标，不为平庸而生，始终坚信"历经天华成此景，人间万事出艰辛"。

（资料来源：安徽科技学院网，有改动）

点评：

　　"沈体"很多优秀学子进入部队和公安系统，不仅仅是因为简单的身体素质，并非天赋异禀，就能闯得一片天地绽放光芒，磨砺过程中的辛酸苦楚只有自己知晓。多少学生在放弃和坚持之间选择了前者，难以有所成就；无怨无悔选择后者才有可能成为人生赢家。越磨砺越幸运，越磨砺越光芒，大学不是浪费青春的天堂，是一个让青春梦想放飞的舞台。人生就如逆水行舟，不进则退，磨砺沉淀的大学生活才是正确的打开方式。

一、职业能力测试

　　下面的测验包括9个最基本的能力的简易量表，每种能力倾向都有4道题目。测验时，请你仔细阅读每一道题，并采用五星评分法对自己进行判定。

表6-1　职业能力测试表

（一）一般学习能力倾向(G)	强1	较强2	一般3	较弱4	弱5
1. 快而容易地学习新内容					
2. 快而正确地解数学题					
3. 你的学习成绩					
4. 对课文的字、词、段落篇章的理解、分析和综合能力					
5. 对学习过的知识的记忆能力					
（二）言语能力倾向(V)	强1	较强2	一般3	较弱4	弱5
1. 善于表达自己的观点					
2. 阅读速度和理解能力					
3. 掌握词汇量的程度					
4. 你的语文成绩					
5. 你的文学创作能力					
（三）算术能力倾向(N)	强1	较强2	一般3	较弱4	弱5
1. 做出精确的测量					
2. 笔算能力					

3. 口算能力					
4. 打算盘					
5. 你的数学成绩					
（四）空间判断能力倾向(S)	**强1**	**较强2**	**一般3**	**较弱4**	**弱5**
1. 解决立体几何方面的习题					
2. 画二维度的立体圆形					
3. 看几何图形的立体感					
4. 想象盒子展开后的平面图					
5. 想象三维度的物体					
（五）形态知觉能力倾向(P)	**强1**	**较强2**	**一般3**	**较弱4**	**弱5**
1. 发现相同图形中的细微差别					
2. 识别物体的形状差异					
3. 注意物体的细节部分					
4. 观察物体的图案是否正确					
5. 对物体的细微描述					
（六）书写知觉能力倾向(Q)	**强1**	**较强2**	**一般3**	**较弱4**	**弱5**
1. 快而准地抄写资料 (如姓名、日期、电话号码等)					
2. 发现错别字					
3. 发现计算错误					
4. 能很快查找编码卡片					
5. 自我控制能力(如较长时间抄写资料)					
（七）眼手运动协调能力倾向(K)	**强1**	**较强2**	**一般3**	**较弱4**	**弱5**
1. 玩电子游戏					
2. 打篮球、排球、踢足球一类活动					
3. 打乒乓球、羽毛球运动					
4. 打算盘能力					
5. 打字能力					

（八）手指灵巧度(F)	强1	较强2	一般3	较弱4	弱5
1. 灵巧地使用很小的工具					
2. 穿针眼、编织等使用手指的活动					
3. 用手做一件小工艺品					
4. 使用计算器的灵巧程度					
5. 弹琴					
（九）手腕灵巧度(M)	强1	较强2	一般3	较弱4	弱5
1. 用手把东西分类					
2. 在推拉东西时手的灵活度					
3. 很快地削水果					
4. 灵活地使用手工工具					
5. 在绘画、雕刻等手工活动中的灵活性					

计分方法：选"强"得5分，选"较强"得4分，选"一般"得3分，选"较弱"得2分，选"弱"得1分。计算每一类能力的自评等级：自评等级＝总分÷4；最后，将自评等级填入下表中：

表6-2　职业能力测试等级

职业能力倾向	自评等级	职业能力倾向	自评等级
G		Q	
V		K	
N		F	
S		M	
P			

根据结果对照下表，可找到你适合的职业：

表6-3 职业能力倾向表

职业类型	职业能力倾向								
	G	V	N	S	P	Q	K	F	M
生物学家	1	1	1	2	2	3	3	2	3
物理科学技术员	2	3	3	3	2	3	3	3	3
数学家和统计学家	1	1	1	3	3	2	4	4	4
系统分析和计算机程序编制者	2	2	2	2	3	3	4	4	4
经济学家	1	1	1	4	4	2	4	4	4
社会学家、人类学者	1	1	2	2	2	3	4	4	4
心理学家	1	1	3	4	4	3	4	4	4
历史学家	1	1	4	3	3	3	4	4	4
哲学家	1	1	3	2	2	3	4	4	4
政治学家	1	1	3	4	4	3	4	4	4
社会工作者	2	2	3	4	4	3	4	4	4
法官	1	1	3	4	3	3	4	4	4
律师	1	1	3	4	3	4	4	4	4
职业指导者	2	2	3	4	4	3	4	4	4
大学教师	1	1	3	3	2	3	4	4	4
中学教师	2	2	3	4	3	3	4	4	4
小学和幼儿园教师	2	2	3	3	3	3	3	3	3
营养学家	2	2	2	3	3	3	4	4	4
画家、雕刻家	2	3	4	2	2	5	2	1	2
产品设计和内部装饰者	2	2	3	2	2	4	2	2	3
舞蹈家	2	2	4	3	4	4	4	4	4
演员	2	2	3	4	4	3	4	4	4
电台播音员	2	2	3	2	2	4	2	2	3
作家和编辑	2	1	3	3	3	3	4	4	4

职业类型	职业能力倾向								
	G	V	N	S	P	Q	K	F	M
翻译人员	2	1	4	4	4	3	4	4	4
体育教练	2	2	2	4	4	3	4	4	4
体育运动员	3	3	4	2	3	4	2	2	2
秘书	3	3	3	4	3	2	3	3	3
统计员	3	3	2	4	3	2	3	3	4
一般办公室职员	3	4	3	4	4	3	3	4	4
商业经营管理	2	2	3	4	3	3	4	4	4
警察	3	3	3	4	3	3	3	4	3
导游	3	3	4	3	3	5	3	3	3
驾驶员	3	3	3	3	3	3	3	4	3

二、一般自我效能感量表

以下10个句子是同学们关于自己平时的一般看法，请同学们根据自身的实际情况(实际感受)，在合适的地方上画"√"，答案没有对错之分，对每一个句子无须多考虑。

1. 如果我尽力去做的话，我总是能够解决问题的。

完全不正确□　尚算正确□　多数正确□　完全正确□

2. 即使别人反对我，我仍有办法取得我所要的。

完全不正确□　尚算正确□　多数正确□　完全正确□

3. 对我来说，坚持理想和达成目标是轻而易举的。

完全不正确□　尚算正确□　多数正确□　完全正确□

4. 我自信能有效地应付任何突如其来的事情。

完全不正确□　尚算正确□　多数正确□　完全正确□

5. 以我的才智，我定能应付意料之外的情况。

完全不正确□　尚算正确□　多数正确□　完全正确□

6. 如果我付出必要的努力，我一定能解决大多数的难题。

完全不正确□　尚算正确□　多数正确□　完全正确□

7. 我能冷静地面对困难，因为我信赖自己处理问题的能力。

完全不正确□　尚算正确□　多数正确□　完全正确□

8. 面对一个难题时，我通常能找到几个解决方法。

完全不正确□　尚算正确□　多数正确□　完全正确□

9. 有麻烦的时候，我通常能想到一些应付的方法。

完全不正确□　尚算正确□　多数正确□　完全正确□

10. 无论什么事情在我身上发生，我都能应付自如。

完全不正确□　尚算正确□　多数正确□　完全正确□

计分方法：

完全不正确计1分，尚算正确计2分，多数正确计3分，完全正确计4分。

分数越高说明自信心越高。

1～10分：

你的自信心很低，甚至有点自卑，建议经常鼓励自己，相信自己是行的，正确地对待自己的优点和缺点，学会欣赏自己。

10～20分：

你的自信心偏低，有时候会感到信心不足，找出自己的优点，承认它们，欣赏自己。

20～30分：

你的自信心较高。

30～40分：

你的自信心非常高，但要注意正确看待自己的缺点。

【体验活动】自我管理技能探索

在下面的列表中，圈出自己认为自己确实拥有的任何自我管理技能，大多数技能用形容词或副词表示。选择时思考这些词与哪些事件相联系。

自我管理技能列表

活跃的——活泼的，精力充沛的	好分析的——逻辑的，批判的
精通的——娴熟的，内行的，熟练的	能说会道的——善于表达的，擅长辞令的
胆大的——勇敢的，冒险的	艺术的——美学的，优美的
攻击性强的——强有力的，好斗的	随和的——放松的，随意的
坚持己见的——强调的，坚持的	有效的——多产的，有说服力的
健壮的——强壮的，肌肉发达的	有效率的——省力的，省时的
平衡的——公平的，公正的，无私的	同情的——理解的，关心的

心胸开阔的——宽容的，开明的	着重的——强调的，有力的，有把握的
有条理的——有效率的，勤勉的	精力充沛的——活泼的，活跃的，有生气的
正直的——直率的，坦率的，真诚的	热情的——热切的，热烈的
平静的——沉着，不动摇的，镇定的	进取的——冒险的，努力的
仔细的——谨慎的，小心的	慷慨的——乐善好施的，仁慈的
清楚的——明白的，明确的，确切约	富于表现力的——生动的，有力的
聪明的——伶俐的，敏锐的，敏捷的	公平的——无私的，无偏见的
有能力的——熟练的，高效的	有远见的——明智的，有预见的
志趣相投的——愉快的，融洽的	灵活的——适应性强的，易调教的
有信心的——自信的，有把握的	坚定的——不动摇的，稳定的，不屈不挠的
常规的——传统的，认可的	大方的——慷慨的，无私的，乐善好施的
有勇气的——勇敢的，无畏的，英勇的	温和的——好心的，温柔的，有同情心的
有创造性的——新颖的，有创意的	吃苦耐劳的——坚强的，坚忍不拔的
好奇的——好问的，爱探究的	健康的——精力充沛的，强壮的，健壮的
慎重的——小心的，审慎的	诚实的——真诚的，坦率的
谨慎的——小心的，精明的	特意的——有目的的，故意的
拘谨的——矜持的，客气的	忠诚的——真诚的，忠实的，坚定的
反应灵敏的——活泼的，能接纳的	小心翼翼的——精确的，完美主义的
负责的——充分考虑的，成熟的	有条理的——系统的，整洁的，精确的
严肃的——冷静的，认真的，坚决的	观察敏锐的——专注的，留心的，警觉的
精明的——机敏的，爱算计的，机警的	头脑开放的——接纳的，客观的
真诚的——诚恳的，可信的，诚挚的	有秩序的——整洁的，训练有素的，整齐的好
交际的——随和的，亲切的	独创的——创造性的，罕有的
稳定的——坚固的，稳固的，可靠的	充满热情的——狂喜的，强烈的，热心的
有说服力的——令人信服的	完全的——彻底的，全部的

【实践拓展】每人都有小宇宙

请同学们对下面的经历进行分析，尽可能全面地列出自己所掌握的知识性技能，再从中分别挑选出自己感觉比较精通和在工作中应用或希望应用的知识技能，最后排列出对自己来说最重要的五项技能。

1. 在学校开设的课程中学到的知识性技能（如英语、电脑、操作技能等）：

_____

2. 在工作（包括兼职和暑期社会实践）中学到的（如电脑绘图技能等）：

3. 从课外培训、辅导班、研讨班学到的(如绘画技能等)：

4. 从参加专业会议中学到的(如大学生如何处理人际关系等)：

5. 从志愿者工作中学到的(如何照看孤寡老人等)：

6. 从业余爱好、娱乐休闲、社团活动中学到的(如摄影、缝纫技术等)：

7. 通过自学、看电视、听收音机、请教等方式学到的(如钢琴演奏、PPT制作技术等)：

8. 请家人和同学帮助你回忆你在校内外都学习过一些什么专业知识技能（不管程度如何）：

对你来说最重要的五项技能是：

在盘点了自己现有的知识性技能以后，把你的思绪转向未来，想想哪些知识性技能你目前还不具备、但希望自己拥有，可以通过一些什么样的途径来获得这些知识性技能。

9. 我尚不具备但希望拥有的知识性技能：

10. 我计划通过以下途径掌握以上知识性技能：

【专家视角】

一、所谓"人才"，必须能力和态度俱佳[1]

王辉庆，蒲公英评论独立评论员，文章第12次入选"锐评"栏目。下文为蒲公英评论网站首发作品。

长期以来，人们评价一个人是不是"人才"，往往陷入两个误区：一是过于狭隘，认为在学习与工作中优于旁人才是人才。因此，在学校，各种学霸被誉为人

---

[1] 王辉庆，所谓"人才"，必须能力和态度俱佳：http://mt.sohu.com/20160313/n440260401.shtml

才；在社会上，业绩突出者被誉为人才，反之则是庸人一个。二是过于功利。在学校，考入重点学校的毕业生，在各类竞赛中斩金夺银的学生被视为人才；在社会上，身居要职，掌握更多社会资源的官员与赚钱多的各类老板被视为人才。结果是否定了太多的人才。

我们说的"人才"，应该是指具有一定的专业知识或专门技能，进行创造性劳动，并对社会做出贡献的人，是人力资源中能力和素质较高的劳动者。也就是说，人才必须能力和态度俱佳。

在社会生活当中，三百六十行，行行出状元，只有分工的不同，不该有地位的高下。正如一片森林，既要有高大的乔木秀于林，也要有低矮的灌木与紧贴地面的草本植物，人造林因树种单一永远都称不上严格意义上的森林。而不同行业与岗位对人才的要求也是不同的：从事科研项目的人才，需要渊博的知识，很严谨的态度；供职事业单位的人才，需要创新和协调能力；选择环卫家政的人才，需要环境适应能力及动手操作能力……虽然人才因分工不同，有高端与低端之分，但只要找准了位置，就不失为人才。

《孟子·万章下》中记载了这样一段话："孔子尝为委吏矣，曰：'会计当而已矣。'尝为乘田矣，曰：'牛羊茁壮长而已矣。'"大意是，孔子曾担任过管理仓库和牛羊的小吏，他如此对待自己的工作：叫我管理仓库，我就把账目算得清清楚楚；叫我管理牧场，我就把牛羊养得肥肥壮壮。前不久，又看到复旦大学教授严锋的一句话，他认为中国目前最需要的人是智力中等、性情温和、知书达理、实干敬业的人。也就是说，当今的整个教育系统以及全社会都应该树立这种不唯智力，高度重视人的人文素养与敬业精神等非智力因素的人才观。

二、成功人士所需要的职业能力

（一）运用知识的能力

21世纪是信息化社会，是知识和信息爆炸的社会，需要掌握的知识很多，而知识更新的周期也更短，有许多好不容易才学到的知识，等大学毕业时也可能就没什么用了，或者需要进一步更新了。所以，重要的是掌握学习的方法，培养一种运用知识去解决问题的能力。

（二）自我推销能力

学生的素质再好、能力再强，不会推销自己，雇主怎么知道你是最合适的人选呢？招聘面试关都过不了，又怎么能施展才华呢？善于自我推销实际上表现为两种：一种是沟通能力，一种是人际关系的建立能力。同学们一定要培养自己沟通和人际交往的能力，学会恰如其分地向别人推销自己。

（三）专业能力

雇主在选聘人才时，对应聘人员的专业要求并不是一概而论的。对于技术要求较强的岗位，雇主一般要求专业对口，对专业能力要求较高；而非技术类岗位对专业的要求没有那么严格。多数雇主对大学生的专业能力还是比较看重的，通过专业学习态度和学习的能力来判断你的价值观和潜能。

（四）沟通能力

沟通能力包括语言沟通能力和书面沟通能力。当发现语言沟通效果不佳时，你可以采用迂回的办法，如电子邮件、书面信函、报告的形式尝试沟通一番。因为，书面沟通有时可以达到语言沟通所无法达到的效果，可以较为全面地阐述想要表达的观点、建议和方法。

（五）创新能力

企业需要具有创新能力的人，在企业的发展过程中总会遇到许多意想不到的新问题，这就需要员工具有创新能力，能够创造性地解决企业发展过程中的各种问题。

（六）学习能力

学习能力并不等同于毕业生在学校里所取得的专业成绩。只有不断吸收接受新的知识、新的技能，才能有潜力可挖，有发展前途的员工。一个人的知识总是有限的，而且总有一天会落伍过时，但不变的是他的学习愿望和能力。想学习、会学习的毕业生才最有发展潜力。

（七）信息搜集能力

收集各类信息资料，包括各种政策、报告、计划、方案、统计报表、业务流程、管理制度和考核方法等，尤其要重视竞争对手的信息。任何成熟的业务流程本身就是很多经验和教训的积累，用时就可以信手拈来。

（八）抗挫折能力

遇到失败、挫折和打击能自我安慰和解脱，还会迅速总结经验教训，而且坚信情况会发生变化。失败、挫折并不可怕，可怕的是遇到挫折、失败时丧失自信心或选择放弃，在人生的旅途中遇到一点儿困难是很正常的事情，我们需要用正确的心态去面对它，提高抗挫折能力，成为一名意志坚强的人。

【网上精品视频课程】能力与职业发展

用手机"扫一扫"下面的二维码，用浏览器打开相应网址，进入视频误程学习。

【课后作业】自我职业倾向的探索小结

1．我的兴趣爱好有＿＿＿＿＿＿＿＿＿，其中有可能成为职业兴趣的有＿＿＿＿＿＿＿＿＿，我的职业兴趣主要类型是＿＿＿＿＿＿＿＿＿，与兴趣匹配的主要职业有＿＿＿＿＿＿＿＿＿。

2．我的主要性格类型是＿＿＿＿＿＿＿＿＿，与性格匹配的主要职业有＿＿＿＿＿＿＿＿＿。

3．我的职业锚类型是＿＿＿＿＿＿＿＿＿，我的职业发展愿景是＿＿＿＿＿＿＿＿＿，我看重的职业有＿＿＿＿＿＿＿＿＿。

4．我擅长的技能是＿＿＿＿＿＿＿＿＿。

综合以上内容，我的职业定位是＿＿＿＿＿＿＿＿＿。

第七章

职业世界探索

【学习目标】

1. 知识层面

了解职业与行业的分类；

了解职业探索的任务；

掌握职业环境分析内容。

2. 技能层面

掌握探索职业世界的方法；

掌握职业环境分析的方法。

3. 态度层面

认识探索职业世界的意义，积极主动地进行职业世界的探索。

【职涯名言】

幸福的关键是发现自己适合做什么并确保有机会去做。

——约翰·杜威

选择职业是人生大事，因为职业决定了一个人的未来……选择职业，就是选择将来的自己。

——罗素

【导入活动】家族职业树

了解职业可以从自己熟悉的人开始。

首先把家庭中亲属及他的职业填在下面的家族职业树上，填完后请回答后面的问题。

你家族中最多人从事的职业是：＿＿＿＿＿＿＿＿＿＿＿＿＿＿＿＿＿＿

你想要从事这种职业吗？为什么？＿＿＿＿＿＿＿＿＿＿＿＿＿＿＿＿

爸爸是如何描述他的职业的？爸爸平时会提到哪些职业？他怎么说的？

＿＿＿＿＿＿＿＿＿＿＿＿＿＿＿＿＿＿＿＿＿＿＿＿＿＿＿＿＿＿＿＿

爸爸的描述对我的影响是：＿＿＿＿＿＿＿＿＿＿＿＿＿＿＿＿＿＿＿＿

妈妈如何描述她的职业？妈妈平时会提到哪些职业？她怎么说的？

＿＿＿＿＿＿＿＿＿＿＿＿＿＿＿＿＿＿＿＿＿＿＿＿＿＿＿＿＿＿＿＿

妈妈的描述对我的影响是：＿＿＿＿＿＿＿＿＿＿＿＿＿＿＿＿＿＿＿＿

家族中还有谁对职业的描述让你印象深刻？他们是怎么说的？

＿＿＿＿＿＿＿＿＿＿＿＿＿＿＿＿＿＿＿＿＿＿＿＿＿＿＿＿＿＿＿＿

家族中对彼此职业是如何评价的？（例如"堂哥在医院当医生，不仅收入高，社会地位又高，环境好，要求高等"）

＿＿＿＿＿＿＿＿＿＿＿＿＿＿＿＿＿＿＿＿＿＿＿＿＿＿＿＿＿＿＿＿

他们认为自己的职业未来发展趋势是：＿＿＿＿＿＿＿＿＿＿＿＿＿＿＿

＿＿＿＿＿＿＿＿＿＿＿＿＿＿＿＿＿＿＿＿＿＿＿＿＿＿＿＿＿＿＿＿

他们认为从事该职业需要具备的条件有：

＿＿＿＿＿＿＿＿＿＿＿＿＿＿＿＿＿＿＿＿＿＿＿＿＿＿＿＿＿＿＿＿

我觉得家人对我未来选择职业的影响是：＿＿＿＿＿＿＿＿＿＿＿＿＿＿

＿＿＿＿＿＿＿＿＿＿＿＿＿＿＿＿＿＿＿＿＿＿＿＿＿＿＿＿＿＿＿＿

哪些职业是我绝不考虑：＿＿＿＿＿＿＿＿＿＿＿＿＿＿＿＿＿＿＿＿＿

哪些职业是我有考虑的：＿＿＿＿＿＿＿＿＿＿＿＿＿＿＿＿＿＿＿＿＿

选择职业时，我还重视哪些条件：＿＿＿＿＿＿＿＿＿＿＿＿＿＿

【阅读思考】体验是最好的职业认知方式

杨晓，某高校工业工程专业毕业生。在大三的时候，他为真正了解自己的专业，在行业中的实际应用，义无反顾地踏上了开往广州的列车。目的或许过于单纯，他只想知道车间长什么样子，流水线长什么样子，专业知识和专业技能运用在什么地方。还没来得及欣赏

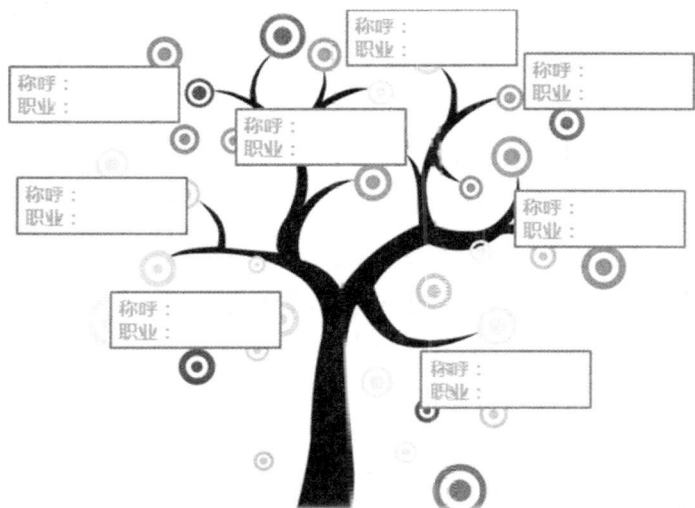

美丽的城市，他已被突如其来的大暴雨淋透全身。当时举目无亲，他熬过40多天的打工生活，第一份工作的脏、累、苦记忆犹新。回想起走过的这段日子，他很自豪自己当时的决定和勇气。他的目标实现了：工厂看到了，流水线看到了，也看到了专业的前景和自己的发展方向，更重要的是他收获了很多行业的前沿发展资讯和职业的真实体验。这都为他的职业生涯规划提供了最直接的决策依据，同时也成就了他到华硕公司工作的理想。

（资料来源：中公网，有改动）

问题：

通过自我探索，你大致了解了自己的职业倾向，但你对这些职业了解多少？了解该职业有哪些职位？对应职位的工作内容、职业前景、工作环境、福利待遇、需要具备的专业知识素质和能力等有清晰的认识吗？如果有，请写下来。如果没有，思考一下如何才能了解这些信息呢？

_____

_____

第一节　职业世界概貌

【案例故事】

象牙塔内的追梦人——珍惜美好的职业体验

赵某，沈阳体育学院2016届毕业生。2013年，小赵经过刻苦的努力，终于考上了沈阳体育学院这个期盼许久的象牙塔。来到大学校园之后，他通过新生教育课和大学生职业生涯规划课程，逐步做好了自己的职业生涯规划，要经过4年的大学时光来充实自己，并且为了自己的理想去奋斗，实现自己的人生价值。

小赵来自内蒙古偏远地区，从小家庭贫困，母亲身体一直不好，在内蒙古生活多年的小赵，知道自己一定要走出去，走出偏远的山区，为了母亲也为了自己心中的梦。小赵在本科就读期间参加各种校内外实践活动，特别是有关创业的，因为创业就是他的梦想，虽然当初有很多人不理解他，还有人说他是异想天开，瞎折腾，做白日梦，可他说："如果人连梦都不敢做了，那么人生活的还有什么意义了，我就是在做梦，而且这个梦我会一直做下去，直到梦想成真。"在课余时间其他同学都去和小伙伴一起聚会、聊天、休息，而小赵却独自一人在外奔波，跑项目，找合作。并在学业上不仅没有耽误自己的课程学习，而且在班级的成绩还名列前茅，获得一等奖学金、国家励志奖学金等。就这样日复一日年复一年，小赵的本科学习生涯也结束了。2016年毕业的时候，好多"享受"4年的学生茫然了，为了一份工作都在四处找关系，甚至把这个"难题"重重地抛给了父母。而小赵，经历了4年创业时光的磨砺，终于创立了自己的公司——沈阳超越体育有限公司，当他作为自己专业毕业生代表对学弟、学妹讲述自己的大学创业经历时，他说："大多数同学看到的都是我现在的样子，虽然不是很富有，也许终究会失败，但是我们很年轻，青春就是我们大学生最大的创业资本，在校大学生要有梦，而且敢于去做梦，在追求梦想的过程中最重要的就是——坚持，无论今后做什么，经历怎么样的事，都要让自己坚持下去，做象牙塔内的追梦人！"

（资料来源：新浪网，有改动）

点评：

很多大学生在校期间无忧无虑，放弃了当初来学校的理想与自己的追求，有的同学只是评优评奖，没有了自己的就业理想并付诸行动，殊不知只有把自己的命运交到自己的手里的人才是有真正自尊的人，致象牙塔内的你——以梦为马，愿你不负韶华。

一、职业与行业、产业的分类

（一）职业分类

所谓职业分类，是采用一定的标准和方法，依据一定的分类原则，对从业人员所从事的各种专门化的社会职业所进行的全面、系统的划分与归类。

一般来说，职业的分类是以工作性质的同一性为基础原则，对社会职业进行的系统划分与归类。职业分类的目的是要将社会上纷繁复杂、数以万计的现行工作岗位，划分成类、系有别，规格统一，井然有序的层次或类别。职业分类体系主要通过职业代码、职业名称、职业定义、职业所包括的主要工作内容等，描述出每一个职业类别的内涵与外延。

通过职业分类，可以了解社会职业领域的总体状况，增强职业意识，有意识地不断提高职业素质。

《中华人民共和国职业分类大典》是我国对职业进行科学分类的权威性文献。在深入分析我国社会职业构成的基础上，突破了过去以行业管理机构为主体，以归口部门、单位甚至用工形式来划分职业的传统模式，采用了以从业人员工作性质的同一性作为职业划分标准的新原则，并对各个职业的定义、工作活动的内容和形式以及工作活动的范围等作了具体描述，体现了职业活动本身固有的社会性、目的性、规范性、稳定性和群体性的特征。

《中华人民共和国职业分类大典》将我国职业归为8个大类，66个中类，413个小类，1838个细类（职业）（自《大典》出版以后，每年都要出增补版本，增补新增加的职业类型）。8个大类分别是：

第一大类：国家机关、党群组织、企业、事业单位负责人，其中包括5个中类，16个小类，25个细类；

第二大类：专业技术人员，其中包括14个中类，115个小类，379个细类；

第三大类：办事人员和有关人员，其中包括4个中类，12个小类，45个细类；

第四大类：商业、服务业人员，其中包括8个中类，43个小类，147个细类；

第五大类：农、林、牧、渔、水利业生产人员，其中包括6个中类，30个小类，121个细类；

第六大类：生产、运输设备操作人员及有关人员，其中包括27个中类，195个小类，1119个细类；

第七大类：军人，其中包括1个中类，1个小类，1个细类；

第八大类：不便分类的其他从业人员，其中包括1个中类，1个小类，1个细类。

（二）行业分类

行业分类是不同于《中华人民共和国职业分类大典》的另外一种分类模式，主要是依据按经济活动性质的同一性进行分类的原则，即主要按企业、事业单位、机关团体和个体从业人员所从事的生产经营活动或其他社会经济活动性质进行行业分类，而不按其所属行政管理系统分类。某一行业就其实质来说是指从事一种或主要从事一种活动的所有单位的聚合体。

我国2011年第三次修订的《国民经济行业分类》对行业门类、大类、中类和小类进行了调整。新行业分类标准为20个行业门类，96个行业大类，300多个中类，900多个小类。主要分类如下：

A. 农、林、牧、渔业

B. 采矿业

C. 制造业

D. 电力、热力、燃气及水生产和供应业

E. 建筑业

F. 批发和零售业

G. 交通运输、仓储和邮政业

H. 住宿和餐饮业

I. 信息传输、软件和信息技术服务业

J. 金融业

K. 房地产业

L. 租赁和商务服务业

M. 科学研究和技术服务业

N. 水利、环境和公共设施管理业

O. 居民服务、修理和其他服务业

P. 教育

Q. 卫生和社会工作

R. 文化、体育和娱乐业

S. 公共管理、社会保障和社会组织

T. 国际组织

（三）产业的分类

产业是国民经济中基于共同标准划分的部分的总和，又是具有相同性质企业或组织群体的集合。在《辞海》中，产业是指由利益相互联系的、具有不同分工的、由各个相关行业所组成的业态总称，尽管它们的经营方式、经营形态、企业模式和流通环节有所不同，但是，它们的经营对象和经营范围是围绕着共同产品而展开的，并且可以在组成的业态里的各个行业内部完成各自的循环。

目前，国际上普遍认可产业划分是按照人类生产发展的历史顺序，即第一产业是农业，第二产业是加工制造业，第三产业是服务业。1985年，我国国家统计局明确地把我国产业划分为三大产业，即把农业（包括林业、牧业、渔业）定为第一产业，把工业（包括采掘业、制造业、自来水、电力、蒸汽、煤气）和建筑业定为第二产业，把第一、二产业以外的各行业定为第三产业。

随着电子、信息技术的迅猛发展，信息技术渗透到了社会和经济的各个领域，近些年，从国际到国内又把信息产业称为第四产业。信息产业的发展不仅加快了市场经济全球一体化的发展步伐，同时打破了原有的一些产业和行业的格局，产业和行业需要不断地加速调整和重新划分以适应新的形势。新能源、新材料、节能环保、生物、高端装备制造等新兴产业不断涌现。

根据《国务院关于加快培育和发展战略性新兴产业的决定》的要求，为推动"十二五"国家战略性新兴产业发展规划顺利实施，国家统计局为满足统计上测算战略性新兴产业发展规模、结构和速度的需要，特制定了《战略性新兴产业分类（2012）》（试行），具体内容可以到国家统计局网站查询。

产业、行业、职业都是社会分工的产物，是社会生产力不断发展的必然结果。这是它们在本质上的共同点。在社会发展中，随着新技术的出现，产生了新产品及相应职业的从业人员。随着新产品的生产及相应从业人员数量的不断扩张，新的行业逐渐形成。当新行业发展到一定规模时，就会与其他相关行业进行整合，依据发挥作用的程度并入或形成新的产业。产业、行业、职业的不同之处是它们在国民经济领域中，从着眼点的层次上是由高到低、概念上涉及的范围是由大到小。产业的着眼点是生产力布局的宏观领域，体现的是以产业为单位的生产力布局上的社会分工，产业由行业组成。行业的着眼点是企业或组织生产产品的微观领域，体现的是以行业为单位的产品生产上的社会分工，行业由企业或组织组成。职业的着眼点是组织内工作人员的具体工种，体现的是以人为单位的劳动技能上的社会分工，职业是由人的技能组成的。

【二维码链接】盘点"互联网+"带来的新职业

二、转变中的职业世界

面对信息时代，规划未来职业，必须善于在动荡的行业之间把握住那些即将发生的趋势。一方面，传统的职业整合了新的运作模式；另一方面，新兴职业层出不穷。了解当前职业发展变化趋势，对于设计个人职业生涯有着重要的意义。

（一）职业的发展变化趋势

随着社会分工的发展和职业的分化，职业的种类也愈来愈多，已远远超过了"三百六十行"。21世纪是知识经济的时代，当今社会知识经济已经开始占据国民经济的主导地位，对人才的要求开始打破传统的模式，呈现出新的特点。

1. 打破了传统职业模式，逐步实现智能化

工业革命后，科学技术的发展逐渐出现了以学校形式的职业教育。体力劳动者与脑力劳动者之间逐步形成新类型的"中间人才"，构成与社会经济发展相适应的人才类型结构。生产力发展的关键之一是增加职业岗位科技含量，改善劳动组织和生产手段，提高劳动生产率。能熟练应用信息管理方法的智能型操作人员，是今后职业岗位更新、工作内容更新需要的新型人才。

2. 转变了职业时空概念，职业岗位转移更加频繁

传统职业是在时空变化不大，不需要过多考虑单位的变更和职业的前景发展。现在同一职业或职位对就业者的要求也不断发生变化，使得时空变化大。体力劳动脑力化和专门职业化会使部分职业或职位对就业者的某些要求发生变化。

3. 第三产业的兴起，对职业技能要求更高

第三产业是伴随现代工业社会的发展而崛起的一类新兴行业，它包括交通运输业、邮电通信业、商业、服务业、金融保险业、卫生、体育、教育和文化艺术等。分布于第三产业中的职位的比重在不断增加。社会生产力的提高，解放了劳动力，人们越来越多地需要社会服务行业为他们排忧解难、提供方便。第三产业的劳动人类将迅速增加，提供各种各样服务项目的社会服务业等，将迅速发展壮大，不仅能产生大量新职业，而且是吸纳社会劳动力的主要渠道。

4. 人才类型的规格要求和比例结构，发生显著变化

21世纪，我国仍将保持四种人才类型，即学术型、工程型、技术型、技能型(其中后两种人才由职业技术教育培养)。技术型人才在劳动力结构中所占比重一直在上升。这一方面由于很多原来技能型人才的工作岗位实现智能化后改由技术型人才担任；另一方面，在信息技术发展后，原来由工程型人才担任的设计、管理等工作也有一部分采用信息技术，改由技术型人才担任。技能型人才可能是变化最大的一类人才。技术工人变换工作岗位的情况将愈来愈频繁；一部分技术工人的工作将被技术员所代替，如像在钢材轧制的自动生产线上，原先的轧钢工人已被计算机前操作的技术员所代替；还有不少技术工人转向第三产业或更高的技术岗位，这些变化导致技能型人才总人数的趋于减少。

5. 复合型人才的需求，成为21世纪的重要特点

从目前招工、就业的情况分析，职业岗位的要求和劳动方式逐步由简单向复杂方面转化，过去单一技能就能胜任的工作，现在职业内涵发展扩大了，往往需要相关专业的许多知识和技能，更多的需要跨专业的复合型人才。

（二）职业的发展变化对大学生择业的影响

职业的迅速发展，对大学生就业产生了许多方面的影响。大学生在求职择业和进行就业准备时，要认真研究职业发展的趋势。

第一，新职业种类的大量出现，扩大了大学生的择业范围。大学生在择业中首要考虑的便是"专业对口"，但由于职业发展加快，新职业种类不断增加，所谓与专业"对口"的职业种类当然也相应增多。这就要求大学生在择业时应当解放思想，开阔视野，跳出以往传统职业种类的狭小范围。

第二，职业的发展导致同一职业或职位对就业者的要求不断提高。对于某些职业来说，仅有学历文凭还不具备就业资格，还需通过有关的职业资格鉴定，获得职业资格证书。如律师、环评工程师等职业。

第三，职业的发展和国家劳动人事制度的改革，为人才的合理流动创造了条件。大学生毕业后的首次就业并不意味着选择了终身不变的职业，随着各种条件的变化，已就业的大学生也可能面临第二次、第三次择业，所以大学生就业时应从发展的角度看待自己的初次就业。

【二维码链接】未来最具前景的新型行业

【体验活动】探索"手机"相关的职业

请开动脑筋，列举出与手机相关的尽可能多的职业，并将所有联想到的职业都记录下来。

_____

_____

对比下图，与你以上所列职业对照，有哪些新的发现？

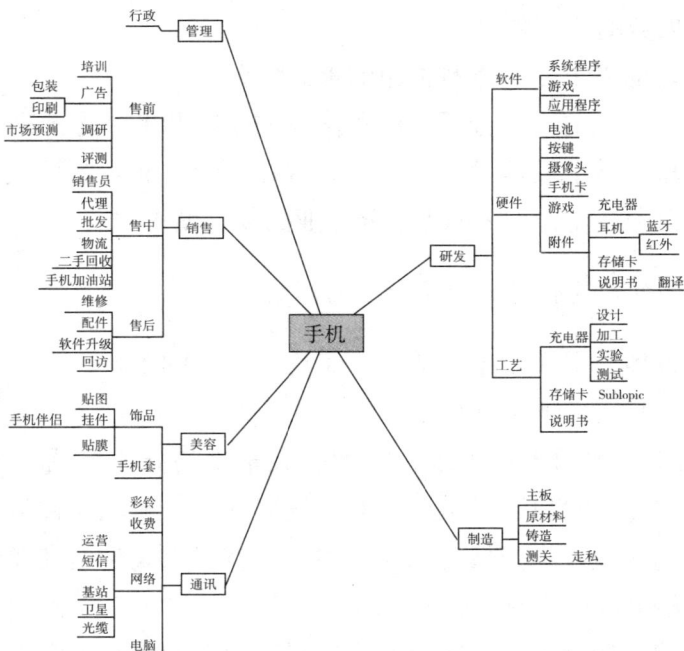

通过网络进行搜索，了解道信行业的未来发展趋势，你认为与手机相关的哪些职业可能会淘汰，哪些新的职业会出现？为什么？

为了了解以上职业的准确信息，你认为还需要采取哪些手段或方式进行深入的探索？

第二节　职业探索的方法与任务

【案例故事】

通过访谈解决困惑

张诺在上职业生涯规划课前就给自己定位NGO行业，一是他的职业价值观的利他主义和生活价值观的启发人心很明显；另外一个很重要的依据就是他在做志愿者期间感受到了强烈的归属感和成就感。就像老师说的你把自己的方向定得越细致，访谈收获的就会越多越深入。他给自己的大概定位是NGO的教育方向里的教育创新方向。针对他自身的困惑，陆续找到了如下几位圈内人进行面对面访谈和电话交流：

1. 中国扶贫基金会负责教育项目的管理人员；

2. 某专门研究NGO机构的老师；

3. SRI社会资源研究所（介于NGO和企业的第三方咨询机构）的传播主管；

4. 某CSR咨询公司的负责人；

5. 友成基金会某项目组负责人；

6. 联合国前少儿教育某项目组负责人；

7. 期间还参加了一个SRI和英国大使馆合办的某NGO领域的交流会，认识和听到了一些社会企业负责人对目前项目开展的介绍和困难。

8. 还访谈了歌路营、雷励中国等教育类负责人。

通过对NGO行业的分类和特征，行业的发展及现状，NGO工作的环境、时间、强度、待遇等，作为一个NGO人面临的问题和挑战，选择作NGO的提升方向和路径等方面的了解，张诺总结出中国NGO行业的现状有如下几个方面：

（1）整个NGO行业可以分为国际NGO（如JA国际青年成就组织、RTP儿童乐益会）、政府NGO（如中国红十字会、希望工程等）、公募基金会（如中国扶贫基金会、中国青年发展基金会）、私募基金会（如友成企业基金会、南都基金会等）、草根NGO（如多背一公斤、歌路营等）。

（2）中国的NGO行业发展属于朝阳行业，现今处于遍地开花的状态。一位NGO前辈有一个很生动的比喻，回想一下20世纪80年代很多人下海的那个阶段，和现在NGO的2010后很像。20世纪末21世纪初众多国际NGO进驻中国，"00后"草根NGO、私募基金会的崛起，很难说未来NGO行业的主力军是哪一方，但有一点能肯定的是下海不被大浪打垮、淹死的、活得最久的NGO会是胜利者。因此，可持续发展是NGO各组织需要领悟和实现的，但目前大多数组织都处于初创阶段，组织的高度和宽度靠领导人的高度和宽度决定，大多还没有一个可持续的模式。国际NGO在此点上做得比草根NGO要胜一筹，现在各组织也都在探索。

（3）NGO从业者的发展方向大体可分为两类：专家型和管理型。专家型包括专门研究某领域发展等的研究型方向，管理型占据大多数NGO岗位如项目管理、志愿者管理等。从张诺走访的几家机构工作人员口中了解到，他们的工作强度、工作要求等比在企业里还要大，还要求个人有很强的独立工作能力和团队合作能力。一个好的NGO职业生涯规划要考虑到个人的价值观、能力发展和实际需求。

（资料来源：搜狐网，有改动）

点评：

找到业内资深人员，面对面或者通过语言等形式进行直接的交流与接触，对了解职业的相关资讯、解决职业上的困惑，都有着立竿见影的成效。案例中的张诺同学就是很好的例子，她之所以能把自己关心的职业问题总结得有板有眼，正是源于她是事先对于访谈做的充分而精心的准备。同学们如果需要了解你兴趣的职业，也可以试着列一份名单，甚至访谈提纲，行动起来吧！

一、探索职业世界的方法

（一）形成自己预期的职业库

很多同学不知道如何进行职业世界的探索，其中一个很重要的原因就是职业世界的信息浩如烟海，根本搞不清应该从哪儿入手，更谈不上如何进行了。如果有一个探索范围，则会容易很多。通过前面单元的自我探索可以帮助个人初步形成一个探索的范围。自我探索中的兴趣、性格探索，每一部分最后有相应适合的职业出现。此外，每个人还有自己心目中理想的职业，可以把它们也列出来。这样就获得了一个职业清单，看看这些职业有什么共同点，就可能启发你想到更多值得探索的职业。结合你的能力和价值观再次从职业清单中进行筛选，最终就得到你预期的职业库。在形成预期职业库的时候，库的大小根据自己的情况要有适当的平衡，通常5~10个职业调查是比较适中的。在信息探索过程中，抛开自己固有的想法，保持开放的心态，就容易获得客观的信息。

（二）用职业分类的方法帮助探索职业世界

通过行业（产业）分类和职业分类的方法，也可以深入了解职业世界，具体分类内容在本章第一节已经介绍过。

比如，国家职业标准是在国家职业分类的基础上，根据职业的活动内容，对从业人员工作能力的规范性要求，也是衡量劳动者从业资格和能力的重要尺度。了解职业标准对认识职业准入要求、认识自身与该职业要求的距离有很大的帮助。每年，人力资源和社会保障部都会根据我国的社会经济发展发布一些新兴的职业及职业标准。这些信息，可以帮助同学们探索职业世界。

【案例】

1. 职业名称：化学检验工

（1）职业定义

以抽样检查的方式，使用化学分析仪器和理化仪器等设备，对试剂溶剂、日用化工品、化学肥料、化学农药、涂料染料颜料、煤炭焦化、水泥和气体等化工产品的成品、半成品、原材料及中间过程进行检验、检测、化验、监测和分析的人员。

（2）职业等级

本职业共设五个等级，分别为：初级（国家职业资格五级）、中级（国家职业资格四级）、高级（国家职业资格三级）、技师（国家职业资格二级）、高级技师（国家职业资格一级）。

（3）职业环境

室内，常温。

（4）职业能力特征

有一定的观察、判断和计算能力，具有较强的颜色分辨能力。

2. 基本要求

（1）职业道德

（2）职业道德基本知识

（3）职业守则

①爱岗敬业，工作热情主动。

②认真负责，实事求是，坚持原则，一丝不苟地依据标准进行检验和判定。

③努力学习，不断提高基础理论水平和操作技能。

④遵纪守法，不谋私利，不徇私情。

⑤遵守劳动纪律。

⑥遵守操作规程，注意安全。

3. 基础知识

（1）标准化计量质量基础知识

（2）化学基础知识（包括安全与卫生知识）

（3）分析化学知识

（4）电工基本知识

（5）计算机操作知识

（6）相关法律、法规知识

4. 工作要求

本标准对初级、中级、高级、技师和高级技师的技能要求依次递进，高级别包括低级别的要求。表中大写英文字母表示各检验类别：A—试剂溶剂检验；B—日用化工检验；C—化学肥料检验；D—化学农药检验；E—涂料染料颜料检验；F—煤炭焦化检验；G—水泥检验。按各检验类别分别进行培训、考核。

（三）其他探索职业世界的方法

1. 由近至远的探索方法

所谓近和远，是指信息与探索者的距离。通常近的信息比较丰富，远的信息更为深入；近的住处较易获得，远的信息则需要更多的投入和与环境的互动才能了解。所以，从近至远的探索是一个范围逐渐缩小、了解逐渐加深的过程。图3-1列举了从近到远获取信息的一些方式。

2. 生涯人物访谈

生涯访谈是获得具体职业生涯详情有效的方法之一，是对处在感兴趣职位上的人进行访谈。可以帮助学生获取完整而准确的职业信息；获取最新的职业信息；确定专业实力和不足；扩大职业人际关系网；树立工作面试的信心；从内部看组织，以便做好心理准备；对于创业者来说，还可以了解创业过程的困难，做好充分准备。

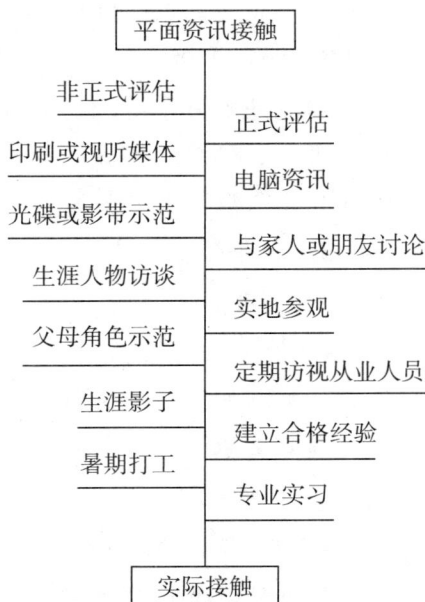

图3-1 从近到远获取信息的方式

生涯人物访谈处于近与远的中间，在效率和信息的真实性上有比较好的平衡。这种方式是指同学们对身居自己感兴趣职位的人进行采访。接受采访者最好是在这个职位上已经工作了3~5年甚至更长时间。为防止访谈中的主观影响，应至少访谈3个人物，既与成绩卓然者谈，也与默默无闻者谈。访谈时，同学们应明确访谈的目的是收集供职业生涯决策的信息，而不是利用生涯人物来找工作，以免引起双方的尴尬。建议同学们在正式进行访谈前，至少做两件事：一是为自己准备一个"30秒广告"，因为在访谈过程中，对方可能会问到你的一些情况，比如你的职业兴趣和目标等；二是对需要提出的问题做一些准备，这样有助于访谈的深入进行，能够取得较高的效率。

【二维码链接】工作对你意味着什么

二、职业探索的十大任务

（一）职业描述

职业描述，就是定义这个职业的内涵。具体包括职业名称、各方对其的定义。在罗列学习别人对这个职业的看法后，你也要给这个职业下一个自己的定义，为自己的职业报告做好第一笔准备。职业描述是对职业最精练的概括和总结，是透彻理解职业和调研职业的基础，其实给职业定义的每个字你都是要仔细思考的，因为日后你要做的事情全是对定义的拓展而已。一般来说都有固定的对职业的定义，可以参照人力资源和社会保障部组织编写的《中华人民共和国职业分类大典》对职业的详细介绍，而且会定期增加社会新出现的职业信息。

（二）职业的核心工作内容

每个职业都有核心的工作职责，职责背后对应的就是工作内容，说白了，就是这个职业一般都干什么活，什么工作是这个职业必须要做的。了解职业的核心工作内容，有利于了解完成工作内容背后必须胜任的工作能力，这样就很容易找到和自己之间的差距，从而有目的地补充相关能力以完成工作内容。在多大程度上了解工作内容，是衡量一个人对工作的熟悉和喜欢的重要标准。成熟的职业都有权威人事部门给其总结确定的核心工作内容，一些企业的招聘广告中也有对工作内容的描述，也可以请教一些行业协会，或是从事这个职业的资深人士、一般企业的人事部门和直接部门经理也有对职业的具体感悟。

（三）职业的发展前景及其对社会和生活的影响、作用

职业的发展前景，是国家、社会等对这个职业的需求程度，具体包括三个问题，即职业在国家阶段发展中的作用、职业对社会和大众的影响、职业对生活领域的影响，就是说，不仅仅要知道这个职业对国家、对社会、对行业有用，也要知道这个职业对大众、对生活的影响，人们对其的依存度和声望度怎样。职业的发展前景，尤其是国家的导向是促进职业发展的黄金动力，知道你日后从事职业的发展轨迹就能更好地判断自己是否能切入及切入点如何选择了，尤其要注意对大众对生活的影响，因为大众的才是永恒的。职业在国家发展中的作用一般都有劳动部门的权威预测，但对社会和生活的影响这块是真正要自己去调研的，要去访问这个职业的资深人士。

（四）薪资待遇及潜在收入空间

职业是社会分工的产物，职业根据参与社会分工的量来确定相应的报酬，在不同的行业、企业、岗位上还有一些潜在的收入空间。能赚多少钱是大家都关心的话题，很多人也会把赚钱多少作为择业的关键因素，所以在考量职业时要重点调研职业的薪资状况。其实每个职业起薪都差不多，但都有极致，都有天价，能力不断提升的背后就蕴藏着高薪。一个职业是有薪资调查的，如前程无忧的调查，还有诸如网友们的"晒工资"。

（五）岗位设置及不同行业、企业间的差别

岗位设置，是指一般来说一个职业是有一系列岗位划分的，如人事工作的岗位就分招聘、考核等很多具体岗位，而不同行业，不同性质、规模的企业对岗位的划分和理解也是有很大不同的，很可能同样都叫一个名字，但干的活儿却完全不一样。了解职业的岗位设置，能加深对职业外延的理解，知道职业的具体岗位后，就可以针对性地与自己比较，也是知道职业有什么的重要标志。不同行业对职业（岗位）的理解和要求也是有差异的，而具体的企业就是千差万别了。一般来说，人事权威网站、职业分类大典、业内资深人士是比较了解这个职业的具体岗位设置情况的。

（六）入门岗位及其职业发展通路

入门岗位是指针对应届毕业生的工作，职业的一些中低端岗位是面向大学生开放的。还要了解一个岗位对应的日后职业发展通路是什么，这个岗位有哪些发展途径，最高端岗位是什么，等等。即使你很看好这个职业，但你最终也是要从低端工作做起的，而入门岗位就是提供我们毕业生的敲门砖，所以，你一定要知道你能通过哪些岗位进入到这个职业。从企业的每年校园招聘里就能看到那些岗位是针对应届生的，如一些校园招聘网站就可以找到这些信息。

（七）职业标杆人物

职业标杆人物，就是在这个领域谁做得最好，他是怎么做到的，他都取得了什么成绩，遇到了什么困难，具备什么素质等，每个职业都有一流的人物，无论是国内还是国外的。研究职业标杆人物，可以让自己了解他的奋斗轨迹，让自己在"追星"中加深对职业的了解，也会让你找到在这个职业领域奋斗的途径。当你在网上搜索这个职业时，一般就会找到职业标杆人物，图书馆也会有这方面的书，业内的资深人士都会知道的。

（八）职业的典型一天

职业的典型一天，更多是在访谈中完成的，你要知道这个工作的一天都是怎么过来的，从早上到回家的时间都是怎么安排的。了解职业的典型一天是判断自己是否适合这个职业的重要指标，如果你不想过这个职业那样的一天，就不用再为之而努力去学习去准备去做这个职业了，所以这个过程是很关键的。尤其是这个工作对你个人生活的影响，看你能否接受。职业的典型一天，在职业的核心工作内容中会有涉及，但具体到个人的资料就不多了，所以更多的还是要你去访谈做这个职业的人，这样也才更真实。

（九）职业通用素质要求及入门具体能力

职业通用素质要求是指从事这个职业的一般的、基本的要求。主要是个人通用素质能力，就是能把这个工作做好需要具备的能力。通过职业的外在素质要求的了解，对比自己是否能够胜任，还有哪些要加强和补充的能力，从而可以将之规划到大学生活里。其实每个岗位的描述中的任职资格都有介绍，只是这次要把其整理出来，尤其要加上职业访谈中的内容，列出十项最常用的能力，然后与自己一一对照，可以促进发现和认识自我。

（十）工作与思维方式及对个人的内在要求

工作方式和思维方式是你做好、做精工作的保证，有些工作对人的内在要求是很高的，如态度等，这些是从你的内在来判断你是否适合和喜欢一个职业的核心标准。从内在出发来判断是否喜欢是科学的，因为职业是客观的，只是因为你选择了职业才会有是否愿意做、是否适合做等问题的产生，所以当职业的方方面面考量之后，最后一关就是对职业所要求的内在盘点。岗位描述中的任职资格也会有对其内在素质的要求，还有业内普遍认为的个人素质，还要考虑不同行业、不同类型企业的差异。

【二维码链接】探索职业世界的方法和途径

【体验活动】职业博览会

1. 4～5人组成一个"职业资料专家小组"，每组选定1人为组长，1人负责记录，其他人为参谋，每组选定一个与同学专业、职业目标比较接近的具体职业或行业，并收集相关资料。

2. 重新安排桌椅，以便开展"职业资料新闻发布会"。

3. 每组选1人进行5分钟左右的"职业资料发布"演示（最好用PPT等多媒体手段），内容包括职业的工作内容、对应聘人的要求等。

4. 演示完毕，全体组员到前台接受其他同学的咨询，时间为5分钟左右。

5. 其他各组同学就准备的职业资料情况、演示现场和答询反映进行打分。

6. 讨论：

（1）如何才能收集到正确、完整的职业资料，都有哪些搜集职业信息的渠道？

_____

（2）各组介绍的职业中，哪个或者哪些吸引你，理由是什么？

_____

第三节　职业环境分析

【案例故事】

2016年中国体育产业行业发展概况分析

根据《中国体育发展报告2010—2012》，中国体育产业的产值仅占GDP的0.1%～0.3%，与欧美发达国家有近10倍的差距。在美国，体育产业是第六大支柱产业，占GDP的2%以上。但差距也意味着发展空间，中国的体育产业潜力巨大。

一、产业规模呈上升趋势，人均体育消费水平上升空间巨大

智研咨询发布的《2016—2022年中国体育产业市场专项调研及发展前景预测报告》显示：中国体育产业规模呈总体上升趋势，体育产业增加值由2010年的约2220亿元增加至2013年的约3563亿元，年均复合增长率接近20%。根据国家体育总局预测，2015年中国体育产业增加值将达到4000亿元，基本实现占国内生产总值比重0.7%的"十二五"发展目标。然而与全球其他国家相比，中国尚有较大差距。2013年，全球体育产业年增加值约为8000亿美元，约占GDP的2%；美国体育产业产值约为4850亿美元，约占美国当年GDP的3%。中国当前体育产业产值占GDP的比重仍然显著低于全球平均水平。

二、产业内涵丰富，产业结构将进一步改善

中国体育产业虽然起步较晚，但发展较快，产业领域不断拓展，发展规模不断扩大，产业的效益显著提高，目前已经形成了一个独具特色的产业门类。1995年6月，国家体育总局制定了《体育产业发展纲要1995—2010》，将体育产业分为三大类——第一类为体育主体产业类，指发挥体育自身的经济功能和价值的体育经营活动内容，如对体育竞赛表演、训练、健身、娱乐、咨询、培训等方面的经营；第二类指为体育活动提供服务的体育相关产业类，如体育器械及体育用品的生产经营等；第三类指体育部门开展的旨在补助体育事业发展的其他各类产业活动，并指出体育产业发展的目标是用15年左右的时间逐步建成适合社会主义市场经济体制，符合现代体育运动规律，门类齐全，结构合理，规范发展的体育产业体系。

当前中国体育产业存在体育用品行业一枝独秀、体育服务业占比较小、整体产业结构分布不甚合理的现象。美国体育产业收入中约57%是来自体育服务业，30%是来自制造业。而中国体育产业79%的收入来自体育制造业，即体育服饰制造、体育用品制造等；只有18%的收入来自诸如赛事运营、体育培训、转播权等的体育服务业。

三、市场机制趋于完善，行业升级机会显露

在相当长的一段时间内，中国体育产业管理以举国体制为主，集中有限的人力、财力、物力最大限度地调动各方面的积极性，积极配置全国的竞技体育资源，形成业余体校、体育运动学校、优秀运动队为基础的三级训练网，培养专业运动员。在举国体制下，中国在短时间内取得了竞技体育成绩的巨大飞跃。但是，举国体制也影响了全国体育产业的进一步成熟与市场化发展，改革成为必然趋势。近年来，伴随着改革推进，体育产业作为国民经济和社会发展中不可或缺的有机组成，已进入快速成长阶段，将迎来前所未有的发展机遇。

随着加快推进体育行业协会与行政机关脱钩、取消不合理的行政审批事项、取消商业性和群众性体育赛事活动审批、放开赛事转播权限制、打造体育贸易商业平台等一系列政策的落地，中国体育产业未来将向市场化方向纵深发展，体育产业的活力将进一步得到释放，具备产业链整合优势和市场化运营能力的企业将优先受益于中国体育产业的发展升级。

四、"互联网+"概念与新兴技术为传统体育产业模式提供新思路

在国务院46号文的指引及资本推动下，体育产业链上各类型公司也迅速展开"互联网+"布局，移动互联网和新兴技术正在改变着传统的体育产业模式。

体育市场不再仅仅是传统巨头企业间的竞争，对体育用户价值的不断深挖，促使"互联网+体育"市场不断迎来新的发展机遇。在传统体育跨领域联动程度不高的情况下，智能硬件的普及和互联网的大数据运用将构建全新的产业链运营、生态化发展的思路，也为行业发展带来巨大的想象空间。

（资料来源：产业信息网，有改动）

一、社会环境的宏观分析

同学们在大学的学习，是一个职业准备的过程，最终将会走向职业世界，成为

一名职业人。同学们的学习和成长，也离不开社会大环境的影响。社会政治经济形势、产业结构调整、社会舆论导向等都会在同学们思想上产生影响；"70后""80后""90后"等在社会环境中流行的价值观、思潮也会在同学们的脑海中留下烙印。

同学们在进行职业规划时，要充分认识到社会环境对职业生涯的影响，要注意分析社会环境的基本特点，了解社会环境的发展变化，还要认识在社会环境条件中，哪些是自己今后走向职业岗位的有利条件，哪些是不利条件等等。同学们只有充分了解社会环境因素，才能做到在复杂的社会环境中找到自己的职业位置，职业生涯规划才能具有实际的意义。

（一）经济环境

1. 经济形势

经济形势的变化对职业的影响是最为明显又最为复杂的。当经济处于萧条时期，企业的效益降低，对人力资源的需求减少，因而职业选择和职业发展的机会减少；当经济处于高速发展时期，企业处于扩张阶段，对人力资源需求量增加，职业选择和职业发展的机会增多。

2. 劳动力市场供求状况

劳动力市场的供求状况对职业选择和职业发展产生重要影响。如果某类职业的人才供不应求，则职业选择和职业发展的机会增多；相反，某类人才供过于求，职业选择和职业发展的机会减少。

3. 收入水平

社会对人力资源的需求是一种派生的需求，当人们的收入水平提高时，对商品消费的需求会增加，企业扩大生产，从而增加对人力资源的需求，职业选择和职业发展的机会增多；相反，职业选择和职业发展的机会减少。

4. 经济发展水平

在经济发展水平高的地区，企业相对集中，优秀企业也比较多，个人职业选择的机会就比较多，因而就有利于个人职业发展；反之，在经济落后地区，个人职业发展也会受到限制。

（二）政治法律环境

1. 政治环境

政治因素主要涉及国家的方针、政策，影响职业的政治因素包含教育制度、政治体制、经济管理体制、人才流动的政策等。政治和经济是相互影响的，政治不仅影响到一国的经济体制，而且影响着企业的组织体制，从而直接影响到个人的职业发展；政治制度和氛围还会潜移默化地影响个人的追求，从而对职业发展产生影响。

2. 法律环境因素

法律因素是指中央和地方的有关法规和有关规定，如政府有关人员招聘、工时制、最低工资的强制性规定，现行的户籍制度、住房制度、人事制度和社会保障制度，这些因素都会对职业的选择和发展产生重要的影响。

（三）文化环境

社会文化环境包括教育条件和水平、社会文化设施等。

在良好的社会文化环境中，个人能受到良好的教育和熏陶，从而为职业发展打下更好的基础。社会文化是影响人们行为、欲望的基本因素。社会文化反映着个人的基本信念、价值观和规范的变动。

（四）价值观念

一个人生活在社会环境中，必然会受到社会价值观念影响，大多数人的价值取向，甚至都是为社会主体价值取向所左右的。一个人的思想发展、成熟的过程，其实就是认可、接受社会主体价值观念的过程。社会价值观念正是通过影响个人价值观而影响个人的职业选择和职业发展。同学们在进行职业生涯规划时，要坚持正确的价值观念，认可、接受社会上积极进步的价值观。

【二维码链接】体育发展"十三五"规划

二、行业环境的中观分析

俗话说：女怕嫁错郎，男怕入错行。行业的整体发展状况会直接影响到个体的职业发展，同学们进行职业生涯规划时有必要对自己的目标行业进行全方位的解读，更好地了解职业世界。行业环境分析的主要内容包括：

（一）行业的内涵与外延

对行业的定义，不同的角度会有不同的解释，应该尽可能去搜集、整理各个不同的定义，对行业有一个精准的认识。同学们可以参考《中华人民共和国职业分类大典》的权威解释，了解整个行业的概况，并且熟悉行业内的细分领域，进而探索行业的全貌。

国家各级行业主管部门或者社会研究机构，每年都会推出各种行业分析报告，这是了解行业现状和发展趋势的最好资料。通过网络、图书或者听讲座等方式，了解该行业在国民经济发展中的地位，了解该行业当前的发展现状，探索其未来的发展趋势。

（三）行业人才需求状况

各行各业都有其准入门槛以及对人才素质能力的基本要求，了解行业人才需求状况，是进入行业的前提。所谓行业的人才需求状况，是指这个行业人才胜任能力标准、人才发展前景、人才培养目标及人才晋升路径。了解得越详细，个人的职业定位也更加清晰，职业规划也更具有针对性。

（四）行业的社会评价与社会声望

行业不是孤立地存在于职业世界之中的，多倾听社会各界人士对该行业的评价，了解该行业的整体社会声望情况，也是进行职业选择与规划的参考依据。对行业的评价向来都是仁者见仁，智者见智的，行业的社会声望也会是褒贬不一，在不同的舆论和倾向的影响下，同学们应该端正自己的认识，不宜随波逐流，人云亦云。

（五）行业代表人物

了解行业的代表人物是了解行业的一个较好的手段。三百六十行，行行出状元，各行各业都有自己的代表人物，通过调研行业代表人物的先进事迹、成长历程，可以加深对该行业的认识与了解。相反，了解行业反面典型的失败经历，也能够从侧面知道行业存在的风险与弊端，树立对行业全面、客观的认识。

（六）行业规范及标准

每个行业都有自己的行业标准及规范，这些规范可能是明示的，也有可能是潜在的；这些标准有可能是国家制定的标准，也有可能是行业内部的标准，这些都是了解行业的大好机会。行业的规范及标准代表了行业的人才准入门槛以及从业人员基本守则，掌握了该行业的规范与标准，也为进入该行业铺平了道路。

（七）行业知名企业名录

行业是由一系列细分领域内的企业共同组成的，这些企业既互相竞争，又互相依存，共同推动行业的发展与进步。行业知名企业一般是该行业发展的缩影，代表了该行业的最高发展水平，因此了解行业的标杆企业是了解该行业的最好方法。

【二维码链接】未来5年中国体育产业发展预测 2021年有望超过3万亿

三、岗位环境的微观分析

（一）岗位环境分析的内容

岗位既是企业的组织细胞，也是个体实施职业行动的具体位置，同学们进入企业之后，都是在具体的岗位上开展工作，接受部门负责人的领导，实现自己的价值。岗位环境分析的主要内容如下：

1. 岗位工作内容是什么。

2. 岗位责任人是谁。

3. 工作岗位及其工作环境条件。

4. 岗位操作规范及操作守则。

5. 岗位职责与任职资格。

6. 与相关岗位工作人员的关系要求。

为了收集这些用于岗位分析的信息，一般采用访谈法、问卷调查法、观察法、关键事件法、工作日志法等。

（二）岗位环境分析的方法

1. 访谈法

访谈是就某一岗位与访谈对象，按事先拟好的访谈提纲进行交流和讨论。访谈对象包括：该岗位的任职者；对工作较为熟悉的直接主管人员；与该岗位工作联系比较密切的工作人员。为了保证访谈效果，一般要事先设计访谈提纲。进行访谈时要遵循以下方法：

（1）所提问题要和岗位分析的目的有关；

（2）访谈人员语言表达要清楚、含义准确；

（3）所提问题必须清晰、明确，不能太含蓄。

2. 问卷调查法

问卷调查法就是根据岗位分析的目的、内容等，事先设计一套岗位问卷，由被调查者填写，再将问卷加以汇总，从中找出有代表性的回答，形成对岗位分析的描述信息。问卷调查的关键是问卷设计。问卷设计形式分为开放型和封闭型两种。开放型：由被调查人根据问题自由回答。封闭型：调查人事先设计好答案，由被调查人选择确定。设计问卷时要做到：①提问要准确；②问卷表格要精练；③语言通俗易懂，问题不可模棱两可；④问卷表前面要有指导语；⑤问题排列要有逻辑。

3. 观察法

观察法就是在不影响被观察人员正常工作的条件下，通过观察将有关工作的内容、方法、程序、设备、工作环境等信息记录下来，最后将取得的信息归纳整理为适合使用的结果的过程。

4. 关键事件法

关键事件法邀请岗位工作人员或其他有关人员描述能反映其绩效好坏的"关键事件"，即对岗位工作任务造成显著影响的事件，将其归纳分类，最后就会对岗位工作有一个全面的了解。关键事件的描述包括：导致该事件发生的背景、原因；员工有效的或多余的行为；关键行为的后果；控制上述后果的能力。

5. 见习日志法

见习日志法是以记录见习日志或者工作笔记的形式记录日常工作活动而获得有关岗位工作信息资料的方法。其优点在于，可以更容易了解岗位的具体工作状况。

【二维码链接】2017体育生就业方向和前景分析

【体验活动】职业联想

看这张图片，请用头脑风暴法，列举出与此图片相关的尽可能多的职业，并将所有联想到的职业都记录下来。

_____

_____

讨论：

1.你从这个活动中得到了什么启发？

2.如何思考专业和职业之间的关系？

通过这个活动，大家可以了解到足球从原材料收集和加工一直到消费者购买和使用，它涉及许多的人和职业，比如从管理到制造，从研发到市场，等等，这说明有许多专业和技能是可以变通的。因此，同一个专业可以从事多种职业。

【实践拓展】职业初体验

回想自己的过去，你一定有一些兼职、实习、勤工俭学的经历，请将你的这些"职业初体验"写出来。

1.该项工作的主要工作内容。

2.你从事该项工作的主要收获和体会。

3.经过工作之后，你如何在以后的学习、生活、实践中进行改进。

4.根据你的判断，社会经济发展等宏观环境对该工作的影响。

5.你认为该工作所在行业未来会有哪些发展变化。

6.你认为该工作所在行业未来会有哪些发展变化。

7.你是如何做出以上分析判断的。

【专家视角】

一、未来需要什么样的人才

由于产业的升级，未来中国将逐步淘汰低效率、低技能的劳动力。而高端市场的竞争非常激烈，所以公司对人才的要求也会越来越高。

那未来需要什么样的人才呢？

（一）"一"字型人才

"一"字型人才掌握的知识面非常广，他们平常可能很喜欢阅读，所以懂得东西非常多。但对于各种类型的知识他们都只停留在表面，没有深入了解。

这种人的性格很可能是活泼型，他们对新鲜的事物非常感兴趣，但没有耐性去深入学习，很容易被新的知识点给吸引过去！

知识面广的人有一个好处，在面对难题的时候他们可以想出许多不同的解决方案。他们会有很多的主意，有非常广的知识与较多的思路，面对问题总是有新的想法与方案！

（二）"1"字型人才

"1"字型人才属于典型的研究型人才，大学里做研究的就属于这一类。他们喜欢深入了解一件事情，有钻研精神，在自己专属的领域是绝对的专家。但如果不是在研究范围内的东西，他们可能了解得就比较少了。

"1"字型人才的性格多是完美型或和平型，能够耐得住寂寞与新事物的诱惑，他们的专注力非常强大！这类人才如果研究的成果属于当下趋势，可能把一辈子心血花上去，最终可以取得巨大的成就。

但如果你不是搞研究或研究的东西很冷门，那潜在危机就是如果外在环境改变，让你不得不离开熟悉的区域，那将是灾难性的打击。由于过度地专注在一个领域，很可能无法适应新环境的需求。

（三）"T"字型人才

"T"字型人才是中国现在比较推崇的人才理论，这类人有较宽广的视野与知识面，但在某一领域他们又可以称得上是专家。宽广的视野在一定程度上可以让他们的专业知识得到升华，可以让他们跳出专业的思维陷阱，从另外的角度去审视问题。

他们有时候也可能是做过研究，有较高的学历。只是他们乐于接受新鲜的事务。很可能这类人在知识面的宽度上不及"一"字型人才，在深度上也不及"1"字型人才。但好处在于他们比较平衡，所以适应能力比较强。

（四）"钉耙"型人才

前三种人才模型都比较常见。但随着退休年龄不断推后，人的一生可能会经历多个不同的职业生涯。加上公司结构越来越复杂，工作的复杂度越来越高。一个人往往身兼数职，既需要有全局观，又要能从不同专业的角度看问题，慢慢就产生了"钉耙"型人才模型。

"钉耙"型人才是在"T"型人才上演变而来的，它不但要求人们有较广的知识面，在某一领域有较强的竞争优势。它还要求人们在许多不同领域有一定知识与技能的积累。这样他们就可以在不同的部门之间进行协调，在做决策之前也可以站在不同专业角度进行有深度的思考。

如果看完后发现没一项符合自己，那是时候好好反思一下了!自己是否要提升了!我们应该先开发知识的宽度还是深度呢？参考建议是：先开发自己知识的宽度，明确目标后再开发知识的深度。

二、八类大学生更容易得到用人单位青睐

（一）在最短时间内认同企业文化

某石油企业人力资源部的负责人介绍说："我们在招聘时，会重点考查大学生求职心态与职业定位是否与公司需求相吻合，个人的自我认识与发展空间是否与公司的企业文化与发展趋势相吻合。"

专家提示："如果想加入这个企业，就要使自己的价值观与企业倡导的价值观相吻合，以便进入企业后，自觉地把自己融入这个团队中，以企业文化来约束自己的行为，为企业尽职尽责。"

（二）对企业忠诚，有团队归属感

企业宁可要一个对企业足够忠诚、哪怕能力差一点儿的员工，也不愿意要一个能力非凡但却朝三暮四的员工。员工对企业忠诚，表现在员工对公司事业兴旺和成功的兴趣方面，不管老板在不在场，都要认认真真地工作，踏踏实实地做事。

专家提示："企业在招聘员工时，除了要考查其能力水平外，个人品行是最重要的评估方面。那种既有能力又忠诚企业的人，才是每个企业需要的最理想的人才。"

（三）不苛求名校出身，只要综合素质好

某网络公司的人力资源人士表示，"我们公司不苛求名校和专业对口，即使是比较冷僻的专业，只要综合素质好，学习能力和适应能力强，遇到问题能及时制订出可操作的解决方案，同样会受到欢迎"。

专家提示："随着企业竞争的加剧，企业更加关注人才的质量。因为人才是创造产品、提供服务为企业赢得利润的主要因素，个人综合素质比学历更重要。"

（四）有敬业精神和职业素质

"现在有的年轻人职业素质比较差，曾经有一个年轻人，早晨上班迟到的理由居然是昨晚看电视节目看得太晚了。不及时与同事沟通交流，等到领导过问时才汇报，耽误工作的进展，这些都是没有敬业精神和职业素质差的表现。"某电子公司的人力资源人士说。

专家提示："企业把高素质、忠诚负责的员工视为最宝贵的财富。敬业精神体现在责任感、主人翁意识、为做好工作而主动学习、注重细节、先付出后回报等方面。"

（五）有专业技术能力

某科技公司人力资源部经理介绍说，"专业技能是我们对员工最基本的素质要求，IT行业招人时更是注重应聘者的技术能力。进入公司后学历高低就不是主要的衡量标准，会更看重实际操作技术，谁能做出来，谁就是有本事，谁就拿高工资"。

专家提示："专业技能是技术含量高的企业很看重的用人标准，对专业人才的选拔可以说是精挑细选。"

（六）沟通能力强、有亲和力

某科技集团人事部的负责人说："我们公司认为，大学生最需要提高的能力是沟通能力。企业需要的是能够运用自己良好的沟通能力与企业内外有关人员接触，能够合作无间、同心同德、完成组织的使命和目的的人"。

专家提示："企业特别需要性格开朗、善于交流、有好人缘的员工。"

（七）有团队精神和协作能力

"我们特别欣赏有团队精神的员工，因为在软件开发和使用过程中，如果有一名员工在一个环节上出现问题，将会影响整个项目的进程。"某软件公司人力资源管理人士说。

专家提示："从人才成长的角度看，一个人是属于团队的，要有团队协作精神和协作能力，只有在良好的社会关系氛围中，个人的成长才会更加顺利。"

（八）带着激情去工作

"企业需要带着热情去工作的人！"某科技公司人力资源人士表示，"我们在对外招聘时，特别注重人才的基本素质。一个没有工作激情的人，我们是不会录用的。"

专家提示："热情是一种强劲的激动情绪，一种对人、对工作和信仰的强烈情感。一个没有工作热情的员工，不可能高质量地完成自己的工作，更别说创造业绩。"

【网上精品视频课程】认识职业与环境

用手机"扫一扫"下面的二维码，用浏览器打开相应网址，进入视频课程学习。

【课后作业】生涯人物访谈

结合自己的兴趣、技能、职业价值观、教育背景和已掌握的职业知识找出未来最可能从事的职业，然后在该职业领域寻找一位在职人士作为访谈对象。生涯人物可以是自己的亲人、老师和朋友，可以是他们推荐的其他人，也可以借助行业协会、大型同学录或某个具体组织的网站来寻找。

具体访谈记录如下：

1. 您是如何找到这份工作的？

_____

2. 您的职位是什么？您的主要职责是什么？

_____

3. 从事此行业的人做些什么？

_____

4. 工作地点一般在哪里？

_____

5. 在行业内，先从什么样的工作岗位做起，能学到最多的知识，最有益于发展？

_____

6. 工作场所性质有哪些特征？

_____

7. 在工作方面，您每天都做些什么？

_____

8. 您在做这份工作时，日常面临的问题是什么，什么最有挑战性？

_____

9. 就您的工作而言，您最喜欢什么？最不喜欢什么？

_____

10. 个人的主要成就是什么？最成功的是什么？

_____

11. 在这个职位上，如果想获得成功必须拥有并保持什么样的能力？

_____

12. 目前您还缺乏的必须改进的能力有哪些？如何改善？

_____

13. 在您的组织中，能够在同样一个岗位上把成功和不成功区别开来的行为是什么？

_____

14. 您认为做好这份工作应该具备哪些知识、技能和经验？

_____

15. 目前，行业内要求从事这份工作的人应该具备什么样的教育和培训背景？

_____

16. 您认为什么样的个人品质、性格和能力对做好这份工作来讲是重要的？

_____

17. 这项工作需要的个人品质、性格和能力与别的工作要求有什么不同吗？

_____

18. 学校中的哪些课程对这个行业比较有帮助？

_____

19. 行业内，单位对刚进入该领域工作的员工一般会提供哪些培训？

_____

20. 在您的工作领域里，初级职位和略高级别职位的薪水一般是什么水平？

_____

21. 这个行业是否有季节性或地理位置的限制？

_____

22. 这个行业存在的困难及前景如何？

_____

23. 据您所知，有什么职业杂志、行业网站或其他渠道能帮助我深入了解这个领域？

_____

24. 您的熟人中有谁能够成为我下次采访的对象吗？可以说是您介绍的吗？

_____

25. 通过访谈，你有哪些收获？

_____

第八章

职业选择与目标设定

【学习目标】

1. 知识层面

   了解职业选择的原则；

   掌握职业目标制订的SMART法则。

2. 技能层面

   掌握职业选择的主要方法；

   掌握职业目标制订与管理的方法。

3. 态度层面

   认识职业选择与职业目标的意义，做出明智的职业选择。

【职涯名言】

没有目标，哪来的劲头？

——车尔尼雪夫斯基

朝着一定目标走去是"志"，一鼓作气中途绝不停止是"气"，两者合起来就是志气。一切事业的成败都取决于此。

——卡耐基

【导入活动】自我决策分析

请你回想迄今为止自己人生中所做的三个重大决定，按以下几个部分进行描述并写在下面：

1. _____

2. _____

3. _____

当时的目标或情境是什么？

你所拥有的选择是什么？

你做出了什么样的选择？你做出该选择的依据是什么？

现在你对当时的选择有什么评价？

当完成对三个重大决定的描述之后，再综合分析一下，上述三个事件中的决策有什么共同之处，从中可以看出你在做决策时，有什么特点？

【阅读思考】

三个人的一生

第一个人

他叫张朝南，乡村教师，朴实敦厚，典型的山里汉子。他有太多的事迹可以让那一方人永远记住他，为了二十几个学生能顺利上学读书，他变卖了所有的家当，住在学校里，苦苦地支撑着几个村唯一的小学。

作为一位极贫困偏远山区的民办教师，他的工资不仅少得可怜，而且被常年拖欠着，他甚至连家都没成。每年涨山洪的季节，他都要亲自去接送各村的学生，在危险地段，他更是背着学生蹚过河水。他的事迹上过报纸，可除了得到一点儿虚名外，对于他，对于他的学校，没有带来丝毫的改变。

直到暴发那场最大的泥石流。那一次，张朝南在生死边缘走了无数次，救下了21名学生，却终有一个孩子被泥石流吞噬了生命。他自责自怨，无法面对那如花的生命在面前殒落。他觉得对不起"教师"这个称号，他连一个孩子稚嫩的生命都保护不了。那次灾难之后，他便放弃了教师的职业，成了无数普通山里人的一员。

第二个人

此人叫凌厉。人如其名，他在那个圈子里绝对是人人谈之色变的人物。他是一个保镖，花高价雇他的人极其放心。他的身手，10个经过专业训练的大汉也不是对手。他冷酷无情，毫不心慈手软。在一场地下商业纷争中，他和雇主面对几十个人，在谈崩了的情况下，他仍将雇主安然带回，身后是放倒了一地的打手。这一事件，已成了保镖界的传奇与神话。

像凌厉这样的人，这样的人生，注定是充满着传奇和神话的。虽然他也曾有过太多次生死悬于一线的时刻，可他却把这些当成一种刺激，那几年之中他到底当保镖赚到多少钱，没人有计算得清。不过再美的神话也有落幕的时候，他终因遇人不淑，在拼死保护一个大毒販时，被警方生擒。神话终结之处，是萧萧的铁窗生涯。

最后一个人

这是一个地位尊崇的企业家，叫封平，年近半百开始创业，在短短几年内将一个小门面发展成大集团公司，让许多业内人士和记者惊为天人。是的，在当今竞争如此激烈残酷的现实之中，他能在几年之中迅速崛起，非是天才不能如此。

年过六旬的封平事业如日中天，不过他却很低调，丝毫没有大富豪的派头和霸气。令人感到惊奇的是，他竟然是单身，不知是丧失了亲人还是终身未娶。只是听人说在他的办公桌上，摆着一张小女孩的照片，这也让人们平添了许多猜想。

然而，更令人难以相信的是，封平一夜之间出卖了集团中自己所有的股份，甚至，那些天文数字的财产他全都捐了出去。这种做法，在国内是尽够惊世骇俗的了。有人说，他孤身一人，挣那么多钱也没人分享，自然捐了。可不管怎样，封平做到了，而且一下子消失在人们的视线之中，连那些为挖新闻无孔不入的记者也寻不到他的踪迹，就像他从未曾出现过辉煌过。

张朝南，凌厉，封平，三个人，三种人生，仿佛来自三个不同的时空，他们却震撼了太多的人。

原来……

张朝南不当教师以后，却依然惦念着山里的孩子，为他们的教育问题困扰。最后，他决定去城里打工，想多挣些钱以改变山里的教育现状。可是进城不久，他便发现了挣钱的艰难，而朴实的他也因钱的诱惑而慢慢偏离生命的正轨，开始为了快速挣钱而拼命。

于是，保镖凌厉出现了。变成凌厉之后，他的钱挣得越来越多，每一次想收手时，都想着再干一次，终于身陷囹圄。十年刑满后，他出狱了，由于给太多的大老板当过贴身保镖，经历的商场事件也无人能及，他开始了自己的商场生涯，几年之后，企业家封平横空出世。

他这次及时身退，这些年赚的钱被他捐出建了多少所希望小学，只有他自己知道。如今的他，正在一个遥远的山区，在一个崭新的希望小学里，做着迟缓的敲钟人。在他住处的桌子上，仍然摆着那个小女孩的照片，那女孩，就是在那场泥石流中逝去的学生。

不忘初衷，及时悔过，便永远不晚。也许，更多的时候，人生走出的是一条曲线，终点又回到起点，生命才是最圆满的吧！

（资料来源：乐都网，有改动）

问题：

看完以上故事，你有哪些感想？对自己未来的人生决策，有哪些启发？

第一节　职业选择的原则与方法

【案例故事】

人生不是赛场，理想不容退场——职业目标的方向感

　　吴昊，沈阳体育学院运动训练学院2008级学生，羽毛球专项，2012年顺利毕业。

　　吴昊是一个从普通的工薪家庭中长大的孩子，从幼儿园、小学到中学、高中，就读过的学校都是城市中很普通的学校，然而到了高中时期，他对体育产生了浓厚的兴趣，原本学习成绩就不突出的他，成绩变得更加糟糕，期盼能考上综合类大学的家人，只能无奈顺从吴昊的意愿让孩子加入学校体育队开始体育专业训练，当然他是无比兴奋的，因为他早已把考入沈阳体育学院作为自己短期目标，这下终于有机会实现梦想了。

　　每个梦想都不是那么容易实现的，经过了两年的体育队训练，在2007的考试中，吴昊还是不幸落榜了，这对他的打击可谓是巨大的。整整一个月的沉闷过后，吴昊硬着头皮跟父母说出要复读一年再考一次的想法，并且发誓如果再考不上就老实到技校学技能，然后找工作。

　　经过一年的努力学习与训练后，这次他得到了老天的眷顾，2008年吴昊顺利被沈阳体育学院录取，经历过了坎坷的他更加坚定了对从事体育的决心，那时在他的心中就把体育当作一生追求的事业的懵懂想法。

　　大学期间，可以说他是在忙碌中度过的，奖助学金、中共党员、优秀学生干部，这些都是大学给予他的认可。除了在学校努力学习外，他的课余生活异常丰富。大二开始，吴昊便到校外体育场馆开设羽毛球培训班，并在假期中应聘场馆管理员；到了大三实习，通过应聘进入体育器材销售店工作，因为对体育的热爱，每份工作都用心地完成，努力地吸取经验；直到毕业他对于职业的规划已经逐渐清晰，那就是最终要做一家自己的体育公司，用体育给更多的人带来快乐。

　　短暂的大学时光总是让人留恋，吴昊一转眼就大学毕业了。他并没有立即着手开始自己的创业实践，而是选择再积累更多的创业经验。这次他的决定很大胆，对于没出过山海关的他决定到上海学习体育行业经营，家人得知这个想法有些不舍，但最终还是给予了支持，因为吴昊父亲曾经告诉他：人生不应该留下遗憾。

上海的工作生活可以说是一次艰辛的成长之旅，他拿着几千块钱走到那个陌生的城市中，甚至不知道应该住在哪儿，应该做什么，可骨子里就坚韧的他到上海的第十天便在一家体育赛事策划公司从事实习的工作，虽然开始的时候只是力工，但经过半年多的努力，他得到了老板的认可，给予了更多文案工作、策划工作，以及与客户沟通的机会，当然这些并不能让他满足，努力的加班工作对他来说并没那么枯燥，因为他知道只要把眼下的事情做到极致便可以距离目标越来越近。转眼间在上海生活打拼了两年，这时的他已不是基层岗位的职员了，老板提升他为项目经理，负责赛事活动的销售沟通、营销推广、策划执行以及相关团队管理工作，当然薪水也随之增加。随着经验不断积累，工作也日益稳定，生活再也不那么艰难了，这时又一个大胆的想法改变了他的人生轨迹——回家乡实现心中的梦想。

2015年1月，他结束曾经付出过两年多心血的工作，带着走进他体育产业的梦想回到家乡沈阳，回来的第一件事情就是注册公司。2015年3月，一家法人属于吴昊的公司注册成立了——沈阳炫活体育文化传播有限公司。当然梦想并不能因为这张营业执照就证明实现了，没有合作伙伴、没有产品、没有办公地点，对沈阳体育产业发展不了解等等困难摆在了他的面前，为了更好地接好沈阳体育产业的地气，他走进了沈阳一家体育公司，踏踏实实又做起了一线工作。一年很快过去了，因为在入职的时候就跟经理讲好了这一年的工作目的，并且就职期间给公司创造了很大的商业利润，所以他的离开也得到了老板的认可与支持，这时他有了第一位合作人，他的大学室友王岩，创业开始不需要多大的团队，但必须有坚定的支持者，往往是家人和你最亲近的朋友，他们共同完善了关于开展主营业务的商业计划书、选好了办公地点、筹集了启动资金，就这样追梦的旅途开始了。

2016年9月1日炫活体育第一天正式营业，虽然开始只有两个人，但每天都脚踏实地进行着，围绕着场馆运营、少儿体能训练、体育赛事策划三大主营业务。直至今日，公司得到了很大发展，已有5位伙伴在一起奋斗，大家为了实现各自心中的梦想一起走在了创业的路上。

（资料来源：搜狐网，有改动）

点评：

人生不是赛场，理想不容退场，创业的过程中一定会经历很多的风雨，不过只要保持住这份坚守职业理想的决心，并且将它付诸行动，将最平常的工作做到极致，最终你会收获一份踏实的创业成绩单。

一、职业选择的黄金原则

职业选择是职业生涯规划的关键内容。不同的职业定位，意味着不同的职业选择，同时也意味着将进入不同的行业。尤其是第一份工作，它将在相当程度上影响着人们的人生走向。因此，科学的职业选择是十分重要的。

大学生职业选择应把握四条原则：择己所爱，择己所能，择世所需，并在保证了前三个原则的基础上，追求发展和收益最大化，即择己所利。

（一）择己所爱

职业选择首先要想到自己喜欢哪种职业，或者对哪种职业比较感兴趣。研究表明，一个对所从事职业感兴趣的人，能够发挥其才能的80%～90%，且能保持长时间高效率、不疲劳；而对所从事职业不感兴趣的人，则只能发挥其才能的20%～30%，且容易精疲力竭。一般来说，只有从事自己喜爱的、感兴趣的工作，工作本身才能给你一种满足感，你的职业生涯才会变得妙趣横生。因此，择己所爱是大学生做好未来职业选择的首要原则。

（二）择己所能

在人才市场的就业竞争中，同学们必须善于从与竞争者的比较中来认清自己的所长和所短，即竞争的优势和劣势。在此基础上按照择己所能、扬长避短的原则进行具体的职业选择。大学生应特别注意要尽可能学以致用，发挥自己的专业特长，把职业选择在与自己所学有较密切联系的行业领域。

（三）择世所需

任何职业的兴起、发展、衰落及消亡均是由社会需要的变化引起的。因此，同学们在进行职业选择时，不仅要了解当前的社会职业需求状况，还要善于预测职业随社会需要而变化的未来走向，以便能使自己的职业选择更有远见。一味盯在眼前热门的职业上，可能导致不利长远发展的选择失误。

（四）择己所利

职业是个人谋生的手段，其目的在于追求个人价值。同学们在择业时，要考虑职业带来的收益，尽可能使个人价值最大化。明智的选择是在由收入、社会地位、成就感和工作付出等变量组成的函数中找出一个最大值。这就是职业选择的收益最大化原则。

这里所指的收益，不是单纯的薪酬待遇等，而是要综合权衡多方面的因素，充分考虑国家和社会的需要，综合自己的爱好、特长和个人需要，进而得出合理的结论。

【二维码链接】职业选择的标准

二、职业选择的方法与策略

（一）自我评价与定位：职业选择前的准备

职业选择的过程本质是不断发现自己、认识自己的过程。大学生在做出最终的职业选择前，要尽可能充分了解自己的职业倾向，明确自己的优势和长处，同时结合社会该职业的基本发展状况，给自己一个正确的评价和明确的定位。

1. 明确职业兴趣定位

人的兴趣在职业活动中起着十分重要的作用。同学们确定择业方向时应考虑自己的兴趣因素，进行科学职业选择，选择合适的就业岗位。

（1）喜欢同具体事物打交道，而不喜欢与人打交道者，可以选择诸如制图、勘测、工程技术、建筑、机器制造、出纳、会计等工作岗位。

（2）喜欢与人交往，对销售、采访、传递信息一类活动感兴趣者，应该选择的工作岗位是记者、推销员、服务员、教师、行政管理人员等。

（3）喜欢有规律、有秩序地进行活动，习惯于在预先安排好的程序下工作的人，应该选择的工作岗位是图书管理、档案整理、办公室工作和打字、统计等。

（4）乐于助人，喜欢从事社会福利和助人工作的人，相应的工作岗位是律师、咨询员、科技推广人员、医生、护士等。

（5）喜欢掌管一些权力，希望受到众人尊敬和获得声望的人，可考虑担任行政官员、企业管理人员、学校班主任、辅导员等。

（6）对人的行为举止和心理状态感兴趣，喜欢研究人的行为的人，适合从事的职业是心理学、政治学、人类学等研究工作及教育、行为管理等研究人和管理人的工作。

（7）喜欢从事科学技术事业，对分析、推理、测试等活动感兴趣的人，相应适合的职业应该是生物、化学、工程学、物理学、地质学等。

219

（8）喜欢抽象的创造性工作，或者喜欢独立工作，对自己的才能比较自信，擅长解决抽象问题的人，比较适合的职业是社会调查、经济分析、各类科学研究和化验、新产品开发等。

（9）对运用一定的技术操作各种机器、机械制造新产品等感兴趣的人，适合的职业应该是各种驾驶员、机器制造、建筑、石油、煤炭开采等。

（10）喜欢从事具体的工作，希望能很快看到自己的劳动成果，愿意做能看得见、摸得着的产品制作工作，并从完成的产品中得到满足的人，相应的职业则是室内装饰、园林、美容、手工制作、机械维修等。

2. 能力倾向定位

同学们根据能力倾向来分析自己的职业选择时，不仅要考虑到自己从事各类工作所需的一般能力状况，包括注意力、观察力、记忆力、想象力、逻辑思维能力等，还要考虑胜任某一职业要求的专业技能和特殊能力。例如从事工程技术工作，就需要有坚实的专业基础和较强的动手能力；从事技术管理工作，就需要较强的技术和经济观念，对新技术产品的敏感性和鉴别能力，以及周密的思维能力。

3. 性格倾向定位

由于人们从事的职业有各自不同的特点，因而对从业人员的性格特点也会有不同的要求。一般说来，开朗、活泼热情、温和的性格，比较适合从事外贸、涉外工作、文体工作、教育工作、服务工作以及其他与人交往多的职业；多疑、好问、倔强的性格，比较适合从事科研、治学方面的工作；深沉、严谨、认真的性格，比较适合做人事、行政、党务工作；而勇敢、沉着、果断与坚定是管理者所需要的。让一个人去从事与其性格不相适应的工作，其结果会因不匹配而造成职业倦怠，甚至半途而废。因此，准确判断自己的性格特征并以此来确定自己的职业选择十分重要。

4. 价值观倾向定位

俗话说："人各有志"，当这个"志"表现在职业选择上的时候就是职业价值观。如果一个人追求的是自我价值的实现，那么他就会选择那种最能发挥自己特长的职业；如果一个人只是一味地追求名与利，那么他在选择职业时，就会优先考虑所选职业的地位和经济收入。

绝大多数人的职业价值观不是单一的，会同时追求几种或多种价值。人的有些价值观是很明显、清楚的，例如对金钱的重视或不重视，但更多的情况是，价值观随着个人主观的甚至是无法解释的情绪因素而变化。大学生要尽量认清自己的价值观，找到自己的动力源泉，明确自身职业选择。

（二）职业选择的过程与方法

1. 全面了解拟选择的职业

首先列出你所希望选择的三种职业，从工作内容、工作方式、工作角色和工作要求等方面，看看自己对拟选择的职业了解多少。如果有许多内容自己都不甚了解，那就应该再去对该选择进行深入的探索，免得将来走弯路。

2. 分清理想职业与现实职业

为了分析所选择职业的现实可能性，下面列出了几个方面，可以据此评价选择的可行性。

（1）能力可能性和价值观可能性

自己有能力干吗？仅仅靠自己的能力完全能干好吗？自己的能力能充分发挥吗？能让你负起所希望的责任或挑战吗？与你的价值观矛盾吗？

（2）目标可能性和匹配可能性

能实现所希望的生活方式吗？是你爱好的工作内容吗？能得到希望的报酬吗？与你的教育、资格等条件相符吗？能实现你的长期目标吗？劳动条件等可以接受吗？

理想职业与现实职业往往是有一定的距离的。如果你对最希望的职业评价体现在以上的四种多数可能性当中，那证明你的选择是有一定的现实基础的，反之，如果不可能占多数，那你不得不重新考虑你的现实选择了。

3. 理想单位的具体化

在对职业有了全面理解之后，就可以进行理想单位的排序，主要考虑条件有地理条件、单位性质、单位规模、行业、收入、提升机会、专业对口度、工作环境、福利、调动工作的可能性、稳定性，等等。列出三个理想单位之后，针对以上所列出的一些内容进行适合度的衡量。看看这三个单位对自己的适合程度如何，比如对单位的了解、对从事岗位的了解、现实的可行性如何等，然后做出理性选择。

4. 制约条件的权衡与取舍

任何一个就业单位，都有其有利条件和不利因素，十全十美的就业单位毕竟是少数。在选择时，对一些条件可能妥协，而对其他条件则可能无法妥协，这些条件就是制约条件。因此，必须对这些制约条件进行全盘考虑，并决定最终的取舍。起作用的制约条件有工资水平、单位性质、工作地点、工作时间、工作内容、业余时间分配、专业对口程度、福利以及单位风气和文化等。评价有两种标准，即不能妥协的和能妥协的。针对具体单位进行评估(在这里假设所有的制约条件的重要性是相同的)，如果不能妥协的条件占大多数，也许你就应该重新考虑自己的选择了。结合前面所列出的职业兴趣、价值观等，去除这些制约条件，可从中找出最符合你的职业兴趣、角色兴趣、价值观等因素的就业单位。

（三）职业选择的策略

1. 从客观现实出发

职业选择必须从客观现实出发。首先要将个人的职业意愿、自身素质与能力结合起来，加以充分的考虑，估计一下自己能否胜任某项职业的要求，认真评价个人职业意愿的可能性，即进行准确的自我评价和定位。其次对职业岗位空缺与需求作出客观分析。

2. 比较鉴别

在职业和就业者之间进行比较，将职业对人的要求具体化，比如教师职业要求有较强的语言表达能力，艺术工作者要求有丰富的创作力，等等。其次在选出的多种职业目标中进行比较。自己的条件可能适合好几种职业，应当选出那些更符合条件的，更符合自己特长和专业发展的，经过努力能很快胜任的职业。再次将职业提出的各种条件进行比较。因为从事某种职业所需要的各种条件是有主次之分的，每个人进行职业选择时也要考虑多个方面，当个人的素质符合某种职业的主要条件时，职业选择就比较容易成功。

3. 扬长避短

在选择职业时，要清楚地知道自己的长处是什么、短处是什么。一般来讲，当职业与个人的理想、爱好、个性特点、专业特长最接近时，个人的主观能动性容易激发出来。因此，在选择职业时如果充分考虑到最大程度地发挥自己的专长，有利于个人全面发展等因素，走上工作岗位后，才有可能热爱自己的工作，才能把工作当作一件愉快的事情去做，才能卓有成效地开创未来。

4. 适时调整

有的人可能当时的选择是对的，后来情况发生了变化；还有的人在选择时考虑不够全面，在实践中行不通，这就要依据新的情况，适时调整，慎重地进行新的选择，以实现自己的职业生涯规划。适时调整的含义是：对自己心目中的理想单位和职业，如果不能一步到位，可以采取打好基础、抓住机会、分步前进、逐渐逼近的策略。如果客观现实不具备，就应该适时调整，创造时机使条件成熟。

大学毕业生的职业选择只是职业发展计划中的第一步，走好第一步固然重要，但未来的路还很长，也许还会面临更多的选择。管理大师彼得·德鲁克说过：对你而言，你所做的工作选择是正确的，概率大约是百万分之一。如果你认为你的第一个选择是正确的话，那么就表明你是十分懒惰的。因此，一个人必须通过大量地、不断地实践和转变，才可能发现一条从心理上和经济上都令其满意的职业发展道路。

【二维码链接】选择，是一种有智慧的放弃

【体验活动】你会如何选择

迈克尔，一名才华出众的大四学生，正准备从两份工作中选一份。工作A，起薪很不错，但晋升机会一般，不过有相当好的社保福利，还有一个友好宽松的工作环境；工作B，起薪一般，却有非常好的晋升机会，社保福利一般，并且工作环境非常正式且等级森严。

正当迈克尔在工作A和工作B之间举棋不定时，又冒出了工作C。工作C在一个魅力十足的城市，在得到这个工作机会之前，他从来没有考虑工作地点的问题，但是现在他觉得可以考虑一下。工作A和工作B所在的城市与工作C所在的城市相比，哪个更吸引人呢？工作C在薪水、社会福利上是不是能和工作A、B相媲美呢？

随后，事情变得更复杂了。迈克尔又得到了一个工作D，工作地点离家和朋友们所在的城市很近。这一点迈克尔之前也没考虑过。然而这对他又有多重要呢？迈克尔的女朋友在工作A所在的城市找到了工作，此时他又应该把女朋友放在第几位呢？这段恋爱关系对他有多重要呢？

迈克尔在做决定前要问自己好几道难题：愿不愿意放弃高薪换取晋升机会？愿不愿意牺牲更好的工作去一个更有魅力的城市？愿不愿意放弃这两个优厚条件来换取合家团聚？愿不愿意不顾一切地和女友在一起？

选择多的坏处之一就是，列表中每增加一个新选项，这些要取舍的东西就会产生负面的心理效果。不得不做选择这件事本身就会影响我们的感知，决定越重要，这种取舍对最终结果的满意度的影响就越大。

如果你是迈克尔，你会如何选择？为什么？

第二节　职业目标的制订与管理

【案例故事】

查德威克的秘密

1952年7月4日清晨，加利福尼亚海岸笼罩在浓雾中。一名妇女叫费罗伦丝·查德威克的34岁女人，在海岸以西21英里的卡塔林纳岛上，涉水下到太平洋中，开始向加州海岸游过去。要是成功了，她就是第一个游过这个海峡的妇女。在此之前，她是从英法两边海岸游过英吉利海峡的第一个妇女。

那天早晨，海水冻得她身体发麻，雾很大，她连护送她的船都几乎看不到。时间一个钟头一个钟头过去，千千万万人在电视上看着。有几次，鲨鱼靠近了她，被人开枪吓跑。她仍然在游。在以往这类渡海游泳中她的最大问题不是疲劳，而是刺骨的水温。

15个钟头之后，她又累，又冻得发麻。她知道自己不能再游了，就叫人拉她上船。她的母亲和教练在另一条船上。他们都告诉她海岸很近了，叫她不要放弃。但她朝加州海岸望去，除了浓雾什么也看不到。

几十分钟之后——从她出发算起15个钟头零55分钟之后，人们把她拉上船。又过了几个钟头，她渐渐觉得暖和多了，这时却开始感到失败的打击，她不假思索地对记者说："说实在的，我不是为自己找借口，如果当时我看见陆地，也许我能坚持下来。"

人们拉她上船的地点，离加州海岸只有半英里！后来她说，令她半途而废的不是疲劳，也不是寒冷，而是因为她在浓雾中看不到目标。查德威克小姐一生中就只有这一次没有坚持到底。

两个月之后，她成功地游过同一个海峡。她不但是第一位游过卡塔林纳海峡的女性，而且比男子的纪录还快了大约两个钟头。

（资料来源：学霸无忧网，有改动）

点评：

这个真实的例子，说明一个人若看不到自己的目标，会有怎样的结果。查德威克虽然是个游泳好手，但也需要看见目标，才能鼓足干劲完成她有能力完成的任务。当你规划自己的职业成功时，千万别低估了制订可测目标的重要性。

一、职业目标的制订

美国学者戴维·坎贝尔曾经指出："目标之所以有用，是因为它能帮助我们从现在走向未来。"立定志向可以成为成功的驱动力，同时也可以使自己更能够掌握方向，明确应该做的事情。

（一）目标设定的原则

目标设定是基于自我觉醒的基础上，对自己未来职业生涯的一个初步的概想。在进行职业目标设定时，应该遵循SMART原则。

1. S（Specific）

目标要清晰、明确。所谓明确就是要用具体的语言清楚地说明要达成的行为标准。明确的目标几乎是所有成功人士的一致特点。很多人不成功的重要原因之一就因为目标定得模棱两可。要做到这一点，需要回答以下6个"W"。

Who：谁参与；

What：要完成什么；

Where：确定一个地点；

When：确定一个时间期限；

Which：确立必要条件和限制；

Why：明确原因，实现此目标的目的或好处。

例如，同学们确定了一个目标——"好好学习"，这就不是一个具体目标。同学们可以将此目标具体化，比如"每天去图书馆，至少看书两小时"。

心理学家得出了这样的结论：当人们的行动有了明确目标，并能把自己的行动与目标不断地加以对照，进而清楚地知道自己的行进速度和与目标之间的距离，人们行动的动机就会得到维持和加强，就会自觉地克服一切困难，努力达到目标。要达到目标，就要像上楼梯一样，一步一个台阶，把大目标分解为多个易于达到的小目标，脚踏实地向前迈进。每前进一步，达到一个小目标，就会体验到"成功的喜悦"，这种"感觉"将推动自己充分调动自身潜能去达到下一个目标。

2. M（Measurable）

即目标要可量化，是明确而不是模糊的，要有一组数据，作为衡量是否达成目标的依据。为了确保目标可量化，可以问自己几个问题：我怎么知道自己是否达到了目标？是多少？有的东西不好量化，也要尽量找到一个量化的标准。

假如某同学想掌握熟练的网站制作技能，那么他可以将自己的目标定位为：可以独立完成一个电子商务类网站的策划和制作。

3. A（Attainable）

即设定的目标要高，要有挑战性，但又须是可达成的。目标要通过努力可以实现，不能过低和偏高，偏低了无意义，偏高了实现不了。一般来说，当设定的目标对一个人有很重大的意义时，这个人便会尽最大的努力去完成。假如某同学的目标是能够按时毕业，拿到学位，那么这种目标就是不具挑战性的，而如果把目标设定为在学术造诣上超越爱因斯坦，那么基本上没有实现的可能，这种目标在设定上就是失败的。

4. R（Relevant）

设定的目标要有现实性，要和自己的实际情况相关联。设定的目标最好是自己愿意做，并且能够干好的。在职业目标的设定上，一定注意目标的设定要和岗位的职责是有关系的。比如某位同学打算从事会计工作，努力考个会计师证是很有必要的。而花费很多时间去考心理咨询师证，就无太大必要了。

5. T（Time bound）

目标要有时限性，要在规定的时间内完成，时间一到，就要看结果。没有时间限制，就没有紧迫感。回到做好学生的目标，如果问自己，有没有在学习？回答往往是肯定的，一年后，再问自己，学到了什么，很多人回答不上来。针对这种情况，同学们完全可以设定类似这样的目标，如在2017年12月前，自学完成平面设计专业的全部课程。

（二）目标设定的方法

在设定职业生涯目标时可以采用时间分解法，将目标分为短期目标、中期目标、长期目标和人生目标。设定正确的目标不难，但要实现目标却不容易。如果目标太远大，同学们往往会因为苦苦追求却无法得到而气馁。因此，如图8-1所示，将一个大目标科学地分解为若干个小目标，落实到具体的每天每周的任务上，正是实现目标的最好方法。

1. 短期目标

短期目标通常是指时间在一至两年内的目标，是中期目标和长期目标的具体化、现实化和可操作化。如对专业知识的学习、两年内掌握哪些业务知识、职业选择等。通常，又可以将短期目标分解为很多小目标，如一个月甚至一周的目标。在设定短期目标时，需做到：

目标具备可操作性；

明确规定具体的完成时间；

对现实目标有把握；

服从于中期目标；

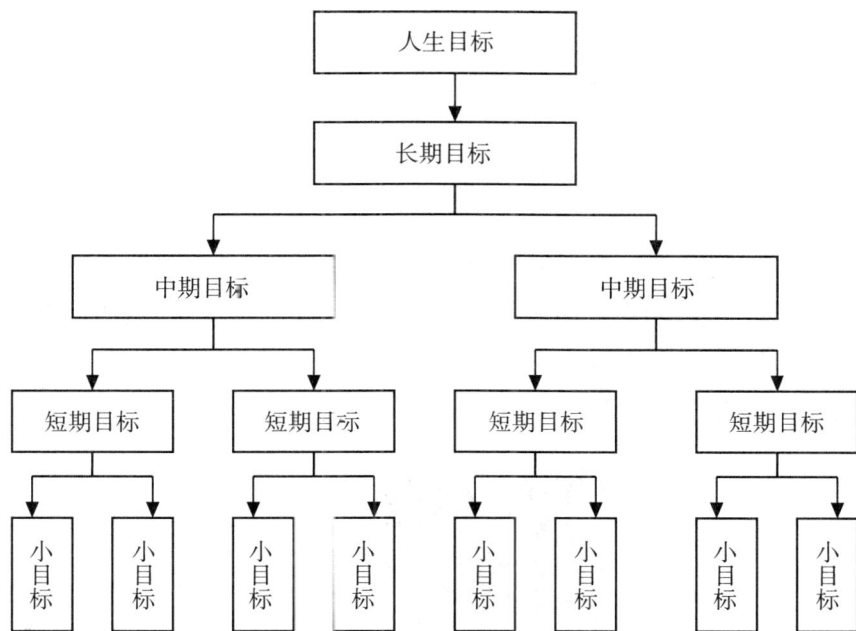

图8-1　目标的分解法

目标可能是自己选择的，也可能是企业或上级安排、被动接受的；

目标需要适应环境；

目标要切合实际。

2. 中期目标

一般为3～5到五年，它相对长期目标要具体一些，如规划到不同业务部门当经理，规划从大型公司部门经理到小公司做总经理，等等。在设定中期目标时，需做到：

通常与长期目标保持一致；

是结合自己的志愿和企业的环境及要求来制订的目标；

用明确的语言来定量说明；

对目标实现的可能性做出评估；

有比较明确的时间，且可做适当的调整；

基本符合自己的价值观，充满信心，愿意公布于众。

3. 长期目标

时间为5年以上的目标，它通常比较粗、不具体，可能随着企业内外部形势的变化而变化，在设计时以画轮廓为主。如，规划30岁时成为一家中型公司的部门经理，规划40岁时成为一家大型公司副总经理，等等。在设定长期目标时，需做到：

目标有可能实现，具有挑战性；

对现实充满渴望；

非常符合自己的价值观，为自己的选择感到自豪；

目标是认真选择的，和社会发展需求相结合；

没有明确规定实现时间，在一定范围内实现即可；

立志改造环境。

4. 人生目标

是指整个人生的发展目标，时间长至40年左右。一般说来，短期目标服从于中期目标，中期目标服从于长期目标，长期目标又服从于人生目标。具体实施目标，通常是从具体的、短期的目标开始的。

【二维码链接】确定职业生涯目标的"三定"原则

二、职业目标的管理

（一）目标管理应注意的几个问题

1. 目标设立的客观性

个人发展目标的确立与团队或企业目标一样，必须具有客观性，否则就只能停留在幻想当中。也就是说，个人目标的设立必须建立在个人兴趣、爱好、知识、能力、身体条件及社会环境等因素的基础之上，应该是通过努力可以达到的，并且是可考核、可评价的，明确、具体的，是可量化、可分解的。不具有客观性的目标是不可能实现的。如果一个人的身体条件本来是不适合运动的，那么长跑世界冠军的奋斗目标，就只能是一种幻想。

当然，个人的奋斗目标一经确立，也不是一成不变的。随着个人的成长，知识与阅历的增加，以及兴趣、爱好的转移，阶段性地调整自己的目标更加有助于自己人生价值的实现，但却不能过分频繁地变换目标。频繁地变换目标与没有目标，对于一个人的发展来说同样是危险的。

2. 目标分解的科学性

任何一个人都不可能一步跨入自己的理想世界，都不可能瞬间实现自己的人生目标与价值。一个人的成功之路是由一个个目标铺就的，一个目标实现以后，一个新的目标必然出现在前方。这些具体目标也是相互关联的，它们在人生总目标的统领之下，逐渐分解而来。一个人人生价值的实现过程就如攀登一座高峰，要想顺利到达峰顶就要从山峰的脚下往上攀，一步一步的踏点为我们支起了登顶的天梯，这每一个踏点也就是我们登顶过程中的一个个分目标，正是这些分目标的不断实现，才促使我们最终能够完成登顶的最大目标。

对于一个人的成长来说，在其实现自身价值的总目标确定之后，也要如登山一样将自己的总目标分成若干分目标，如阶段目标、年目标、月目标、周目标、日目标等，而且在目标分解的过程中一定要坚持科学性的原则，只有这样才能保证我们每走一步都能够离我们的总目标更近一点，也只有这样，我们人生发展的总目标及人生的价值才能真正实现。

3. 目标的实现是以每一天、每一件事的努力为基础的

中国有句古话，"世上无难事，只要肯登攀"，它是对"目标"及其实现途径的最贴切、最科学的阐述。科学地设立了目标、详细地分解了目标以后，如果不付诸实际的努力，也不会产生任何实际的成果。

（二）职业生涯目标的分解

职业生涯目标的实现可以用一系列的阶段来表示。为了顺利进入每一个新阶段，应根据新阶段的特点制订分目标。

目标分解就是根据观念、知识、能力差距，将职业生涯长期的远大目标分解为有时间规定的长、中、短期分目标，直至将目标分解为某确定日期可以采取的具体步骤。实现一个远大目标很少能够一气呵成，必须分解成若干个易于达到的阶段性目标。

目标分解是将目标清晰化、具体化的过程，是将目标量化成可操作的实施方案的有效手段。目标分解帮助同学们在现实环境和美好愿望之间建立起可以拾阶而上的途径。目标分解从最远、最高的目标开始，一直分解到最近的目标。在现实中，很多人做事之所以会半途而废，其中的原因，往往不是因为难度较大，而是觉得离成功较远，确切地说，不是因为失败而放弃，而是因为倦怠而失败。

目标分解可以按两种途径来分解目标：

按时间分解：可分解为最终目标(人生目标)、长期目标、中期目标、短期目标。

按性质分解：可分解为外职业生涯目标、内职业生涯目标。

美国职业心理学家施恩教授最早把职业生涯分为外职业生涯和内职业生涯。他指出外职业生涯指经历一种职业（由教育开始、经工作期、直到退休）的通路，包括职业的各个阶段：招聘、培训、提拔、解雇、奖罚、退休等。内职业生涯更多地注重于所取得的成功或满足的主观感情以及工作事务与家庭义务、个人休闲等其他需要的平衡。

根据内、外职业生涯的内容，我们可以把长期目标、中期目标和短期目标分解出各自具体的内职业生涯目标和外职业生涯目标。

一是外职业生涯目标。（1）职务目标。职务目标应当具体明确。（2）工作内容目标。在现实生活中，能够升到高层职位的毕竟是少数。位置越高，留给人们可以选择的机会也就越少，而且，能不能晋升，很大程度上并不取决于人们自己。所以，不要只盯着职务目标的晋升，而把外职业生涯目标规划的重心移到工作内容目标上来。（3）经济目标。人们从事一项工作，获得经济收入是一大目的，毕竟谁也离不开生存的物质基础。在职业生涯规划中列入收入期望无可非议。但要注意的是切合实际和自己的能力素质，然后大胆地规划一个具体的数目，不要含混不清，或者不敢写。（4）工作地点目标和工作环境目标。如果同学们对工作地点和工作环境有特殊要求就要在规划中列出这两项内容。

二是内职业生涯目标。只追求外职业生涯目标会让人遭遇很强的挫折感，怀疑上级对自己不公，上班太远累得慌、辛苦半天没拿多少钱，评优晋级没有份……越想越难受，越想越没干劲，每天都生活在抑郁之中。其实，我们还有一笔重要的财富不容忽略——丰富的知识经验积累，观念、能力的提高以及由此带来的快乐感、成就感。在分解和组合自己的职业生涯目标时，外职业生涯目标与内职业生涯目标应该是同时进行的，而且内职业生涯目标是尤其应该重点把握的内容。

（1）工作能力目标。工作能力是对处理职业生涯中各种工作问题的能力的统称。如策划能力、管理能力、研究创新能力、与领导无障碍沟通的能力、与同事协调合作的能力等。必要的工作能力积累是达到职务目标和收入目标的前提。所以，工作能力目标应当优先于职务目标。

（2）工作成果目标。在很多组织里，工作成果都是进行绩效考核的一个重要指标，扎实的工作成果带给我们极大的荣誉感和成就感，也铺砌了通往晋升之途的阶梯。

（3）心理素质目标。在职业生涯途中，有人成功达到目标，有人半空而坠，区别其实不在机遇和外部条件，每个人的职业生涯发展过程中都会遇到这样那样的困难，只有心理素质合格的人才能正视现实，努力去克服困难，冲向卓越。而心理素质差的人只会怨天尤人、自暴自弃。同学们为了自己的职业生涯规划蓝图能够化为现实，千万别忘记不断提高自身的心理素质。提高心理素质目标包括经受挫折、包容他议，也包括在暂时的成功面前保持清醒冷静。

（4）观念目标。观念是对人对事的态度、价值观。很多跨国大企业都有自己的观念文化，这些观念既影响着员工的行为，也影响着组织、领导、同事、客户对员工的态度。随时更新自己的观念，让自己总是站在前沿地带，也是大学生规划个人职业生涯的重要内容。

（三）职业生涯目标的组合

目标组合是处理不同目标相互关系的有效措施。如果只看到目标之间的排斥性，就只能在不同目标之间做出排他性选择；而如果能看到目标之间的因果关系与互补性，就能够积极进行不同目标的组合。

目标组合有三种方法：时间组合、功能组合和全方位组合。

1. 时间组合

职业生涯目标在时间上的组合可以分为并进和连续两种情况。

（1）并进。所谓职业生涯目标的并进，指同时着手实现两个平行的工作目标或建立和实现与目前工作内容不相关的预备职业生涯目标。有时候，外部环境给予大学生的机会很多，让大学生们面临多个选择，于是会出现两个或多个不同方向的职业生涯目标。只要处理得好，在一定时期内，是可以做到鱼与熊掌兼得的，当然，前提条件是要有足够的精力和能力来应对，但对普通大学生来说，仍然建议同学们在一段时间内只定一个大目标。

这里所说的"同时着手实现两个平行的工作目标"，指的是短期内进行的不同性质的工作，一般多为中、高级管理层"双肩挑"的情况。

而建立和实现与目前工作内容不相关的预备职业生涯目标，多发生在中、青年人身上，意在居安思危、未雨绸缪。例如，学校团支部书记为了今后获得更大的发展空间，在做好本职工作的同时，进修MBA课程。并进有利于同学们开启潜能，在同样的时间内迎接更大的挑战；浓缩生命，发挥更大的价值。

（2）连续。连续是指用时间坐标做纽结，将各个目标前后连接起来，实现一个目标再进行下一个。一般来说，较短期目标是实现较长期目标的支持条件。目标的期限性是相对的，随着时间的推移，长期目标成为中期目标，中期目标成为短期目标，短期目标成为近期目标。只有完成好每一个近期目标和短期目标，最终目标才有可能实现。

职业生涯目标分为最终目标和阶段目标（长期目标、中期目标、短期目标、近期目标），各个阶段目标的设定大体与最终目标一致并互相关联。这里应该明确，阶段目标是在一段特定的时间内要达到的结果。如果将职业生涯的阶段目标转变为职业生涯最终目标，只需将各个阶段目标连接起来，加上一个时间表，再加上一个衡量目标达成结果的评估方式。

2. 功能组合

很多职业生涯目标在功能上可以存在因果关系或互补作用。

（1）因果关系。有些目标之间存在着明显的因果关系，如前面提到的工作能力目标与职务目标和收入目标，前者是因，后者为果，表现为：工作能力提高—职务提升—收入增加。通常情况下，内职业生涯目标是原因，外职业生涯目标是结果。

（2）互补关系。一个管理人员希望在成为一个优秀的进口部经理的同时取得MBA证书，这两个目标之间存在着直接的互补作用。实际管理工作为MBA学习提供实践的经验体会，而MBA学习又为实际的工作提供理论支持和方法指导。同样的，高校教师往往同时肩负着基础教学和科研两项任务，基础教学为进行科研工作提供了理论基础和方法指导，科研实践又促进了教学内容的丰富更新和质量的提高。

3. 全方位组合

全方位组合已超出职业的范畴，它涵盖了人生全部活动。全方位组合指职业生涯、家庭和个人事务的均衡发展，相互促进。事业不是生活的全部，任何一个人都不能离开家庭和休闲娱乐，完美的职业生涯规划不应把生活中的其他内容排斥在外。目标组合可以超越狭隘的职业生涯范围，将全部的人生活动联系协调起来。

【二维码链接】马拉松中的目标管理

【体验活动】生命之花

生命之花，又叫作平衡轮，是一个生涯教练工具。这个工具可帮你：（1）看到生活的全貌；（2）发现自己真正想做的事情；（3）澄清目标并开始行动；（4）合理安排计划与分配时间精力。

现在，开始绘制自己的生命之花吧！

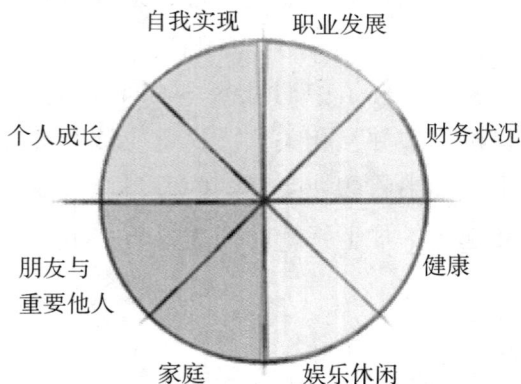

图8-2

第一步：画一朵空白的花

在下面空白处，先画上一个圈（尽可能的大），然后是一个交叉的X Y轴，再加两条斜线。画面变成了8个等分的花瓣。一个空白的生命之花就出现了。可参看图8-2。

第二步：依次填上对自己生命平衡与幸福最重要的8项内容

标准版本的生命之花的内容顺时针为：

职业发展—— 你的职业发展方面。

财务状况—— 你的财务方面。

个人健康—— 身体、心理健康方面。

娱乐休闲—— 这个，不用说了吧！

家庭 —— 如果有自己的家庭，指自己的。未组建家庭的，代表原生家庭。

朋友和重要他人—— 你总还有不是亲人，却是不可失去的人吧？

个人成长—— 知识、能力、眼界、心灵的成长，都是个人成长。

自我实现—— 也许与工作无关，但是发挥你的天赋，实现你价值的事！

仔细看看，你会发现这个平衡轮内有玄机，上半边主要是向外的、目标型的。下半部分更多是向内的、关系型的。有人的生命之花上半截很好，下半截不行，头重脚轻，这种迟早会失衡。而脚重头轻的人，则容易长成土豆，过于保守和安逸。

第三步：每个花瓣里填写最重要的三件事

不要多，在每一个圆弧边画一个小点，代表一个事项。一个维度就填写最重要的三件事情。你可以尝试填写更多，但是永远不要超过5项！

第四步：填入完成这些事项的时间计划

时间计划要注意：（以一个月来分配）

1. 优先安排比较硬的事项。一般来说，职业和财务时间都是硬性安排。

2. 然后安排健康时间和家庭时间；健康时间因为你的身体需要持续的有规律的时间，所以最好提前安排。家庭时间因为你家人的时间相对固定，也可提前分配。这些时间不需要太长。

3. 然后是个人成长与自我实现的时间。这部分时间其实是整个罗盘的启动机，很重要，很考验你的智慧。

4. 娱乐休闲与重要他人放在最后。

按照这个原则，把每个月的每一个晚上也就差不多都安排好了。最后整体看看：

（1）有没有前后冲突？

（2）有没有可以合并的？比如，个人成长、朋友家庭聚会等有时可以整合。

（3）有没有机动时间？一周至少给自己留一天的机动时间。

这样，一个月的计划就定下来了。画完后，你有哪些心得体会？

_____

_____

按此计划，一个月后，再来看看"这朵花"，你又会有何感想呢？

【实践拓展】考证行动

根据自己的职业目标和学习规划，考取一个职业资格证书。

【专家视角】

一、职业生涯明智选择的十一个方法

人们在物资极其丰富的年代，拥有祖先们做梦也没想过的东西，生活充满了无穷的可能性，但也为此付出了沉重的代价。人们得到了自己想要的东西，却发现这些东西满足不了自己的欲求；人们被一堆现代化的便捷设备包围，却发现时间从来都不够用；人们可以任意规划自己的生活，却不知道应该过什么样的生活。

以下11种方法对于大学生降低后悔的倾向有直接的作用：

（一）把精力集中在最重要的选择上

拥有选择的机会对主观幸福感非常重要，但是选择本身也有劣势，选择越多，这些劣势也就越明显。拥有选择的优点是显而易见的，但缺点却以微妙的方式逐渐积累。也就是说，并非某个特定的选择出了问题，而是所有选择共同导致了最后的结果。

放弃选择的机会并不容易。要做到这一点，关键是要意识到，大多数时候对自己最重要的，是某个决定导致的主观感受而非客观结果。就算能得到更好的车子、房子、工作、假期或者咖啡机，如果自己在做选择时很不满意，那么就根本没有从中得到好处。很多时候，就是因为有过量的选择，才产生更好的客观结果和更糟糕的主观感受。

要应对过量选择带来的问题，必须首先明确究竟哪些选择对生活来说是最重要的，然后把时间经历都集中到重要决策上，其他的则可以放到一边。通过限制选择的数量，从而可以少做一点选择，多一点舒心。

不妨试试下面的方法：

（1）回顾最近所做的选择，无论大小（买衣服、买厨具、决定旅游目的地、分配退休金、选择医疗方案、换工作或是换男女朋友）；

（2）逐项列出做以上选择时采用的步骤、花费的时间、所做的研究以及做选择时的焦虑程度；

（3）回忆自己做选择时的感受；

（4）问问自己花这些工夫去做选择到底得到了什么。

这个练习可以让同学们更深刻地意识到选择的成本，让同学们放弃某些选择，或促使建立一个筛选标准，确定需列在重点考虑之列的选择，掂量每个选择需花费的时间和精力。比如可以规定自己买衣服时最多只能逛两家店，或者安排假期旅游时每次只考虑两个地点。

直到现在，社会上始终没有任何规定提及不可以买太多东西，而且人们自己也感受不到选择太多带来的不愉快。然而事实上，选择过多自有其不好的一面，也就更容易接受"在两个里面选一个"这样的方法。

（二）成为选择者，而不是捡拾者

选择者是这样一种人：他们知道何谓重要的决定，知道何种情况下不应该做出选择，知道何时应该寻找新的选项，也知道如何选择更能凸显自己的不凡之处。能为自己和他人创造选择机会的正是选择者。不过面对海量选择时，人们通常会被迫成为捡拾者，只能被动地从已有选项里挑选。做选择者固然好，但要想多点自主选择，少点被动捡拾，就得学会在选择时自发地运用固有的习惯、习俗传统以及社会规范。

选择者有时间修正目标，捡拾者则没余地做出调整；选择者有时间避免从众，捡拾者则只能随波逐流。做出明智的决定需要消耗时间专注思考，只有选择者才能做到。

同学们回顾自己最近所做的选择时，会更清楚自己付出了多少，也会发现什么是自己真正在意和不在意的东西。可以从以下几方面入手：

（1）少花时间决定无关紧要的事；

（2）用省下来的时间问问自己，在人生中的重大抉择中，自己想要的到底是什么；

（3）当发现现有的选项没有一个符合自己的要求时，不妨思考怎样创造出更好的选项。

（三）做一个满足者，而不是最大化者

在选择过量的社会里，最大化者会受更多的苦。最大化者畅游不切实际的期望，他们害怕后悔，不愿失去机会，害怕跟别人比较。当选择的结果不尽如人意时，最大化者将会非常的失望。

学会接受"够好"的选择既可以减轻负担又能增加满足感。尽管在客观上，满足者可能不如最大化者做得那么好，但是如果"最好的"可望而不可即，最后还是只能选择"够好的"，满足者就会比最大化者感到好受很多。

同学们必须承认，有时确实很难满足于"够好"，明明能做得更好却没有行动

是很让人懊恼的事情。此外，这个世界上有很多人都在试图说服你，在有"更新更好"的选择时，仅仅选择"够好"是不够的。尽管如此，就算再苛求的人也不至于在生活的各个方面都做一个最大化者，人们至少有那么几个方面会比较容易感到满足。关键是要学会拥有知足常乐的心态，享受这个过程，让它渗透到生活中的点点滴滴，而不是让其任意发展。一旦成为一个懂得满足的有心人，和别人的各种比较就不再重要了，后悔也减少了。这样一来，即便身处这个复杂且选择过剩的社会，内心也会更平静。

然而，同学们要成为一个满足者，需要慎重地反思自己的目标和雄心，在做选择时能够设定"够好"的标准。要知道什么是"够好"，需要了解自己，知道自己在乎的究竟是什么。可以思考以下几方面：

（1）回忆生命中那些曾经因"够好"而满足的时刻；

（2）仔细想想那些时候你是如何进行选择的；

（3）把这些技巧运用到其他选择上。

（四）别太在意机会成本

做决定之前想想别的选项并没有错，如果无视这些"机会成本"，可能会高估最佳选项的优点。可另一方面，人们对机会成本考虑得越多，就会越不满意最终的选择，所以反倒是不要多想那些已经被否决的选项为好。

光是想想那些被淘汰的选项的优点，就会削弱对最终选项的满意度，鉴于此，有人建议干脆把机会成本通通去掉。可是如果不跟别的选项比较，人们就无法知道自己所选的到底有多好。比如，所谓的"好投资"，就是相比其他投资，这项投资的回报率更高。由于缺少绝对标准，适当考虑机会成本也是必需的。

但也要谨记过犹不及。在这方面，次级决定可以帮上一些忙。当人们决定不去做某些决定时，就不需要考虑什么机会成本。成为满足者也可以有所裨益。因为满足者对"够好"的东西有自己的标准，和最大化者相比，他们更少依赖选项之间的比较。对满足者来说，所谓"好投资"不过是回报率比通货膨胀率高，其他的就不用劳神思考，不用考虑机会成本，不用去想如果把钱用在别的地方会不会更好。

在投资上，满足者很可能不会比最大化者赚得少。因为他们会有更多时间用在更重要的事情上。

下面的几句俗语可能有助于较少思考机会成本时带来的失望：

（1）除非真的很不满意，否则还是买常用的那款；

（2）不要轻易被所谓的"新款或改进版"所迷惑；

（3）没"痒"别乱"抓"；

（4）不用担心选了这个，就没办法拥有其他新东西。

同学们总是会遇到很多新事物。不如让这些新鲜事物自己送上门来，这样就可以省下挑选和寻觅的时间，当无法找到一个包含自己喜欢的全部元素的选项时，也不用经历那么多挫折。

（五）做不可逆的选择

几乎所有人都愿意在允许退换的商店买东西，却没有意识到，当某个东西允许退换，人们就很有可能真的去换了。当人们可以对某个选择反悔，满足感就会降低，要是某个选择是不可更改的，我们就会采用多种心理机制，使自己将所选择的那个和别的比较时感到好受一点儿。如果某个决定是可逆的，这些心理机制就没什么效果了。

做重大决策最能体现不可逆选择的威力。人们总是无可避免地遇到比自己妻子或丈夫更年轻好看、更善解人意而且更有共鸣的人。但面对更具吸引力的选择，收获幸福和安宁的唯一途径就是对自己说："我已经选择了自己的终身伴侣，就算那个谁长得再好看，也与我无关。"挣扎于你和伴侣的爱是不是真的，苦恼性生活的质量和数量是否达到平均水平，以及总是想你能否做得更好、找到更好，皆是痛苦之源。一旦做了不可逆的选择，就可以把更多的精力放在改善已有的关系上，而不是进行无谓的猜疑。

（六）培养感恩之心

人们对事物的评价很容易受比较的影响，比较的对象甚至可以是虚构的。同一种体验可以好坏并存，而人们是否对其满意，取决于人们关注的是哪一面。下意识地用感恩之心看待自己的选择或体验，减少对消极方面的失落感，就能让心情变得更好。

研究表明，对大多数人来说，感恩之心并不是自然自发产生的。一般来说，对已选择的不满会引发人们去想可能的替代选项。如果生活不如意，人们会想怎样才能过得更好。如果日子过得还不赖，人们就不会想它变差后会怎样。只要通过训练，人们都可以学会更积极地看待事物，对生活中的好事也会相应地感觉更好。

感恩也需要训练，然而事实上人们本性难移，如果给自己的目标过于笼统，就不会真的去做。可以根据以下简单步骤进行感恩训练：

（1）在床头放个记事本；

（2）每天临睡前，在本子上记下这一天里发生的值得感恩的5件事。有时可能是大事，例如升职，或者第一次约会，但大多数时候会是小事，比如看到明媚的阳光穿透寝室窗户洒落房间、听朋友说了一句舒心的话、吃了一条可口的红烧鱼，或者在杂志上读到一篇好文章。

（3）刚开始这样做的时候你也许会觉得很傻，但如果坚持下去，你会发现越来越简单，越来越自然。你还会发现，原来最普通的日子里也有那么多事情值得感激。最后，你会发现自己对生活越来越满意，不再渴望找什么"更新更好"的玩意儿来改善生活。

（七）告诉自己不后悔

无论是感到自己可能后悔还是真的追悔莫及，后悔带来的刺骨之痛都会影响人们的选择。虽然后悔在很多的时候都有其合理性和启发性，但当它强烈地影响了人们的选择时，就该想方设法减少它。

可以用下面的方法来减少悔意：
（1）采用满足者而不是最大化者的标准；
（2）在做决定前，减少选项的数量；
（3）对决定的好处心存感激，而不要纠结于不好的方面。

任何一个我们以为能改变一切的决定，其实都渺小无比。比如：有一个因一事无成而备感挫败的人，过去30年来，他每天都在后悔自己当初放弃了去常春藤盟校读书的机会。他经常念叨："如果当初去了常春藤，现在一定会不一样。"其实，就算他去了理想的大学，也有可能因为挂科而被开除，或者患上抑郁症，又或者突然就觉得不喜欢那个地方了。

然而当时年轻的他做了这样的决定，肯定有很多和他内在性格特征相关的复杂因素。江山易改，本性难移。回过头去读一所名校，改变不了一个人的性格特征，也无法解决这个人所要面对的问题。但如果能抛开后悔的情绪，一定会过得更开心一些。

（八）为适应做好心理准备

生活艰难时，适应能使人们免受困难的冲击。生活不错时，适应就会让人们踏上"享乐跑步机"，消耗人们从积极体验中获得满足的能力。人们没有办法阻止适应的发生，但可以对不同阶段的体验做出符合实际的期望。

学会在愉悦感减弱后依然感到满足，这样当适应发生时才不会感到失望。同学们也可以采用满足者的策略，通过减少做决定所花的时间和精力，来减少适应带来的失望。

除了小心"享乐跑步机"之外，同学们还要小心"满足跑步机"。这是适应现象带来的双重灾难。随着时间的推移，除了因为适应了某种体验而觉得它没有那么好，人们还会因为适应而觉得感觉良好的标准不够好了。此时，怀有感恩之心，想想那些让自己感觉更差的方面，能避免自己把现在感觉良好的事当成理所当然。

为了减少失望，更好地适应现象做好心理准备，同学们可以试试下面几点：

（1）买新车的时候要明白，无论你买的车多好，两个月后，你都不会像现在这样激动；

（2）少花些时间去找完美的东西，你就不会因为高昂的搜寻成本而减少从最终选择中得到的满足感；

（3）提醒自己关注现在的事物有多美好，而不是关注它们现在没有原先那么好。

（九）控制过高的期望

人们对体验的评价大多受到期望的影响，若想增加选择的满足感，最简单的方法就是不要对它们期望太高。然而说比做容易得多，尤其是在这个鼓励高期望的世界，到处都是选择，以至于让人以为总能找到完美选项。要想把降低期望的任务变得容易一些，可以尝试下面的方法：

（1）减少选项的数量；

（2）做一个满足者而不是最大化者；

（3）留心那些突如其来的意外事件。

（十）学会避免社会比较

虽然社会比较能提供有用的信息，但是往往会减少人们的满足感。少一点儿比较，满足就会多一点儿。类似"少管别人在做什么"的建议很容易说出来，但要做到就不简单了。别人在做些什么显而易见，而人们中的大多数好像都很在意地位，因为有些生活中的重要资源（比如好大学、好工作、好小区里的好房子）只有同辈中的优胜者才能获得。然而，社会比较对人们的身心健康影响恶劣，所以还是少一点儿为妙。满足者比最大化者更懂得如何避免社会比较，学会接受"够好"，就足以降低对他人在做什么的关注。

当用绝对的标准来衡量问题时，人们对结果的感觉会没那么好。不采用绝对标准，是避免社会比较的好办法。所以同学们应该：

（1）记住，"死后留下最多玩具的人才是真正的赢家"不过是汽车后盖贴纸上的标语，不是什么至理名言；

（2）关注让自己快乐以及让自己的生活有意义的事物。

（十一）把选择的限制看成解放而非束缚

随着人们面对的选择越来越多，选择的自由最终会变成选择的暴政。常规的选择过程花费太多的时间和精力，使每一天都变成煎熬。在这种情况下，人们应该学会把选项的限制看成是解放而不是束缚。社会为选择提供规则、标准和规范，而个人经验则形成习惯。遵循规则使人们得以避免一次又一次地做出费劲的决定，可以省时省力，把时间花在那些尚无规矩可循的选择上。

短期来看，初级决定也就是关于生活中什么时候需要深思熟虑，什么时候可以走捷径的决定，为生活增添了一丝复杂性。但长期来看，很多日常的麻烦将因此而消失，人们会发现自己有更多的时间和精力，去思考那些保留下来但还没有做出选择的问题。

综上所述，同学们从中可以有很多重要收获，其中一些结论并不那么显而易见，有一些甚至违反人们的直觉，比如：

（1）想过得更好，就应该在选择的自由上自愿接受一些限制，而不是完全拒绝束缚；

（2）想过得更好，就应该追求"足够好"，而不是"最好"；

（3）想过得更好，就该降低对选择结果的期望；

（4）想过得更好，做决定时就不应该给自己留退路；

（5）想过得更好，就应该少关注身边的人在做什么。

有些生活中的常识，如选择越多越好、高标准出好结果、有退路总比没有好，正好与上面提到的结论截然相反。其实这些常识是错误的，至少在同学们做决定时，不是选择越多就会越满意。

同学们要学着去了解那些让人负担沉重的选择，因为它们对人类生活方方面面的影响不容忽视。要建立过量选择的档案，就必须从需求层次的底层开始，慢慢往上走。

二、找准自己的第一份好工作

职业生涯规划必须根据人才需求和职业形势的发展变化进行适时调整，才能保证职业生涯规划的有效，才能根据实际做好职业选择，才能顺利找到适合自己的好工作。

（一）什么是好工作呢？

第一是所学即所做，实现知识与工作的持续性。一个好工作一定是把自己的"所学"充分利用的。

第二是所做即所乐，实现工作与兴趣的趋同性。一个好工作一定是结合自身最大兴趣在里面的。上面的"所学"已经在知识层面把兴趣融合在里面的。兴趣才是最大的老师，兴趣才可以产生不竭的动力和激情，所以，找到一个和自己的兴趣趋同的工作才是好工作。

第三是所做即所能，实现能力对工作的胜任性。一个好工作一定是在你能力和潜力范围内可以胜任的。

第四是所做即所愿，实现工作与理想的一致性。一个好工作一定是和职业理想一致、有直接关系的。好工作是可以为实现职业理想做出奠基的，是职业理想要求下的一个进阶手段。我们所做工作的最终目的是实现内心的价值追求——达成理想。所以，不要为了做工作而做工作，而要为了实现理想去做工作、去选择工作。

第五是所现即所求，实现通路对目标的支持性。一个好工作一定是在这个既定通路上可以越来越接近职业理想的。每个工作都有着客观的既定的职业晋升发展通路，所以当你选择了一份工作，不单要看这个工作本身是否和职业理想一致，还要看这个工作的晋升通路是否对职业理想有帮助，否则，只是这个工作本身对职业理想有帮助，而其向上的发展对职业理想的支持不大或没有，那你向上发展就没有必要了，因为你的最终目的是实现职业理想——内在的价值追求，而要沿着这个既定的职业晋升发展通路发展下去。

好工作的新标准其实就是为了满足自身的最大成就感，最大化地支持内在价值追求——职业理想的实现，从而达到自我实现的至高精神境界。

（二）第一份工作怎样选

第一份工作非常重要，因为它在很多方面会塑造你的人生模式。

日本生涯学家高桥宪行建议：大学毕业生选择第一份工作时不妨依据企业的"生命周期"来考虑。所谓"生命周期"是指一般企业的寿命大致可分为5个阶段：开发期、成长前期、成长后期、成熟期与衰退期。处于"开发期"的企业，刚起步，晋升的机会通常较多，短时间内就可能升到较高的位置，但相对而言，由于企业基础尚不够稳固，所以势必要承受较大的经营风险。处于"成长前期"的企业，晋升的机会也较多，但速度则略微缓慢一些。"成长后期"的企业，制度、体系都已上了轨道，想在短期内获得晋升或加薪恐怕比较困难，而一般的大企业多属于此阶段。如果你打算选择"成熟期"的企业，那你可要有心理准备，因为你的工作生涯可能很漫长、辛苦，晋升的可能性也较小。"衰退期"的企业，除非你具有超凡的能力，可以使濒临关门的企业起死回生，否则根本不需要考虑，因此你大可不必以自己的尚不成熟去应战。

大学生如果不知道如何选择第一份工作，不妨先回答以下7个问题：

1. 我希望进入一家薪水普通但稳定性高的企业。

2. 我希望进入一家工作消闲又能兼职的企业。

3. 我希望进入一家以实力决定待遇的企业。

4. 为了自己将来创业方便，我希望进入一家能充分学习的企业。

5. 我希望进入一家环境安定、能从事新事业的开发、企划工作的企业。

6. 我希望进入一家能重用年轻人的企业。

7. 我希望做自己喜欢而且待遇又高的工作。

根据高桥宪行的分析，选择"1"的人，适合进入"成熟期"的企业；选择"2"的人，最好还是不要"脚踏两只船"，不妨在本职之外，另外从事一些较不费时的投资渠道；选择"3"的人，"成长前期"的企业最适合你；选择"4"的人，适合进入"开发期"或"成长前期"的企业，如此才有机会学到所有工作的实务；选择"5"的人，可以考虑"成熟期"企业中的企划或开发部门；选择"6"的人，这个愿望恐怕很难在企业中实现，但可以尝试"开发期"或"成长前期"的企业；至于选择"7"的人，只有一条路可行——自行创业当老板。

李开复曾经说过，人生只有一次，不要浪费在没有快乐、没有成就感的领域。李开复老师对大学生寻找第一份工作的建议是：

（1）能够帮助自己继续学习；

（2）可以让自己在5年后有更好的发展机会；

（3）符合自己的兴趣和理想，或能够帮助自己发现兴趣和理想。

【网上精品视频课程】确立职业生涯目标

用手机"扫一扫"下面的二维码，用浏览器打开相应网址，进入视频课程学习。

【课后作业】毕业出路选择分析

1. 我的毕业选择是：_____。

注：选择主要包括就业、升学、留学、考公务员、自由职业和创业。

2. 选择该出路的理由是：

（1）_____；

（2）_____；

（3）_____。

3. 选择该出路，支持资源或优势在于：

（1）_____；

（2）_____；

（3）_____。

4. 选择该出路，主要困难或不利条件是：

（1）_____；

（2）_____；

（3）_____。

5. 实现该毕业选择的目标，具体要求有：

（1）_____；

（2）_____；

（3）_____。

6. 实现该毕业选择的目标，目前的差距在于：

（1）_____；

（2）_____；

（3）_____。

7. 为缩短差距，实现目标，现制订以下策略和实施方案：

_____；

_____。

第九章

职业生涯决策

【学习目标】

1. 知识层面

了解生涯决策相关理论；

掌握生涯决策任务和策略；

了解职业目标的制订与管理内容。

2. 技能层面

掌握探索职业生涯决策风格类型和进行生涯决策的方法；

掌握制订职业生涯行动方案与职业生涯规划书的写作方法。

3. 态度层面

运用科学理论和方法指导自己的生涯决策。

【职涯名言】

我们的决定决定了我们。

——萨特

世界会给知道自己要去哪里的人让路。

——爱默生

【导入活动】决策风格探索

你平时是如何做决定的呢？下面题目中的句子，是一般人在处理日常事务及生涯决定时的态度、习惯及行为方式。请阅读这些句子并填写右边的选项，注意每一个选项无所谓对错，只要符合你真实情况就可以。当你完成表9-1的选择之后，将得分计算出来，看看你是属于哪一类的决策风格。

计分方法：选择符合的记1分，不符合的不计分。

生涯决策风格类型测试结果如表9-2所示。

表9-1　决策风格测试

序号	情景陈述	符合	不符
1	我常常做草率的判断		
2	我常凭一时冲动做事		
3	我经常改变我所做的决定		
4	做决定之前，我从未做任何准备，也未分析可能的结果		
5	我常不经慎重思考就做决定		
6	我喜欢凭直觉做事		
7	我做事时不喜欢自己出主意		
8	做事时我喜欢有人在旁边，以随时商量		
9	发现别人的看法与我不同，我便不知该怎么办		
10	我很容易受到别人意见的影响		
ll	在父母、师长或亲友催促我做决定之前，我并不打算做任何决定		
12	我常让父母、师长或亲友来为我做决定		
13	碰到难做决定的事情，我就把它摆在一边		
14	遇到需要做决定时，我就紧张不安		
15	我做事总是东想西想，下不了决心		
16	我觉得做决定是件痛苦的事情		
17	为了避免做决定的痛苦，我现在并不想做决定		
18	我处理事情经常犹豫不决		
19	我会多方收集做决定所必需的一些个人及环境的资料		
20	我会将收集到的资料加以比较分析，列出选择的方案		
21	我会衡量各项可行方案的利益得失，判断出此时此地最好的选择		
22	我会参考其他人的意见，再斟酌自己的情况来做出最适合自己的决策		
23	经过深思熟虑之后，我会明确决定一项最佳的方案		
24	当已经确定所选择的方案，我会展开必要的准备行动并全力以赴做好		

表9-2　生涯决策风格类型测试结果

题号组	1～6题	7～12题	13～18题	19～24题
得　分				
决策类型	冲动直觉型	依赖型	逃避犹豫型	理性型

得分最高一组代表主要生涯决策类型。

生涯决策类型分析：

根据学者海瑞的观察，大部分人的生涯决策方式可以归纳为冲动直觉型、依赖型、理性型三种，另外还有逃避犹豫型等。

（1）冲动直觉型：直觉型以自己在特定情境中的感受或情绪反应做出决定。这种类型的人做决定时全凭感觉，较为冲动，较少会系统地收集其他的相关信息，但他们能为自己的抉择负责。

（2）依赖型：依赖型是指等待或依赖他人为自己收集信息并替自己做决定，有的甚至到处求神问卜，找算命先生帮助。决策时不去有系统地收集信息，决策较为被动与顺从，十分关注他人的意见和期望，从而做出选择。对于此类的人而言，社会赞许、社会评价、社会规范是他们决定的标准，他们的口头禅是"爸妈叫我去……""我的男朋友／女朋希望……""他们认为我很合适""他们认为我可以，……可是……"。

（3）理性型：理性型决策合乎逻辑，系统地收集充分的生涯相关信息，且分析各个选项的利弊得失，按部就班，以做出最佳的决定。

（4）逃避犹豫型：此类型的人虽然收集很多的相关信息，问东问西，但却常常处在挣扎、难以下决定的状态中。

经过前面的测验显示你是属于哪一类型？喜欢这样的自己吗？你认为如何做可以使自己更完美？

【阅读思考】

选择的智慧：适合自己的才是最好的

小安和大勤是大学的同班同学。上大学时，小安非常腼腆，不爱说话，人长得瘦小，学习成绩一般，老师、同学们对他都没有太深的印象。而大勤则相反，他担任过院学生会主席、班级团支书，性格开朗，高大帅气，学习成绩优异，篮球也打得漂亮，是学校的"明星"。

转眼间大学飞逝而过，大勤如愿以偿地找到一份在某局机关办公室从事文秘的工作，而小安则勉强挤进了一家民营房地产公司做文案策划。大勤很满意自己的工作，认为自己的工作有地位有面子。然而，事实并没有他想象的那样完美，文字秘书工作不仅枯燥无味，而且工作没有规律，经常加班写材料，还经常受到领导的批评，每天除了写材料还是写材料，一年、两年……工作上的动力完全变成了应付，原有的雄心壮志在"论资排辈"的机关氛围里消磨殆尽，大勤的心态越来越坏，工作也越来越不开心，原本活泼开朗、充满阳光的帅小伙，渐渐失去了往日的激情和魅力，整天面对着领导训示和无休止的文字而无奈地撑着。小安进房地产公司，自己已经非常满意，出生农村的他没有太多的优势，但踏实、执着，小安在文案策划的岗位上不断积累，不断推陈出新，成绩不菲，并得到了公司领导和同事们的一致认可，在短短的两年多时间里就升任了策划部副经理，成为公司的中层，年薪15

246

万……

（资料来源：300字范文网，有改动）

问题：

看完以上两个同学不同选择导致的结局，你有哪些体会？你认为在职业生涯决策时要遵循哪些原则？

_____

_____

第一节　生涯决策理论

【案例故事】

你身边的UP潮流工作室主理人——创业就在身边

闻同学，沈阳体育学院社会体育指导与管理2016级在读学生。

该生幼年进入辽宁省武术队进行训练，10岁时进入一线成为主力运动员，后因受伤退役。由于一直训练，他小学基本没怎么读就直接进入了初中学习，初中学习成绩一般，后来通过升入高中。在高中时，他已经萌生自己创业的想法！后来，他接触了潮流运动悠悠球。他利用自己在"悠悠球"玩家圈中的名气与成绩，赚到了人生的第一桶金！

慢慢地，他接触到了更高层次的人群，创业想法也变得越来越多了！他曾经做过回收二手高科技电子产品，这个项目持续了3年多。这个项目做得很成功，他共积攒了10万左右。靠这笔钱，攒足了他大学期间的学费和生活费用。2016年辽宁省体育加试中，他的武术专项获得满分，顺利进入沈阳体育学院学习。

进入大学后，他认真严谨的态度和勤勉敬业的精神获得老师同学们的一致认可，在社会体育学院学生会竞选中，成为社体16级学生会主席和班长。在学生会的工作中，他表现积极主动，多次组织参加学校和年级活动，成为辅导员老师的得力助手。在做好社会工作的同时，他勤奋学习，各科成绩优秀，在第一学期专业成绩就名列前茅。

在大学生活学习过程中，他发现很多同学的生活态度不够积极，有些同学向父母伸手要钱认为是理所当然的！2017年下半学期，他学习了大学生职业生涯规划和创业基础课程。通过系统的课程学习，加上他之前的社会阅历与创业实践经验，在认真全面分析当前体育产业大发展的社会趋势后，他再次萌生了创业的想法。他遂过调研，发现身边的很多人喜欢高端奢侈品服饰，还有人追求服饰的最新潮流，他们消费新潮服装的能力很强，市场有很大空间。他的母亲是一名服装设计师，经过沟通和项目构想，他决定创立一个面向身边人群的潮流服装品牌！2017年3月，他利用个人创业实践积累的资金和部分社会资金，组建了管理团队和设计团队，成立了以主攻潮流服装的工作室—UP潮流工作室，近期已开始尝试与工厂合作生产潮流服装。

在工作室开张的短短几个月时间里，他不断完善设计工艺，多方开拓企业客户，客户发展迅速。目前，他的工作室已经入驻大学生创业孵化园，客户的订单也越来越多，订单已经辐射辽宁省各大学校和企业。

（资料来源：搜狐网，有改动）

点评：

闻同学为在校大学生，在完成好学业的同时，已经开始创业实践，迈出了实现自己人生梦想的第一步！在大众创业、万众创新的社会背景下，创业越来越多地成为大学生的一种人生选择。海尔集团董事长张瑞敏曾经说过，每个人都想得到社会的认同，得到别人的尊重，都想展现自我价值，那么创业无疑是一条最好的道路。

创业是一种理念，一种精神，一种不满足于现状、敢于创新并承担风险的精神，是一种在考虑资源约束的情况下把握机会创造价值的认识。从广义的角度去看创业，可以把创业理解为一个人根据自己的性格、兴趣、所学专业、能力等选择适合自己的事业（可以是创办企业，也可以是创办非营利的事业，还可以是就业），并把握机会，为这个事业的成功整合资源、付诸努力，最终实现自己人生目标的过程。创业能力中所包括的捕捉机会、整合资源的意识，以及领导、沟通等能力，具有普遍性与时代适应性。无论从事什么样的行业或职业，创业能力都将在个人职业生涯中发挥巨大的作用。

一、丁克里奇的生涯决策风格理论

决策风格是影响决策效果与决策效率的一个重要因素。丁克里奇通过访谈研究，将人们做职业生涯决策时所采用的风格归结为八类：

（一）冲动型：抓住遇到的第一个选择，不再考虑其他的选择或收集信息，其想法是"先决定，以后再考虑"。比如，先找到一份工作干着再说。这种决策方式风险太大，等看到有更好的选择时自然追悔莫及。

（二）宿命型：将决定留给境遇或命运。迷信"我这个人永远也不会走运"，显得无力和无助，人生态度消极低沉，这样的人容易成为环境的"受害者"。

（三）顺从型：顺从别人的计划而不是独立地做出决定。相信"他们都觉得好，我就觉得好"。从众的人固然在追随群体的过程中获得了一种虚拟的安全感，但却忽略了自身的独特性，其选择在很大程度上并不适合自己。

（四）延迟型：把问题往后推迟。比如"我还没有准备好工作，所以打算先升学"。拖延型的人总是希望：也许事情过几天就自动解决了。

（五）烦恼型：过度搜集信息，使用信息时又顾虑重重，反复比较，当断不断，心境表现常常是"我就是拿不定主意"。

（六）直觉型：因为"感觉到是对的"而做决策，但不能说明原因。直觉对人们在环境情况无法获得充分信息时会有效，但可能会不符合事实。

（七）瘫痪型：接受做决策的责任，但是感觉过于焦虑而不能对决策做出有建设性的工作。他们知道自己应该开始了，可能内心深处总是笼罩着"一想到这种时就害怕"的阴影。结果，他们无法真正为决策和决策的后果承担责任。

（八）计划型：使用如同标准化决策模型所推荐的理性策略。

上述八种决策风格没有绝对的优劣之分，各有其适用的范围和局限性。例如，直觉型决策反映了决策者能够迅速提取相关信息的能力，或者也可以说他是一个反应快的理性决策者。那种喜欢到处咨询或模仿他人者，有依赖的倾向，但也有可能把个人的认知偏差减小到最小。决策风格既受个性的影响，又受到环境的塑造，并非绝对无法改变。

【二维码链接】测一测你的决策类型

二、克朗伯兹生涯决策理论

（一）影响生涯决定的因素

克朗伯兹认为四类因素影响到一个人的生涯决定，这就是遗传因素和特殊的能力、环境状况和事件、学习经验和工作取向的技能。

1. 遗传天赋和特殊能力

个人得自遗传的一些特质，在某些程度内限制了个人对职业或学校教育选择的自由。这些因素包括种族、性别、外在的仪表和特征等。

某些个人的特殊能力也会影响其在环境中的学习经验，伴随这些学习经验而来的兴趣与技能，对个人未来的职业选择将具有相当密切的关系，个人的特殊能力包括智力、音乐能力、美术能力、动作协调能力等。

2. 环境条件与事件

克朗伯兹认为，影响教育和职业的选择因素中，有许多来自外部环境，而非个人所能控制。这些环境状况和事件来源于人类活动（如社会、文化、政治或经济的活动），也可能由自然力量引起（如自然资源的分布或天然灾害）。这些因素具体包括：工作机会的数量和性质；训练机会的多寡和性质；职业选择训练人员和工作人员的社会政策和过程；不同职业的投资报酬率；劳动基准法和工会的规定；物理环境的影响，如地震、洪水、干旱、台风等；自然资源的开发；科技的发展；社会组织的改变；家庭的影响；教育系统和社区的影响。

3. 学习经验

克朗伯兹认为，每个人独特的学习经验，在决定其生涯路径时扮演重要的角色作用。

日常生活中，个体受到刺激与强化的类型、性质以及两者配合出现的时机常常错综复杂，因而没有一个理论能够很好地解释这些不定的变量究竟是如何影响个人生涯偏好和生涯技能发展的，又是如何影响生涯选择的。以下的两种学习，是克朗伯兹社会学习理论中最简约的形式，可用来说明学习经验对生涯决定的影响。

（1）工具式学习经验

工具式学习经验的获得，与学习心理学中工具制约学习的过程有类似之处。工具式学习经验有三部分主要内容，它们分别是指：

①前因。"前因"包括了我们前面提到的各种环境状况和事件，以及个人在生活中遇到的刺激（即工作或问题）。

②内隐与外显的行为。"行为"包括内在的认知和情绪反应，以及外在的行动。

③后果。"后果"包含了直接由行动所造成的影响，以及当个体体验到这些后果时的认知与情感反应。

克朗伯兹认为，凡是成功的生涯计划、生涯发展和职业或教育的表现所需的技能，均能够通过连续的工具式学习经验而获得。

（2）联结式学习经验

联结式学习经验是指：某些环境的刺激会引起个人情绪上积极或消极的反应。如果原来属于中性的刺激与社会上使个体产生积极或消极情绪反应的刺激同时出现，这种伴随在一起的联结关系，会使中性的刺激也具有积极或消极的情绪作用。克朗伯兹指出，我们对于职业的刻板化印象，诸如"医生都是有钱人""军人和教师都是清苦的"等，都是通过这种联结学习的经验而习得。在个体成长过程中，也许一生都难以改变，对其生涯的选择有着深远的影响。

4. 工作取向技能

前面提到的各种因素，如遗传因素、特殊能力、社会上各种影响因素，以及不同的学习经验等，会以一种交互影响的方式使个人形成特有的工作取向技能，这些工作取向的技能包括解决问题的能力、工作习惯，工作的标准与价值、情绪反应、知觉和认知的历程（如选择、注意、保留、符号知觉等心理过程）等。

（二）生涯决策步骤及困难

克朗伯兹和贝克提出的决策模式包括7个步骤：

1. 界定问题：描述必须完成的决策，估计完成所需时间并设定确切的时间表。
2. 拟订行动计划：描述决策所需采取的行动，并估计所需时间及完成的期限。
3. 澄清价值：描述个人将采取哪些标准，以作为评价各种可能选择的依据。
4. 描述可能做出的选择，确认选择方案。
5. 依据所定的选择标准、评分标准，逐一评价各种可能选择，找出可能的结果。
6. 比较各种可能选择符合价值标准的情况，从中选取最符合决策者理想的选择。
7. 描述将如何采取何种行动以达成选定的目标。

克朗伯兹从1983年开始注意决策的个人规则及相应的困难，他认为在进行职业决策时可以遇到以下5种困难：

1. 人们可能不会辨认已有的可解决的问题。
2. 人们可能不努力做决策或解决问题。
3. 因为错误的原因，人们可能会消除一个潜在的满意的选择对象。
4. 因为错误的原因，人们可能会选择较差的选择对象。
5. 在感到没有能力达到目标时，人们可能会经受痛苦和焦虑。

在进行职业决策时，我们要重视以上困难，特别是要克服不努力作为决策或解决问题的困难，要积极面对可能出现的问题，通过自身的努力寻求自己最优的选择。

【二维码链接】职业生涯决策的主要任务

【体验活动】了解影响你生涯决策的要素

下面列出了很多可能会影响你未来做生涯决策的因素，请你仔细思考过后用1—5来表示它在你做决定时考虑的重要程度：1表示非常不重要，5表示非常重要。

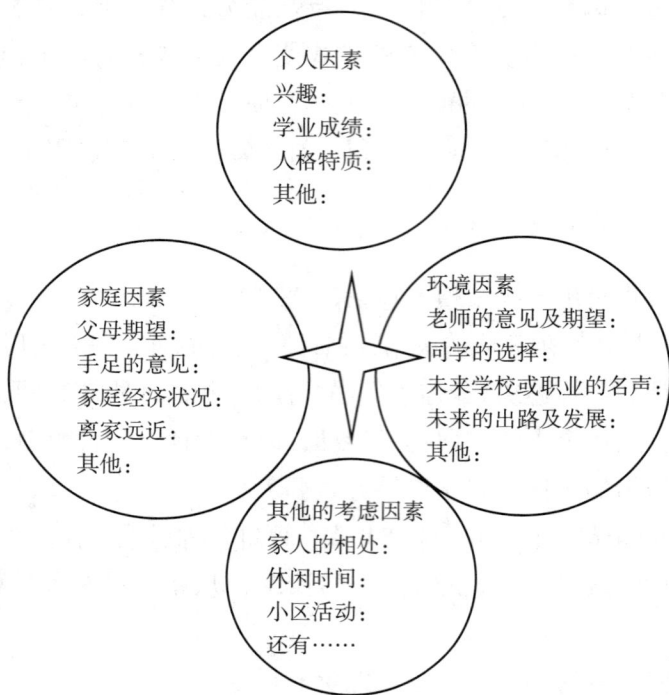

个人因素
兴趣：
学业成绩：
人格特质：
其他：

家庭因素
父母期望：
手足的意见：
家庭经济状况：
离家远近：
其他：

环境因素
老师的意见及期望：
同学的选择：
未来学校或职业的名声：
未来的出路及发展：
其他：

其他的考虑因素
家人的相处：
休闲时间：
小区活动：
还有……

第二节　职业生涯决策方法

【案例故事】

布里丹毛驴效应

布里丹是大学教授，他的出名主要在于据说他证明了两个相反而又完全平衡的推力下，要随意行动是不可能的。他举的实例就是一头驴在两捆完全等量的草堆之间是完全平衡的。既然驴无理由选择吃其中哪一捆草，那么它永远无法做出决定，只得最后饿死。故事是这样的：

布里丹养了一头小毛驴，他每天要向附近的农民买一堆草料来喂。

这天，送草的农民出于对哲学家的敬仰，额外多送了一堆草料放在旁边。这下子，毛驴站在两堆数量、质量和与它的距离完全相等的干草之间，可为难坏了。它虽然享有充分的选择自由，但由于两堆干草价值相等，客观上无法分辨优劣，于是它左看看、右瞅瞅，始终无法分清究竟选择哪一堆好。

于是，这头可怜的毛驴就这样站在原地，一会儿考虑数量，一会儿考虑质量，一会儿分析颜色，一会儿分析新鲜度，犹犹豫豫，来来回回，在无所适从中活活地饿死了。

那头毛驴最终之所以饿死，原因就在于它左右都不想放弃，不懂得如何决策。人们把这种决策过程中犹豫不定、迟疑不决的现象称为"布里丹毛驴效应"。

每个人在生活中经常面临着种种抉择，如何选择对人生的成败得失关系极大，因而人们都希望得到最佳的结果，常常在抉择之前反复权衡利弊，再三仔细斟酌，甚至犹豫不决、举棋不定。但是，在很多情况下，机会稍纵即逝，并没有留下足够的时间让我们去反复思考，反而要求我们当机立断，迅速决策。如果我们犹豫不决，就会两手空空，一无所获。

有人问亚历山大是如何征服世界的，他回答说，他只是毫不迟疑地去做这件事。

人生充满了选择，我们总要在几个可供选择的方案中，做一"赌注式"的决断。对于所选择的结果究竟是好是坏，也往往没有明确的答案。机会难得，想再回头重新来过，是绝不可能的。因此可以说：决断是各种考验的交集。

其实，上天并未特别照顾那些抓住机会之神的幸运者，只不过是他们一再对问题苦思对策，并毫不犹豫地去做，因而才获得了机会之神的青睐。

（资料来源：中国大学生在线，有改动）

职业生涯决策是一个人选择职业目标或具体的职业岗位时，对可能的结果做出价值判断的方法。因为这一价值判断涉及个人的人生价值观、职业价值观，以及性格、兴趣、能力等个人因素和职业需求、职业发展等社会职业环境因素，从而每一个人对某一职业方面的价值判断是不同的。因此，职业生涯决策的内容因人而异，它只能是各人在职业选择中权衡利弊，寻求达成最大价值的方法。

职业生涯决策有很多种方法，下面简要介绍几种常见方法。

一、SWOT分析法

SWOT分析法又称态势分析法，它是由旧金山大学的管理学教授于20世纪80年代初提出来的，SWOT四个英文字母分别代表"优势、劣势、机会、威胁"。所谓SWOT分析，即态势分析，就是将与研究对象密切相关的各种主要内部优势、劣势、外部机会和威胁等，通过调查列举出来，并依照矩阵形式排列，然后用系统分析的思想，把各种因素相互匹配起来加以分析，从中得出一系列相应的结论，而结论通常带有一定的决策性。

一般来说，求职者在进行SWOT分析时，应遵循以下四个步骤：

1. 评估自己的长处和短处。

同学们每个人都有自己独特的技能、天赋和能力。在当今分工非常细的市场经济里，每个人擅长于某一领域，而不是样样精通（当然，除非天才）。例如，有些人不喜欢整天坐在办公桌旁，而有些人则一想到不得不与陌生人打交道时，心里就发麻，惴惴不安。请同学们做个表，列出自己喜欢做的事情和自己的长处所在（如果同学们觉得界定自己的长处比较困难，可以找一些测试习题做一做，做完之后，可以发现自己的长处所在）。同样，通过列表，同学们可以找出自己不是很喜欢做的事情和自身的弱势。找出自己的短处与发现自己的长处同等重要，因为同学们可以基于自己的长处和短处做两种选择：一是努力去改正自己常犯的错误，提高自身技能，二是放弃那些对自己不擅长的技能要求很高的职业。列出认为自己所具备的很重要的强项和对自己的职业选择产生影响的弱势，然后再标出那些认为对自己很重要的强、弱势。

2. 找出自己的职业机会和威胁。

不同的行业（包括这些行业里不同的公司）都面临不同的外部机会和威胁，所以，找出这些外界因素将助同学们成功地找到一份适合自己的工作，对同学们的求职是非常重要的，因为这些机会和威胁会影响同学们的第一份工作和今后的职业发展。如果公司处于一个常受到外界不利因素影响的行业里，很自然，这个公司能提供的职业机会将是很少的，而且没有职业升迁的机会。相反，充满了许多积极的外界因素的行业将为求职者提供广阔的职业前景。请列出自己感兴趣的一两个行业，然后认真地评估这些行业所面临的机会和威胁。

3. 提纲式地列出今后5年内自己的职业目标仔细地对自己做一个SWOT分析评估，列出自己从学校毕业后5年内最想实现的4～5个职业目标。

这些目标可以包括：你想从事哪一种职业，你将管理多少人，或者你希望自己拿到的薪水属哪一级别。请时刻记住：你必须竭尽所能地发挥出自己的优势，使之与行业提供的工作机会完满匹配。

4. 提纲式地列出一份今后5年的职业行动计划这一步主要涉及一些具体的东西。

请同学们拟出一份实现上述第三步列出的每一目标的行动计划，并且详细地说明为了实现每一目标，需要做的每一件事，何时完成这些事。如果同学们觉得自己需要一些外界帮助，请说明需要何种帮助和如何获取这种帮助。举个例子，同学们的个人SWOT分析可能表明，为了实现自己理想中的职业目标，需要进修更多的管理课程，那么，同学们的职业行动计划应说明自己何时进修这些课程。同学们拟订的详尽的行动计划将帮助自己做决策，就像公司事先制订的计划为职业经理们行动指南一样。

【二维码链接】SWOT分析案例

二、CASVE循环法

计划型生涯决策由沟通—分析—综合—评估—执行5个步骤组成。

在《职业发展和服务：认知方法》一书中，美国心理学家Peterson及其同事将来自认知的信息加工研究用于职业发展理论。在决策技巧领域，Peterson等人将使个体加工自我和职业信息的能力作为一般信息加工技巧。这些技巧按开头字母可缩写为CASVE。它们代表了Peterson等人认为做出好决策所需的技巧，并以循环的方式呈现。如图9-1所示：

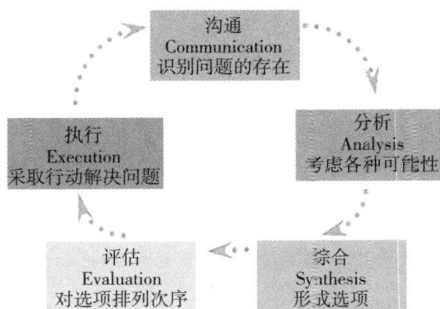

图9-1 CASVE循环模型

（一）沟通

沟通，包括内部和外部的信息交流，通过交流使个体意识到理想和现实之间存在的巨大差距。内部的信息交流，是指个体自身的身心状态，比如在毕业找工作的时候，毕业生可能会在情绪上感受到焦虑、抑郁、受挫等情绪，在躯体上会有疲倦、头疼、消化不良等反应，这些情绪和身体状态都是一些提醒同学们需要进行内部交流沟通的信号。外部的信息交流，是指外界的一些对同学们产生影响的信息，比如宿舍同学开始准备简历就给同学们提供了一种外部信息，提醒同学们自己也需要开始准备找工作了；又如在求职过程中父母、老师、朋友提供的各种建议。通过内部和外部沟通，同学们将意识到自己需要解决某些问题，这样的交流对开始生涯选择十分重要。沟通阶段需要回答的最基本的问题是：此刻自己正在思考并感觉到自己的职业选择是什么？

（二）分析

分析，是通过思考、观察和研究，对兴趣、能力、价值观和人格等自我知识以及各种环境知识进行分析，从而更好地理解现存状态和理想状态之间的差距。在分析阶段主要运用的是前两章认识自我和认识职业环境中提到的方法。

在分析阶段需要对两方面的知识进行了解。首先是自我知识，包含了兴趣：①自己喜欢做什么？做什么事情的时候最能够投入？做什么事情能让自己得到享受？②能力：自己擅长做什么？什么事情是自己能做得比别人好的？自己都掌握了哪些专业知识？③价值观：自己看重什么？这辈子希望达到的目标是什么？希望工作可以带给自己什么？④人格：自己是内向的还是外向的？自己关注宏观抽象的事物还是具体细节？自己倾向理性思考还是感性体验？自己习惯于有条不紊还是随机应变？

其次是环境知识，每一个选择处于什么样的环境？会带来什么样的生活？需要付出什么努力？比如：对于考研来说，需要付出什么努力？花多长的时间准备？读研之后的生活是什么样的？研究生毕业之后的求职情况如何？而对于找工作也需要了解每一份职业相关的信息。

（三）综合

综合，是根据分析阶段所得出的信息，先把选择范围扩展开来，然后再逐步缩小，最终确定3～5个最可能的选项。这个先扩大后缩小的过程非常重要。通过分析阶段，同学们对自我的各方面都有了很多了解，每一个方面都分别对应着很多职业，把这些职业都列出来，就会得到一个范围很广的选择列表；然后选取其中的交集，就得出了缩小的职业选择范围；然后，把最可能从事的职业限定到3～5个；最后，可以问自己"假如我有这3～5个选择，是否可以解决问题，消除现实和理想状态的差距？"如果可以，就进入评估阶段选出最适合的选择；如果还是不能解决问题，就需要重新回到分析阶段了解更多信息。

（四）评估

评估，对于综合阶段得出的3～5个职业进行具体的评价，评估获得该职业的可能性，以及这个选择对自身及他人的影响，从而进行排序。比如，可以问：（1）对我个人而言什么是最好的？（2）对我生活中的重要他人而言什么是最好的？（3）大体上，对我所处的环境而言什么是最好的？还可以通过生涯平衡单和SWOT分析等方法进行评估。

（五）执行

执行，是整个CASVE的最后一部分，前面的步骤只是确定了最适合的职业，还不能带来职业选择的成功，需要在执行阶段将所有想法付诸实践，如开始具体的求职过程；也为再一次回到沟通阶段提供线索，以确定沟通阶段所存在的职业问题是否得到了很好的解决。在执行阶段，需要制订计划、进行实践尝试和具体行动。如果没有解决可以再次回到沟通阶段，重新开始一次CASVE循环，直到职业生涯问题被解决为止。

（六）沟通再循环

CASVE循环是一个自身不断循环的过程。在执行阶段之后，个体又回到沟通阶段，以确定已经选取的选择是不是好的——现实与理想状态间的差距是否已经被消除。如果CASVE循环的问题解决过程是成功的，那么原先在沟通阶段体验到的消极情绪就会转化为积极的。如果仍然是消极的，那么就需要再次进入CASVE循环。

在问题解决和决策过程中，很多时候人们会很快完成CASVE循环的5个阶段，或者在某一个特定的阶段消有延迟。CASVE模型无论是对解决个人问题还是解决团体问题都非常有用。用系统的方法思考这5个步骤，能够提供一个有用的工具，使我们成为一个有效率的人。

【二维码链接】职业选择成功公式

三、生涯决策平衡单法

生涯平衡单技术是由詹尼斯和曼设计，将重大事件的思考方向集中到四个主题上：

1. 自我物质方面的得失
2. 他人物质方面的得失
3. 自我赞许与否
4. 社会赞许与否

台湾生涯辅导专家金树人将最后的两项"自我赞许与否"和"社会赞许与否"改为"自我精神方面的得失"与"他人精神方面的得失"，就是从以"自我—他人"，以及"物质—精神"所构成的四个范围内来考虑，如图9-2所示。

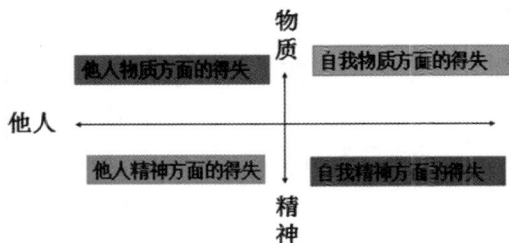

图9-2　生涯决策平衡的主题

257

生涯决策平衡单，如表9-3所示：

表9-3　生涯决策平衡单

考虑项目（权重-5—+5）		选择一				选择二			
		得（+）		失（−）		得（+）		失（−）	
		原始分	加权分	原始分	加权分	原始分	加权分	原始分	加权分
个人物质方面的得失	1. 收入								
	2. 工作的困难								
	3. 升迁的机会								
	4. 工作环境的安全								
	5. 休闲时间								
	6. 生活变化								
	7. 对健康的影响								
	8. 就业机会								
	9. 其他								
他人物质方面的得失	1. 家庭经济								
	2. 家庭地位								
	3. 与家人相处时间								
	4. 其他								
个人精神方面的得失	1. 生活方式的改变								
	2. 成就感								
	3. 自我实现的程度								
	4. 兴趣的满足								
	5. 挑战性								
	6. 社会声望的提高								
	7. 其他								
他人精神方面的得失	1. 父母								
	2. 师长								
	3. 配偶								
	4. 其他								
合　计									
得　失　差　数									

生涯决策平衡表的使用方法：

第一步：在第一行列出你的可选职业生涯方向的方案。

第二步：在"考虑项目"一列中，根据个人关注的内容，填入在选择中需要考虑的因素。（以上表格所列项目仅为参考范例，个人可根据各自实际情况罗列）

第三步：将表的各项加权打分。

1. 根据各方案具有的优势（得分）、缺点（失分）来考量，给出每个项目的得分或失分，计分范围1—10分。

2. 给每个"考虑项目"赋予权重：重要性因人、因时、因地而不同。对于此刻的你，可以根据考虑项目的重要性与迫切性，乘上权数，加权范围–5到+5倍。

第四步：合计每个方案的优点总分和缺点总分，正负相加，算出得失差数。

【二维码链接】生涯决策平衡单应用案例

【体验活动】分析你决策中的CASVE循环

请同学们使用CASVE循环来分析自己即将面临的选择或者是职业决策问题，可以参考以下问题进行。

1.你是怎样意识到自己的需求的？

_____

_____

2.你是如何分析这个问题并收集相关信息的？

_____

_____

3.你是如何形成解决方案的？

_____

_____

4.你是如何在不同的解决方案之间作选择的，你的选择标准是什么？

_____

_____

5.你是如何落实行动的？过程是否如你预期的那样？

6. 你怎样评价自己当时的决策过程，你对结果感到满意吗？如果不满意，是哪个步骤出现了问题？

_____

_____

7. 如此分析了你的决策过程之后，你对于自己的决策模式有了什么新的发现？这对你处理职业决策有什么指导意义？

_____

_____

【实践拓展】360度评估你的职业生涯决策

请将你最终的职业生涯决策详细描述并写在下面：

1. _____

2. _____

3. _____

你的老师对你的决策的看法与建议有哪些？

_____

你的同学对你的决策的看法与建议有哪些？

_____

你的家人对你的决策的看法与建议有哪些？

_____

你的职场朋友对你的决策的看法与建议有哪些？

_____

当完成以上访谈之后，再综合反思一下，你的职业生涯决策是否有变化？

_____

【专家视角】

一、大学生职业决策常见问题

（一）自身利益和现实需要的冲突

大学生在选择职业时比较在意自身利益，较少考虑社会利益。比如，在选择就业单位时，一部分大学生对工资待遇、行业发展前景等职业的外在条件过分在意，一定程度上忽视了社会的需求。还有一些大学生毕业后没有过硬的知识技能，缺乏实践经验和吃苦耐劳精神，个人能力和社会需求有差距。由于没有平衡自身利益与现实需要的冲突，在实际工作中，他们难免会遇到困难和挫折，有时还会对职业发展产生负面影响。

（二）职业决策信息不充分

信息的充分性会影响到职业决策的效果。一些大学毕业生在选择就业单位及职业时，往往只能凭职业外在的少数、有限的信息如工资待遇、地理环境、单位的规模和知名度等做出职业决策，而对企业发展战略、企业文化、人力资源管理等内在信息缺乏了解，这样的决策会引起供求双方的需求错位，导致人力资本的浪费和招聘企业用人成本的提高。当前大学生初次就业的巩固率不高，据统计一年后的巩固率只有20%，这与大学生进行职业选择时信息不充分有很大的关系。

（三）人职不匹配倾向

当前大学生选择职业时十分注重提升个人能力，但他们却没有准确了解某一职业在当前经济社会发展中所处的位置、未来发展的趋势、职业的特点以及对从业人员特质的需要，没有把个人特质同社会的需要、职业的需求进行很好的匹配，找到个人与社会的结合点。中国人力资源网的调查统计显示，大学生和企业人士在"解决当前大学生就业难的方法"上的选择有很大不同。在企业人士看来，最主要的是"学生的就业心态"，而"学生提高职业素质""提高学生技能"是其次；而在学生看来"提高技能"及"提高职业素质"是最主要的，"理性就业心态"反而次要。这从一定程度上反映了职业决策时人职不匹配的倾向。

二、幸运绝非偶然

著名职业生涯规划大师克朗伯兹有一本经典著作——《幸运绝非偶然》。在本书中，作者强调：你的生涯任务并非一定要做出一个生涯决策，而是要学会采取行动来为自己创造一个更加满意的人生。

克朗伯兹认为，微小差异和机会性因素对个人的生涯发展具有极其重要的作用。也就是说，意外的、偶然的事件有可能引起个人生涯之路的巨大变化。我们通常喜欢认为成功的生涯转换就要先知道我们想做什么，然后利用这一知识指导接下来的行动，而事实上转变通常都不是这么发生的，应该先开始行动，然后才会有所领悟。以积极乐观的态度，面对及接纳作决策时的不确定以及成功概率的不确定，以直觉、开放的心态面对职业决策。现在就开始行动，增大未来有益的偶然事件发生的可能性，去创造无法预知的生涯机会。

下面是本书的摘要，供参考。

生命中那些超出计划范围的事件以及突发状况，比起我们精心安排的事情，往往更能影响我们生命中重大的决定。一次偶然的会面，一次失约，一次临时决定的假期旅行，一个替补空缺的工作，一个新发现的个人爱好——这些各种各样的经验都可能影响我们生命的方向和职业的选择。

真实的人生故事，说明了幸运绝非偶然；根据这些故事给出的特别的建议，你能够将其应用到自己的生活中去。我们相信每个人都有类似的故事可以跟大家分享，我们期待着你阅读完本书以后能够写出自己的好运气的故事来。告诉自己"我今天要做一样不同寻常的事情"，然后去实现它。想想你的行动对其他人的好处，而不只是对你自己的好处。想清楚一点：即使你的行动失败了，总好过什么都不干。尝试给名人发电子邮件，问些能够激起他们兴趣的关于他们工作方面的问题；在宴会上，问些有挑战性的问题，如"要是你中了彩票大奖，你准备干什么"；开始学习一种乐器或魔术等娱乐方式，并达到你可以在晚会中表演的水平。

请牢记幸运绝非偶然，不用太早地决定自己的未来。随着你的成长，经过不断的学习，你周围的世界在不断变化，你人生的目标也会随之发生变化。意外的偶发事件会影响你的职业，请随时保持警惕，做好准备充分利用这些偶发事件。与梦想相比，现实会给你更好的选择。请牢记这一点，随时保持清醒。

人们都会犯错并经历失败，但同时也会给你提供绝佳的学习机会。你可以创造属于自己的偶然的幸运事件，通过志愿提供帮助、加入各种组织、学习各种课程、与朋友以及陌生人聊天、网上冲浪、阅读书报杂志等活动，让你自己对别人有帮助。一句话，让你的生活保持活跃、丰富多彩。每次经历都是一次学习的机会。每个新工作都是另一次学习的机会。即使没有工作，你也可以发现一大堆丰富多彩的活动能让自己过得满足，如帮助别人。

【网上精品视频课程】职业生涯决策

用手机"扫一扫"下面的二维码，用浏览器打开相应网址，进入视频课程学习。

【课后作业】制订你的目标

请同学们从人生目标开始，分解自己的目标，并写下行动计划。见表9-4。

目标	内容	行动计划
人生目标	你想成为什么样的人 你想做哪件大事或哪几件大事 你想成为哪一领域的佼佼者 你想发挥自己哪些方面的优势和特长	
10年计划	今后10年你想成为什么样子 事业上有什么成就 收入达到多少 你的家庭及健康水平如何 你的生活状态怎样、社会地位怎样	
5年计划	将10年计划进一步具体，把目标进一步分解	
3年计划	使5年计划更具体，制定出自己的行动准则	
明年计划	制订实现明年计划的步骤、方法和时间表，并确保这些是切实可行的	
下月计划	包括下个月计划做的工作、应完成的任务、质和量方面的要求、财务上的收支、学习计划、结识新朋友的计划等	
下周计划	在每周末提前制订好下周的行动计划，把下月的计划中的一部分分解在下周	
明日计划	明天要做哪几件事？分清楚轻重缓急，制订出执行的顺序和相应事情对应的时间	

表9-4

第十章

职业生涯规划行动与调整

【学习目标】

1. 知识层面

   了解职业发展的路线图；

   掌握职业生涯规划评估的内容；

   了解职业生涯规划书的内容与要求。

2. 技能层面

   掌握制定职业生涯行动方案的方法；

   掌握职业生涯规划评估与修正的方法；

   掌握职业生涯规划书的写作方法。

3. 态度层面

   制定行动方案很重要，但行动更重要！

   重视生涯规划实践过程中的评估与修正，科学规划自己的职业生涯。

【职涯名言】

不闻不若闻之，闻之不若见之，见之不若知之，知之不若行之。

——荀况

【导入活动】重构问题，随时反思人生

请同学们通过重新回答以下6个问题，反思自己职业生涯决策的质量如何：

1.你是否使用了一系列的职业决策方法来找出多种可能的职业选择？

_____

2.你是否已经仔细探索并研究了你的最终职业选择，包括它们所体现出的价值观以及它们所要求的技能？

_____

3.你是否对你选择的职业目标的前景的正面和负面后果都进行了仔细的衡量？

_____

4.你是否广泛收集了最新的信息来进一步评价和衡量自己的职业选择？

_____

5.你是否实事求是地将职业选择时他人（老师、家长、专家等）的意见做了综合分析，特别是那些反对或不支持的意见和信息？

_____

6.你是否已作出详细的计划来实现自己的首要职业选择？是否还有当第一选择风险太大或不可实现时，有第二选择来代替它？

_____

【阅读思考】

善于规划，更要勤于实践

信息工程专业的陈同学，由苏北滨海县农村考取我院，大一时担任班级班长，有更多机会参加学院丰富多彩的校园生活，也接触了很多在各个方面取得优异成绩的学长。所以，在他的职业生涯规划中，设计的职业发展目标可以用时下时髦的"高大上"来形容，包括设计的职业生涯规划方案，也都是经过精心学习、认真研究的。按照职业规划指导老师的评价，是个"有想法"的好同学，他的规划书也被评为了优秀。但就是这么一个"有想法"的"好"同学，却未能如期毕业。

原因何在？原来，在进入大学后，学习、生活方式发生了较大变化，特别是大学更加强调自主学习、自觉学习，而陈同学错误地把其他同学取得的优异成绩不加分析、不加取舍地作为自己的发展目标，没有看到其他同学取得优异成绩背后所作的辛勤劳动，以为自己到时就会像他们一样优秀。所以，目标仍然停留在规划里，而自身则是"哪里热闹去哪里，哪里好玩到哪里"，把自己所制订的职业规划实施方案抛在了脑后，最后连最基本的学业计划都无法按时完成。因此说，一个好的职业规划设计，不仅要规划得科学合理，最关键的是要按照设计的方案克服一切可能和障碍去实施、去实践，并在实施的过程中调整方案。

资料来源：优文网，有改动

问题：

现在，对照自己，你是不是与陈同学一样，有规划，但鲜有实践和实际行动呢？如果你已经有了行动和实践，想一想，原有的职业生涯规划是否存在问题，是否需要调整和修正呢？

_____

第一节 职业生涯行动计划制订

【案例故事】

仰望星空与脚踏实地——工作要完成而事业是积累

邱某，沈阳体育学院社会人体科学专业2006届毕业生，现为帝豪斯健身总经理。

他出生在中国最普通的家庭，父亲做生意，一家人经常到处奔波。小学期间，他读过4所小学，搬过6次家，每到一个新环境都需要适应与调整，在适应过程中磨炼了他坚韧的意志，这也为他从事体育训练奠定了基础。2002年，他来到沈阳体育学院运动人体科学专业学习，或许是曾经练习中长跑的缘故，邱某在学习生活中的点点滴滴都充满着韧性与坚持。他认为，大学是一个舞台，是释放坚强与勇敢的舞台。他主动学习理论知识，锐意进取，与时俱进，勇攀学习高峰。

由于常年的专业训练，他没有经历系统的文化课学习，所以平时上课学习和别的同学相比显得更吃力。为了提高文化课水平，他有时间就到图书馆看书学习，付出比别人多10倍甚至几十倍的努力。在遇到问题时，他虚心向老师、同学请教。在自己努力学习的同时，他还带动班级惰性比较强的其他学生共同学习。每当看到大家放松时，他总会去督促，并把自己整理的学习材料发给同学，用行动去感化他们，尽自己所能帮助他们提高成绩。正是这样的真心付出使邱同学得到了同学们高度的信赖和拥护。而在他的帮助下，他所在的班级中，有近半数的同学获得过奖学金，形成了良好的班级风气。他在大一学年获得学院专业二等奖学金；大二学年获得学院专业一等奖学金，并获得国家奖学金；大三学年又获得学院一等奖学金和省政府奖学金。

2006年，邱某顺利从沈阳体育学院运动人体科学专业毕业，同年进入沈阳浩沙健身俱乐部任私人教练。在最开始的基层工作中，全体教练中他不是最有天赋的一个，但他是最勤奋踏实的一个。因为工作能力突出，他的职业生涯快速发展，历经店长、中层管理，并于2011年—2014年间任帝豪斯集团私人教练总监、东北区总经理、华北区总经理、华中区总经理，2014年—2017年成为帝豪斯健身集团股东、副总经理项目总经理。

邱同学最爱说的一句话是：一份工作仅仅是完成，而一份事业是一生的积累。

（资料来源：腾讯网，有改动）

点评：

一个好的职业规划设计，不仅要规划得科学合理，最关键的是要按照设计的方案克服一切可能和障碍去实施、去实践。要想让职业生涯规划顺利实施，并完成最终的职业目标，执行力是非常重要的。目标计划不能只是计划设想或文件，而应该要让自己行动起来，依照既定的规划实施。只有按规划去实施了，才有可能接近自己的目标，在实施的过程中提升自己各方面的素质与能力。

善于规划，更要勤于实践！

一、了解职业发展路线图

条条大路通罗马，每个人都有适合其发展的路径，但每个人都彼此不同，谁也不能完全复制别人的成功之道。职业生涯路线是指一个人选定职业后从什么方向上实现自己的职业目标，是向专业技术方向发展，还是向行政管理方向发展。发展方向不同，要求就不同。因此，在制订"职业发展行动计划"之前，必须结合职业决策做出选择，以便同学们安排今后的学习和工作，使其沿着职业生涯路线发展。

职业生涯路线选择的重点是对职业生涯选择要素进行系统分析，在对职业理想、职业能力、职业环境（我想做什么？我能做什么？环境允许我做什么？）三方面的要素进行综合分析的基础上确定自己的职业生涯路线。职业生涯路线选定后，还要画出职业生涯路线图。典型的职业生涯路线图是一个"V"字形的图形。假定一个人22岁大学毕业参加工作，即V形图的起点是22岁。从起点向上发展，V形图的左侧是行政管理路线，右侧是专业技术路线。按照年龄或时间将路线划分为若干部分，并将专业技术等级或行政职务等级分别标在路线图上，作为自己职业生涯的目标，如图10-1所示：

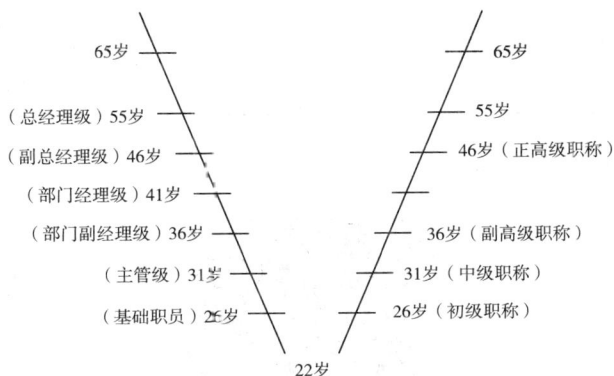

图10-1 职业发展路线（管理路线、技术路线）

在确定职业目标，进行职业决策后，是向专业技术方向发展，还是向行政管理方向发展，不同的选择意味着不同的工作和生活方式。一般来说，有如下几种典型的职业发展路线，如表10-1所示：

表10-1　职业发展路线

类型	典型特征	成功标准	主要职业领域	典型职业通路
技术型	职业选择时，主要注意力是工作的实际技术或职能内容。即使提升，也不愿到全面管理的位置，而只愿在技术职能区提升	在本技术区达到最高管理位置，保持自己的技术优势	工程技术、财务分析、营销、计划、系统分析等	财务分析员—主管会计—财务部主任—公司财务副总裁
管理型	能在信息不全的情况下分析解决问题，善于影响、监督、率领、操纵、控制组织成员，能为感情危机所激励，善于使用权力	管理越来越多的下级，承担的责任越来越大，独立性越来越强	政府机构、企业组织及其各部门的主要负责人	工人—生产组组长—生产线经理—部门经理—行政副总裁—总裁
稳定型	依赖组织，怕被解雇，倾向于按组织要求行事，高度的感情安全，没有太大抱负，考虑退休金	一种稳定、安全、氛围良好的家庭、工作环境	教师、医生、研究人员	更多地追求职称，如助教—讲师—副教授—教授
创造型	要求有自主权、管理才能，能施展自己的特殊才能，喜好冒险、力求新的东西，经常转换职业	建立或创造某种东西，他们是完全属于自己的杰作	发明家、风险性投资者、产品开发人员、企业家	无典型职业通路，极易变换职业或干脆自己单独干
自主型	随心所欲制定自己的步调、时间表、生活方式和习惯	在工作中得到自由与欢乐	学者、研究人员、手工业者、工商个体户	在自由领域中发展自己的个人事业

【二维码链接】体验与学习

二、制订行动计划方案

行动计划分为短期计划、中期计划和长期计划。长期计划一般是职业规划和设计中要达到的最高点或是一个相对较长时间（一般为5~10年）要达到的计划；中期和短期计划是指在实施长期计划的过程中必须经历的阶段计划，从时间上来讲，中期计划一般为3~5年，具有一定的战略规划价值；短期计划又有日、周、月、年计划之分，一般应该清晰、明确、切实可行。

制订职业生涯规划行动计划，通常遵循以下步骤方法：

（一）行动计划思考准备

个人发展计划必备的要素。
我的职业目标是什么？
怎样才能实现职业目标呢？

（二）制订行动计划书

完整的行动计划书应包含题目、职业方向与总体目标、社会环境分析、学校分析、自身条件及潜力测评、角色及建议、目标分解、成功标准、差距、缩小差距的方案。

（三）实施行动计划

实际行动。
做好记录。
分析行动结果。
利用一切资源和机会。

（四）反思改进

发生了什么事？
为什么会发生？
结果如何？
现在怎么办？
该如何改进？

【二维码链接】教授与文盲

【体验活动】现在要做的事情

现在，请你认真想一想，目前，有哪些事情是你关心的、困扰自己的或者自己想要做的？例如："如何与寝室同学相处""未来的职业方向""如何提高英语口语能力""如何提升自信心""如何安排自己的休闲生活"等，尽量写下每一件你所想到的事情。填写在下表中。见表10-2。

然后，从1～10打分，最不满意的为1分，最满意的为10分，请你为目前自己在某方面达到的满意程度打分，并试写一下可以做哪些改变。

表10-2

关心、想要做的事情	当下的分值	理想达到分值	需做的改变

第二节　职业生涯规划的评估与调整

【案例故事】

职业决策需要在实践中验证与修正

小张是汽车维修专业的学生，下面是他通过实践验证职业决策，不断修正职业目标的故事。

小张在就业的门路上有很多选择，既可去学校，也可进企业。最初他并没有太想进学校当老师，因此他把很多精力都用在提升专业素养上。由于身兼师范生和工科生两种角色，刚开始找工作时，他给自己定下一条原则：不放过任何教师岗位，努力争取非教师岗位。似乎有鱼和熊掌兼得的意味，这两点不矛盾。因为教师岗位招聘时间比较靠后，一般是11月末和12月初这段时间。他完全可以先参加企业招聘，然后参加教师岗位的招聘。

小张做出职业决策后，开始了自己应聘机械设计助理岗位的尝试。刚开始满怀信心，但听完前面应聘者的介绍后，他心里慢慢开始没底了。因为，应聘者不是在杭高校的机械设计专业学生就是能力很强的研究生，而且个个都能拿出自己专业方面的特长。当他递上简历面试时，跟招聘人员的交谈沟通也不够，这次应聘很失败。

小张根据这次招聘的经历，改变了当初的决策，决定还是把重心放在自己更有优势的教师岗位上。

（资料来源：优文网，有改动）

点评：

俗话说"计划赶不上变化。"影响职业生涯设计的因素很多，有的变化因素是可以预测的，而有的变化因素则难以预测。在此状况下，要使生涯设计行之有效，就须不断地对职业生涯设计进行评估。

一、职业生涯规划评估的内容

（一）职业生涯目标评估（是否需要重新选择职业？）

假如同学们一直无法找到自己所希望的学习机会和工作，那么可以根据现实情况重新选择职业生涯目标；如果一直无法适应或胜任我们设计的职业生涯目标，在学习工作中得不到应有的发展，导致同学们长期压抑、不愉快，或职业给家庭造成极多的不便，家人反对所从事的职业，则需要修正和调整职业生涯规划。

（二）职业生涯路径评估（是否需要调整发展方向？）

当出现更适合自身发展和职业生涯发展的机会或选择，而原定发展方向缺少发展前景的时候，可以尝试调整发展方向。

（三）实施策略评估（是否需要改变行动策略？）

如果在向目标努力的过程中，没有收到实际的成效，则可考虑改变行动策略。

（四）其他因素评估（身体、家庭、经济状况以及机遇、意外情况的及时评估）

如果家庭需要更多的照顾，可将把更多的精力放在家庭，甚至暂时放下工作。如果自身条件不允许，可放低对自己的职业要求或对生涯做出调整。

【二维码链接】花10万学费买到的12句话

二、职业生涯规划评估的方法

（一）评估的方法

1. 反思法

回顾自己的职业生涯规划实践，职业生涯规划中计划的学习时间达到了没有？学习上有什么收获？还有哪些问题？方法上有何体会？

2. 调查法

个人生涯规划在每一个近期目标实现后，对下一步的主（客）观环境、条件做些调查、分析，看看条件是否变化，哪些变好，哪些变坏，总体如何，要心中有数，然后根据变化了的情况，恰如其分地修改下一步拟订的计划。

3. 对比法

在职业生涯规划时应多比、多思、多学，吸取别人科学的方法。对别人职业生涯规划的分析，往往有助于自己对职业生涯规划进行修改。

4. 求教法

把自己的职业生涯规划、追求公告于知己学友。自我反思通常十分困难，但别人能从旁观者角度清楚地看到自己的弱点。虚心、主动征求别人对自己计划的看法及修改意见，往往会受益匪浅。

（二）评估注意事项

评估可以参照各类短期、中期、长期预定目标和实际结果比照而行。一般来说，任何形式的评估都可以归结为自我素质和行为对现实环境的适应性判断，分析自己现在，特别是针对变化的环境，找出偏差所在，并做出修正。

1. 抓住最重要的内容

在职业生涯的某一阶段，总有一个最重要的目标，其他目标都是指向这个核心的，同学们完全可以通过优先排序，重点评估那些可能达到这个核心目标的主要策略执行的效果。

2. 分离出最新的需求

针对变化了的内外环境，要善于发掘最新的趋势和影响。对于新的变化和需求，寻求最有效而且最有新意的策略。

3. 找到突破方向

有时候，在某一点上取得突破性的进展将对整个局面发生意想不到的改变。同学们仔细思考先前职业生涯规划中的策略方案，哪一条对于目标的达成应该有突破性的影响？达到了吗？为什么没达到？如何寻求新的突破？

4. 关注弱点

管理学中有个著名的木桶理论，即一只沿口不齐的木桶，其容量的大小，不取决于最长的那块木板，而取决于最短的那块木板。在评估过程中，当然要肯定自己取得的成绩与长处。但更重要的是切合变化的环境，发现自己的素质与策略的"短板"，然后想办法修正，或者把这块短板换掉，或者接补增长，唯有如此，同学们的职业生涯这只桶才能有更大的容量。一般来说，同学们的短板可能存在于这几方面：观念差距，知识差距，能力差距，心理素质差距。

【二维码链接】360度评估法

三、职业生涯规划的反馈与修正

在职业生涯规划过程中，最后一个步骤是信息反馈。所谓反馈就是沟通双方期望得到一种信息的回流。由于现实社会中不确定因素的存在，会使个人与原来制订的职业生涯目标有所偏差，这就要求同学们不断地反省，并对规划的目标和行动方案做出调整，从而保证最终实现人生理想。从这个意义上说，反馈调整就是一个再认识、再发现的过程。这就要求同学们时时注意内外环境的变化，不断地审视自我，不断地调整自我，不断地修正策略和目标，这个过程就是反馈，它可以确保个人生涯规划的有效性。

获得反馈信息后，同学们常常要根据评估的结果进行目标和策略方案的修订。修订的内容包括业的重新选择、职业生涯路线的选择、阶段目标的修正、实施措施与行动计划的变更，等等。在这期间要做到谨慎判断，果断行动。谨慎判断就是无论变化多大，都要在理清来龙去脉后再做判断；果断行动就是要在判断后立即采取行动，重新修订自己的生涯设计，从而保证职业生涯的健康顺利发展，最终实现人生的职业理想。

通过反馈评估和修正，可以达到下列目的：

（1）对自己的强项充满自信（我知道我的强项是什么）。

（2）对自己的发展机会有一个清楚的了解（我知道自己什么地方还有待改进）。

（3）找出关键的有待改进之处。

（4）为这些有待改进之处制定详细的行动改变计划。

（5）以合适的方式答复那些给予反馈的人，并表示感谢。

（6）实施自己的行动计划，确保自己能够取得显著的进步和成就。

【二维码链接】试错

【体验活动】生涯幻游

身体放松训练

选择一个自己认为舒服、放松的姿势坐好，用"四点放松术"进行放松训练。在幻想的过程中不要给自己压力，顺其自然，跟着感觉走。

开始幻游。在舒缓的背景音乐下，请大家以舒服的姿势坐好，放松。然后，由老师以缓慢轻柔的语言念出下面的指导语：

让我们一起坐在时光隧道机，来到10年后的世界，也就是2024年时的世界，请算一算，此时你是多少岁？容貌有变化吗？请你尽量想象5年后的情形，越仔细越好。

好，现在你正躺在家里的卧室的床铺上。这时候是清晨，和往常一样，你从睡梦中醒来，先看到的是卧室里的天花板。看到了吗？它是什么颜色？

接着，你准备下床。尝试去感觉脚指头接触地面那一刹那的温度，凉凉的还是暖暖的？经过一番梳洗之后，你来到衣柜前面，准备换衣服上班。今天你要穿什么样的衣服上班？穿好衣服，你看一看镜子。然后你来到餐厅，早餐吃的是什么？一起用餐的有谁？你跟他们说了什么话？

接下来，你关上家里的大门，准备前往工作的地点。你回头看一下你家，它是一栋什么样的房子？然后，你将搭乘什么样的交通工具上班？

你快到达工作的地方，首先注意一下，这个地方看起来如何？好，你进入工作的地方，你跟同事打个招呼，他们怎么称呼你？你还注意到哪些人出现在这里？他们正在做什么？

你在你的办公桌前坐下，安排一下今天的行程，然后开始上午的工作。早上的工作内容是什么？跟哪些人一起工作？工作时用到哪些东西？

很快地，上午的工作结束了。中餐如何解决？吃的是什么？跟谁一起吃？用餐还愉快吗？

接下来是下午的工作，跟上午的工作内容有什么不同的吗？你在忙些什么？

快到下班的时间了，或者你没有固定的下班时间，但你即将结束一天的工作，下班后你直接回家吗？或者要先办点什么样的事？或者要做一些什么其他活动？

到家了。家里有哪些人呢？回家后你都做些什么样的事？晚餐的时间到了，你会在哪里用餐？跟谁一起用餐？吃的是什么？晚餐后，你做了些什么？跟谁在一起？

睡觉前，你正在计划明天参加一个典礼的事。那是一个颁奖典礼，你将接受一项颁奖。想想看，那会是一个怎么样的奖项？给你颁奖的是谁？如果你将发表获奖感言，你打算讲什么话？

该是上床的时候了，你躺在早上起床的那张床铺上。你回忆一下今天的工作和生活，今天过得愉快吗？是不是要许个愿？许什么样的愿望？

渐渐地，你很满足地进入梦乡。睡吧！一分钟后，我会叫醒你……（一分钟后）

我们渐渐地回到这里，还记得吗？你现在的位置不是在床上，而是在这里。然后，你慢慢地醒过来，静静地坐着。

好，我们已经到教室了，请大家睁开眼睛。

现在，请回答下列问题：

1. 在幻游过程中，给我印象最深刻的画面是 _____。

2. 进行幻游后，与现在环境最大的不同点是 _____。

3. 进行幻游后，我最深的感受是 _____。

对10年后从事的工作的描述：

1. 工作是 _____。

2. 工作内容是 _____。

3. 工作场所在 _____。

4. 工作场所周围的环境 _____。

5. 工作场所周边的人群 _____。

十年后的生活形态：

1. 婚姻状况 □已婚 □未婚 □其他 _____。

2. 家中成员有子女 _____ 人 □父母同住 否 ____ □其他 _____。

3. 居住的场所在 _____。

4. 居住的场所周围环境 _____。

5. 居住的场所及附近的人群 _____。

在进行幻游后，你觉得未来的人生发展会是怎样的?

1. 我认为未来我会从事 _____职业。

2. 我认为我的未来会与幻游过程相关吗?

　　　□会　□不会　□其他

分享：

请谈谈你刚才幻想到了什么，有什么心得感悟。

第三节　职业生涯规划书撰写

【案例故事】

以规划、坚持来实现目标

钟声，沈阳体育学院研究生2015级研究生，沈阳薪火体育文化有限公司创始人。公司主营产品为篮球、足球训练营和体育场馆的连锁运营与开发，创办两年，已有8个培训基地，覆盖沈阳五大区，学员共计700余人。2016年，他在多次去美国考察后，建造了沈阳市独一无二的美式篮球运动中心——"FIVE"球馆。

276

谈到自己当初为什么要创办篮球训练营时，钟声说：工作难找，想要挣钱，想要把从小到大学习的投资赚回来。他从6岁就开始打球，获得过全国冠军，也前往美国先后学习过两次。他喜欢篮球，也喜欢研究教别人打球的视频，喜欢教误的感觉。当初创办公司的时候，他也曾上街印传单、发传单，持续了半个多月，日复一日，结果一个学生都没有。但他相信自己做的是对的，相信自己一定能成功。他通过反思，意识到可能销售方面有问题，自己回到图书馆看了很多书，上网查阅了很多视频，不断学习销售沟通技巧。功夫不负有心人，他遇见了第一个学员家长，这位家长最终同意把她的孩子送来学习篮球。有了成功的案例后，他复制这种销售和教学模式，慢慢地，学员由一个变成十个百个，基地由一个扩大为两个。他悟出一个道理：做一件事情的初衷很重要，即使这个世界在不断地变化，但有些东西不会变。做一件事情，必须考虑是否真正热爱，是否从心底里认可，不忘初心。有信念的人面对失败和挫折时才不会轻易放弃。

（资料来源：创新社区，有改动）

点评：

钟声同学的创业经历告诉我们，人生规划不要仅仅局限在眼前的小利益上，眼光要放长远，勇于坚守梦想。遇到瓶颈，敢于突破，敢于尝试，要敢于做一个创新的人。职业规划只要方向正确、就不怕远。遇到困难，就找解决问题的办法。坚持下去，才能迎来成功。

职业生涯规划书，其实就是职业生涯设计的"蓝图"，它是对职业生涯设计的书面化呈现，不仅能体现个人的宏观职业生涯规划，还能对具体的学习和工作起到指导和鞭策作用。

一、制订职业生涯规划书的原则

（一）匹配性原则

大学生做职业生涯规划设计时，首先需要建立在"人职匹配"的基本原则之上。所谓"人职匹配"，是指个人的职业定位和职业生涯目标的确定，需要将个人的需求特质（性格、兴趣、能力、价值观、理想、气质等）与职业生涯规划目标职业的需要相匹配，不能"南辕北辙"，要找到最佳的"匹配交集"。

（二）现实性原则

职业生涯规划设计的现实性原则是指在职业生涯目标设定的时候，不能只看自己适合什么、自己看重什么、自己胜任什么和自己喜欢什么，还要从目标职业的现实需要进行分析与评价。如果所设定的职业生涯目标所在行业已经进入衰退期，或者所选择的目标职业属于"夕阳职业"，或者目标职业的门槛过高抑或从事该职业的群体过小，都要考虑这些职业的客观现实是否真正能够支撑、实现自己的职业发展目标。大学生在做职业生涯规划设计时，要充分做好所选择行业、职业的发展现状和前景的调查分析，以使自己的职业生涯规划符合现实需要。在制订职业生涯规划方案时，要充分考虑社会与组织的需要。有需求，才有位置。

（三）辅助性原则

大学生职业生涯规划设计是一种自我管理的理念，是一套辅助自我职业发展管理的方法。要使职业生涯规划设计活动富有成效，就必须发挥个人的主体作用，按照职业生涯规划设计的步骤与方法去行动、去实践。职业生涯规划设计仅仅是一种外因，是一种辅助性的方法，大学生必须通过个人努力学习与实践，才能把职业生涯意识和就业意识、职业发展规划管理与就业观念及职业素质转化为个人的内在品质。大学生职业生涯规划设计实际上是在职业生涯规划方法与理念的引导帮助下，促进自我认识、自我教育、自我提高的过程。

（四）发展性原则

发展性原则是指大学生个体在设计职业生涯规划时，不仅仅局限于个体当前的发展，而且要考虑到个体未来的职业发展空间，职业生涯设计要有超前性和预测性。大学生在职业生涯规划设计时要将实现现实的自我与发展的自我（或称"未来的自我"）相结合，将实现今天的发展与明天的发展相结合，为个人的可持续发展奠定坚实的基础。在大学生规划中，仅仅从自身实际出发，完成大学阶段基本的学习任务或发展任务是不够的，还必须拓宽视野、放眼未来，着力于社会对高素质、高层次人才的需要和适应多种岗位群工作需要的多种能力、多种素质的发展，以时代和社会的基本要求为前提，既要立足校园，又要超越校园，实现大学生规划与未来职业生涯规划相衔接。

（五）实践性原则

实践性原则是指大学生规划不能仅仅是规划，停留在口头上或纸面上，而是要用于指导实践，努力实践，成为大学生活实践的蓝本。列宁曾经说过，一个行动比一打纲领还重要。大学生规划实际上就是大学生生活行动的纲领，如果束之高阁，不付诸实际的行动，将毫无作用。因此，大学生不仅要很好地规划好大学生活，还要努力实践该规划，做到真正的知行统一，规划与行动相一致。

【链接】烧开一壶水的智慧

二、职业生涯规划书的基本内容

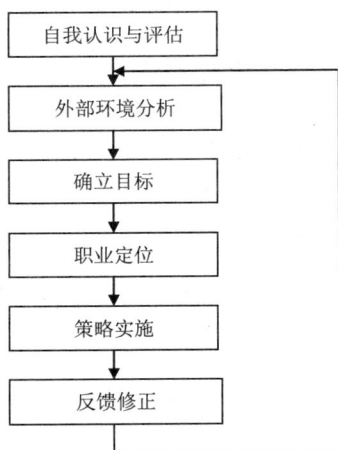

图10-2 职业生涯规划的一般过程

职业生涯规划书的实质是生涯规划的书面化和具体化，因而其基本内容应能体现职业生涯规划的一般过程，见图10-2，涵盖包括知己—认识自我、知彼—认识环境、定位与决策—对可能的职业目标和职业路径做出分析和选择、行动—制订具体而可行的行动计划等几大部分。具体来说，职业生涯规划书主要由以下几个部件组成：

（一）自我认识与评估

一个有效的职业生涯设计必须是在充分且准确认识自身条件与相关环境的基础上进行的。要审阅自己、认识自己、了解自己，做好自我评估，包括自己的爱好、特长、性格、学识、技能、智商、情商、思维方式、潜力等。即要弄清我想干什么、我能干什么、我应该干什么、在众多的职业面前我会选择什么等问题。

（二）外部环境分所

职业生涯规划还要充分认识与了解相关的环境，评估环境因素对自己职业生涯发展的影响，分析环境条件的特点、发展变化情况，掌握环境因素的优势与限制。了解本专业、本行业的地位、形势以及发展趋势。

（三）确定目标

这是整个生涯规划围绕之而展开的纲领，因而是制订生涯规划的关键。通常目标有短期目标、中期目标、长期目标和人生目标之分。长远目标需要个人经过长期艰苦努力、不懈奋斗才有可能实现，确立长远目标时要立足现实、慎重选择、全面考虑，使之既有现实性又有前瞻性。短期目标更具体，对人的影响也更直接，也是长远目标的组成部分。

（四）职业定位

职业定位就是要为职业目标与自己的潜能以及主客观条件谋求最佳匹配。良好的职业定位是以自己的最佳才能、最优性格、最大兴趣、最有利的环境等信息为依据的。职业定位过程中要考虑性格与职业的匹配、兴趣与职业的匹配、特长与职业的匹配、专业与职业的匹配等。

（五）策略实施

就是要制订实现职业生涯目标的行动方案，要有具体的行为措施来保证。没有行动，职业目标只能是一种梦想。要制订周详的行动方案，更要留意去落实这一行动方案。行动方案的制订可以围绕短期目标、中期目标等阶段性目标的实现而展开。

（六）反馈修正

整个职业生涯规划要在实施中去检验，看效果如何，及时诊断生涯规划各个环节出现的问题，找出相应对策，对规划进行调整与完善。

设定衡量此规划是否成功的标准，如果在实施过程中无法达到制订的目标或要求，应当如何修正和调整。需要注意的是，文案内容的顺序与规划的步骤不是完全一致的。职业生涯规划的第一步就是要进行自我评估，其次是进行外部环境分析，然后才是职业目标的确立；而文案内容的顺序是先写出职业方向和总体目标，然后写出自我分析和外部环境分析的结果。其实，这并不矛盾，因为文案的形成是建立在按正常步骤进行规划的基础之上的，将职业方向与目标提前，是为了阅读上的方便，突出核心主题——规划的目标，并有利于与实施方案进行对照、检查和修订。

【二维码链接】烧开一壶水的智慧

三、职业生涯规划书的基本要求

（一）资料翔实，步骤齐全

收集资料有多种途径，可以通过访谈、从报刊图书中摘抄、上网下载等方式获取资料，要尽可能地注明资料的出处，并多运用图表数据来说明问题，以提高资料来源的可信度和说服力。步骤主要分为四步：

第一步：分析需求，分析条件及目标设定；

第二步：分析阻碍和可行性研究；

第三步：设计方案和提升（改变）计划；

第四步：制订详细的实施计划和措施。

（二）论证有据，分析到位

要了解有关的测评理论及知识，认真审视并思考自己的测评报告并对照自我认识与测评结果的异同，分析与测评结果形成差距的原因，从而确定自我评估结果，达到"知己"；要理清自己所处的环境(包括居住的地方、喜欢的地方、亲朋的意见等)，明确自己的最大兴趣是什么，最喜欢与之共事的人的类型、最重视的价值与目标、最喜欢的工作条件是什么，再通过目前环境评估和当前社会环境分析来确定自己的职业方向，做到有理有据，层层深入。

（三）言简意赅，结构紧凑，重点突出，逻辑严密

语言朴实简洁，用词精练准确，行文流畅，条理清楚，这是写作最基本的要求。撰写时还应密切注意整篇文章的结构和重心所在。职业生涯规划书一般包含对职业规划的认识、对自我的剖析、对所学专业的认识、对职业方向的探索及确定目标并制订计划这5个方面的内容。在对这些内容进行分析阐述时，必须紧紧围绕职业目标这条主线来展开，从而体现文章论述的逻辑性和连贯性。要将重点放在自我评估、环境评估、目标实施上。职业生涯规划是对自己将来的规划，这个规划只有建立在对自我和职业的充分认识基础上才能体现出它的科学性和可行性。

（四）目标明确，合理适中

撰写职业生涯规划书应围绕论述的中心展开，职业生涯目标不能过于理想化，应"择己所爱""择己所长""择世所需""择己所利"。职业生涯规划书撰写是否成功，在很大程度上取决于有无正确适当、切实可行的目标。

（五）分解合理，组合科学，措施具体

目标分解、实现路径选择要有理论依据，而且备用路径之间要有内在联系性。目标组合要注意时间上的并进、连续、功能上的因果、互补作用，全方位的组合要涵盖职业生涯、家庭生活、个人事务等方面。

【二维码链接】职业生涯成功的标准

【体验活动】制订个人的素质提升计划

1. 在综合素质方面，我需要提升的地方是：

（1）＿＿＿＿＿＿＿＿ （2）＿＿＿＿＿＿＿＿ （3）＿＿＿＿＿＿＿＿

（4）＿＿＿＿＿＿＿＿ （5）＿＿＿＿＿＿＿＿ （6）＿＿＿＿＿＿＿＿

（7）＿＿＿＿＿＿＿＿ （8）＿＿＿＿＿＿＿＿ （9）＿＿＿＿＿＿＿＿

2. 请从以上各项目中选择一项找出解决办法。

我如何做才能够提升我的＿＿＿＿＿＿＿＿＿＿素质。

列出10个解决该问题的办法：

（1）＿＿＿＿＿＿＿＿＿＿＿＿＿＿＿＿＿

（2）＿＿＿＿＿＿＿＿＿＿＿＿＿＿＿＿＿

（3）＿＿＿＿＿＿＿＿＿＿＿＿＿＿＿＿＿

（4）＿＿＿＿＿＿＿＿＿＿＿＿＿＿＿＿＿

（5）＿＿＿＿＿＿＿＿＿＿＿＿＿＿＿＿＿

（6）＿＿＿＿＿＿＿＿＿＿＿＿＿＿＿＿＿

（7）＿＿＿＿＿＿＿＿＿＿＿＿＿＿＿＿＿

（8）＿＿＿＿＿＿＿＿＿＿＿＿＿＿＿＿＿

（9）＿＿＿＿＿＿＿＿＿＿＿＿＿＿＿＿＿

（10）＿＿＿＿＿＿＿＿＿＿＿＿＿＿＿＿

我准备选择什么样的做法？

＿＿＿＿＿＿＿＿＿＿＿＿＿＿＿＿＿＿＿＿

3. 我的具体计划是：

_____
_____
_____
_____

【实践拓展】生涯体验活动记录

请选择一项您认为有意义的体验活动，例如：参加志愿者义工服务，参加社团活动，与家人一起出游，体验拓展活动，探访企业，开淘宝店，等等，请发挥创意不拘任何形式（文字，照片，作品……）将它做成记录，然后与同学分享你的收获与成长体会。

_____
_____
_____
_____
_____
_____
_____
_____
_____
_____
_____
_____
_____
_____
_____

【专家视角】

一、决定职业生涯成功的正能量

（一）决心

决心是最重要的积极心态，是决心而不是环境在决定人们的命运。

283

（二）企图心

企图心，即对达成自己预期目标的成功意愿。要想成功，仅仅希望是不够的。

（三）主动

被动就是将命运交给别人安排，消极等待机遇降临，一旦机遇不来就没办法。凡事都应主动，被动不会有任何收获。

（四）热情

没有人愿意跟一个整天都提不起精神的人打交道，没有哪一个领导愿意去提升一个毫无热情的下属。

（五）爱心

内心深处的爱是一个人一切行动的源泉。不愿奉献的人，缺乏爱心的人，就不太可能得到别人的支持；失去别人的支持，离失败就不会太远。

（六）学习

信息时代的竞争，已经发展为学习力的竞争。信息更新周期已经大大缩短，危机每天都伴随我们左右。

（七）自信

什么叫信心？信心就是眼睛尚未看见就相信，其最终的回报就是能够真正看见。

建立自信的基本方法有三：一是不断地取得成功；二是不断地想象成功；三是将自己在一个领域取得成功的"卓越圈"运用心理技术，移植到自己需要信心的新领域中来。

（八）自律

人人崇尚自由，然而，自由的前提是自律。成功需要很强的自律能力，往往还更需要人们为此付出代价。比如，有时候需要人们暂时与家人分离，去外地推销产品。

（九）顽强

在追求成功的过程中，一定会遇到许多艰难、困苦、挫折与失败。成功有三部曲：第一，敏锐的目光；第二，果敢的行动；第三，持续的毅力。用敏锐的目光去发现机遇，用果敢的行动去抓住机遇，用持续的毅力把机遇变成真正的成功。持续的毅力就是一个人顽强的意志力。

（十）坚持

假使成功只有一个秘诀的话，请问那会是什么？那应该是坚持！

二、态度决定行动，成功并非偶然

拿破仑·希尔在其《成功之路》一书中关于心态的意义说过这样一段话："人与人之间只有很小的差异，但是这种很小的差异却造成了巨大的差异！很小的差异就是所具备的心态是积极的还是消极的，巨大的差异就是成功和失败。"

态度是一种行为的倾向，通过态度可以预测人的行为。态度决定着人对外界影响的判断和选择，态度一旦形成，就会严重地影响一个人的行为。一般情况下，人的行为受主观因素的制约，只有自己愿意去做，才会有行动，所以说，态度决定行动。

成功绝非偶然，一分耕耘，一分收获。任何成功都源于踏实的努力与付出，来源于对目标的不懈追求，即使遇到困难和挫折，也绝不放弃，以实际行动赢得结果与回报。

美国出版家阿尔伯特·哈伯德所著《把信送给加西亚》中，讲述了这样一段历史：1898年，就在美西战争爆发前几个星期，美国总统极想与古巴起义军首领加西亚取得联系。加西亚在古巴广阔的山脉里——没有人确切知道他在哪里，也没有任何邮件或电报能够送到他手上。但美国总统必须尽快与他取得联系，得到他的合作。情报局局长瓦格纳向总统推荐了中尉罗文，总统把信交给了他，并说："把信送给加西亚。"可贵的是，罗文什么也没有问就出发了。经过3个多星期的凶险征战，终于把信成功地送到加西亚手中，而且带回了大量宝贵情报，成为美西战争的功臣。

作为我们每一个人来说，不管将来干什么，要想把工作做好，要想使自己在众人中脱颖而出，要想取得成功，首先应确立的就是正确的态度。在学习与工作中保持积极主动，勇于承担责任，乐于与人和谐相处。勇于行动，确定适合自己的目标，主动提升相关方面的知识与能力，在追求目标实现的过程中不墨守成规，不左顾右盼，不犹豫不决，不拖延观望，不管遇到什么困难都绝不气馁，坚持不懈直至成功。当一个人具备了这样的品质以后，很自然地，就会在单位中受到信任而被托付以重任，成为能够"把信送给加西亚"的人，成为会圆满完成任务的人。

285

【网上精品视频课程】生涯管理与评估

用手机"扫一扫"下面的二维码，用浏览器打开相应网址，进入视频课程学习。

【课后作业】撰写职业生涯规划书

结合自己实际，撰写一份简版的个人《职业生涯规划书》。

建议大纲如下：

（一）自我评估

1. 性格特征及依据：

_____

2. 职业兴趣及依据：

_____

3. 职业价值观及依据：

_____

4. 技能和能力及依据：

_____

5. 优势和劣势分析：

_____

结论：

_____

（二）环境及职业评估

1. 政治、经济、社会因素对职业目标的影响：

_____

2. 目标职业所处行业、企业的具体情况（行业发展现状及趋势、组织实力与经营战略、组织结构、领导人分析、组织文化）：

_____

3. 目标职位的具体情况（工作环境、薪酬水平、培训机构、发展途径）：

_____

结论：

_____

（三）职业定位与目标确定

职业定位的实践探索情况：

_____

_____

目标确定的依据与采用的方法：

_____

_____

（四）计划与行动方案

1. 积极计划，长期计划，短期计划，突击计划：

_____

_____

2. 为争取职业目标的实现所采取的各种行动和措施：

包括参加专业学习、爱好特长培养、个人能力拓展训练、构建人际关系网络、参加业余时间的课程学习、掌握额外的技能与知识等。

_____

_____

（五）反馈评估与修正

随着自己及外部条件的变化，评估并修正自己的职业生涯规划。

_____

_____

参考文献

[1]李竹梅. 大学生职业生涯与发展规划[M]. 北京：现代教育出版社，2016.

[2]夏伯平,朱克勇，闫咏. 大学生职业发展与就业指导体验式课程教学手册[M]. 北京：现代教育出版社，2013.

[3]缪劲翔. 成长DIY：大学生职业生涯规划自助手册[M]. 北京：现代教育出版社，2012.

[4]吴昌政. 大学生职业发展与就业创业指导[M]. 北京：现代教育出版社，2012.

[5]陈伟民. 职业生涯规划与管理[M]. 北京：现代教育出版社，2011.

[6]杨军,王俊岭. 新编大学生职业发展与就业创业指导[M]. 北京：现代教育出版社，2012.

[7]曲振国编著. 大学生就业指导与职业生涯规划[M]. 北京：清华大学出版社,2008.

[8]周章斌,黄路明. 大学生职业发展与就业指导[M]. 北京：现代教育出版社，2011.

[9]提摩西·巴特勒，詹姆士·沃德鲁普，赵剑非译. 哈佛职业生涯设计——哈佛职业生涯兴趣测验手册[M]. 北京：中国商业出版社，2004.

[10]朱坚强，周静. 大学生职业生涯规划[M]. 北京：现代教育出版社，2013.

[11]张晖怀. 大学生涯与职业发展规划[M]. 北京：现代教育出版社，2012.

[12]韩国昌. 高等职业院校学生职业规划与素质拓展[M]. 北京：现代教育出版社，2011.

[13]石勇,薛文湃. 新编职业规划与就业创业指导[M]. 北京：现代教育出版社，2011.

[14]张福建. 大学生职业生涯发展与规划[M]. 北京：现代教育出版社，2010.

[15]张延东. 大学生职业生涯规划与设计[M]. 北京：现代教育出版社，2012.

[16]伊芃芃,刘萍,白冰. 大学生职业生涯规划[M]. 北京：现代教育出版社，2012.

[17]黄晞建,夏伯平. 大学生职业生涯规划训练教程[M]. 北京：现代教育出版社，2010.